LIN-KLITZING / DI FUCCIA / MÜLLER-FRERICH

BEGABTE IN DER SCHULE –
FÖRDERN UND FORDERN

GYMNASIUM – BILDUNG – GESELLSCHAFT

Herausgegeben von Susanne Lin-Klitzing,
David Di Fuccia und Gerhard Müller-Frerich
in Zusammenarbeit mit dem
Deutschen Philologenverband (DPhV)

BEGABTE IN DER SCHULE –
FÖRDERN UND FORDERN
Beiträge aus neurobiologischer, pädagogischer und psychologischer Sicht

herausgegeben von
Susanne Lin-Klitzing, David Di Fuccia
und Gerhard Müller-Frerich

VERLAG
JULIUS KLINKHARDT
BAD HEILBRUNN • 2009

Bibliografische Information der Deutschen Nationalbibliothek
Die Deutsche Nationalbibliothek verzeichnet diese Publikation in der Deutschen
Nationalbibliografie; detaillierte bibliografische Daten sind im Internet abrufbar über
http://dnb.d-nb.de.

Druck und Bindung: AZ Druck und Datentechnik.
Printed in Germany 2009.
Gedruckt auf chlorfrei gebleichtem alterungsbeständigem Papier.

ISBN 978-3-7815-1697-7

Inhaltsverzeichnis

Die „Identifikation" Hochbegabter

Nachwort

Susanne Lin-Klitzing, David Di Fuccia,
Gerhard Müller-Frerich

Vorwort der Herausgeber

Seit der Veröffentlichung der Daten der internationalen Schulleistungsstudien TIMSS und PISA hat sich sowohl das Zusammenspiel von Bildungspolitik und erziehungs- bzw. sozialwissenschaftlicher Forschung verändert als auch das Miteinander von Schulen und Schulforschung. Bildungspolitiker suchen Rat und orientieren sich an (zur Zeit primär empirischen) Forschungsergebnissen. Wissenschaftler beraten Bildungspolitiker und die schulnahe Begleitforschung versucht, Schulen bei ihren vielfältigen neuen und zusätzlichen Aufgaben zu unterstützen. Die Beteiligten haben allerdings unterschiedliche Zeithorizonte: Die Politik sucht schnelle Entscheidungen, die Schulen brauchen kurz-, mittel- und langfristige Unterstützung, die Wissenschaft braucht Zeit für solide und gründliche Forschung.

Um den wissenschaftlichen Diskurs für politische Entscheidungen in der Bildungs- und Schulpolitik fruchtbar zu machen und um eine Brücke zwischen Wissenschaft und Schule zu schlagen, haben sich die drei Herausgeber der auf Initiative des Deutschen Philologenverbandes und mit Hilfe des Klinkhardt-Verlages neu begonnenen Reihe „Gymnasium – Bildung – Gesellschaft" zusammengefunden: Ein Schulmann, Leiter eines großen Gymnasiums in Iserlohn, Gerhard Müller-Frerich, ein Fachdidaktiker, der an der Technischen Universität Dortmund im Rahmen der Lehrerbildung beschäftigt ist, Dr. David Di Fuccia, und eine Schulpädagogin, Prof. Dr. Susanne Lin-Klitzing an der Philipps-Universität Marburg.

In diesem und den kommenden Bänden sollen Themen, die in der „neuen" Zeit nach TIMSS und PISA für die Schulrealität relevant sind, wissenschaftlich interdisziplinär diskutiert werden. Wir starten in diesem Band mit einem Thema, das in der bildungspolitischen Diskussion und in den Sozialwissenschaften eine zunehmende Bedeutung gewinnt: mit der „Begabtenförderung". Dies ist eine Aufgabe, die klassischerweise dem Gymnasium zugeschrieben wird und die eine spezifische Ausprägung der nach PISA geforderten Individuellen Förderung an allen Schularten darstellt.

8|

Jedes Jahr soll in dieser Reihe „Gymnasium – Bildung – Gesellschaft" ein relevantes Thema ausgewählt, von Wissenschaftlern diskutiert und damit ein wissenschaftlicher Beitrag für die nach TIMSS und PISA neu begonnene Interaktion zwischen Wissenschaft, Bildungspolitik und Schule geleistet werden.

Susanne Lin-Klitzing

Begabte in der Schule – eine Einführung in Beiträge aus neurobiologischer, pädagogischer und psychologischer Sicht

Der Terminus „Begabtenförderung" ruft in einschlägigen Diskursen kein größeres Aufsehen mehr hervor, er ist sowohl etabliert als auch aktuell, seine Bedeutung und die Quantität der Veröffentlichungen in den Sozialwissenschaften nehmen eher zu als ab (vgl. Ziegler 2009; Tippelt/Schmidt 2009; Ullrich/Strunck 2008; Heller/Mönks/Sternberg/Subotnik 2000). Gleichwohl gibt es noch keine verbindliche Definition der Begriffe „Begabung" oder „Begabte/r". Mit Ziegler lassen sich „drei zentrale Anliegen der Begabungsforschung ausmachen: (1) Die *Identifikation* von Begabten, (2) die *Erklärung* von Leistungseminenz sowie (3) die *Förderung* der Begabten" (Ziegler 2009, 937).

Orientiert an diesen zentralen Anliegen der Begabungsforschung, gegliedert nach den Aspekten des „Lernens in der Schule aus neurobiologischer Sicht", der „Förderung Begabter in der Schule" und der „Identifikation Hochbegabter" soll folgenden Fragen in diesem Band von deutschen und österreichischen Wissenschaftlern aus der neurobiologischen Hirnforschung, der Allgemeinen Pädagogik und der Schulpädagogik, der pädagogischen Psychologie sowie der Psychologie interdisziplinär nachgegangen werden: Gibt es – und wenn ja, welche? – neue neurobiologische Annahmen über das Lehren und Lernen in der Schule, die ggf. auch einen spezifischen Umgang mit Begabten im System Schule nahelegen? Brauchen wir eine spezifische Pädagogik für Begabte? Was wissen wir über schulische Möglichkeiten für eine besondere Förderung Begabter? Inwiefern können Strategien selbst regulierten Lernens insbesondere für begabte und hochbegabte Schülerinnen und Schüler fruchtbar gemacht werden? Welche Konsequenzen lassen sich für die schulische Begabtenförderung ziehen? Wie werden Hochbegabte erkannt, welche besonderen Möglichkeiten haben sie und welchen spezifischen Problemen sind sie ausgesetzt? Welche Ergebnisse aus wissenschaftlicher Forschung und schulischer Praxis für eine schulische Begabtenförderung liegen bisher vor?

1 Lernen in der Schule aus neurobiologischer Perspektive

Im Interesse eines veränderten Lernens in der Schule aus neurobiologischer Perspektive macht Manfred Spitzer deutlich, dass es mit den Methoden der Gehirnforschung nun endlich gelungen sei, dem Gehirn beim „Arbeiten", nämlich beim Lernen, zuzuschauen. Wichtig ist aus seiner Sicht die Erkenntnis, dass das Lernen fast nie auf Einzelheiten, sondern auf Allgemeines gerichtet sei. In diesem Interesse sollen „Kulturtechniken" und „Problemlösestrategien" gelernt werden, die immer wieder neu angewendet werden können. Mit der Methode der funktionellen Magnetresonanztomographie (fMRT) haben Spitzer und seine Arbeitsgruppe Aktivitäten des Gehirns gemessen und die Auswirkungen emotionaler Prozesse untersucht. Dabei fanden sie heraus, dass Erinnerungsleistungen je nach neutralen, positiven oder negativen Gefühlszusammenhängen differenziert eingespeichert werden. Daraus folgert und fordert Spitzer grundlegend, dass nicht mit Angst unterrichtet werden dürfe, da diese das kreative Problemlösen hemme.

In ähnlicher Weise argumentiert Gerald Hüther, der der Frage nachgeht, welche Rolle Erfahrungen für Bildungsprozesse spielen, wie diese im Gehirn verankert werden und wie sie von Schulen gestaltbar sind. Auch Hüther möchte eine deutliche Verbesserung von Kompetenzen erreichen, die entscheidend dafür seien, ob und wie junge Menschen die Herausforderungen ihres weiteren Lebens annehmen und meistern können. Relevant sei, dass die Erfahrungen, die Schüler und Lehrer machten, zur Bahnung und Strukturierung von sich im (präfrontalen Kortex) herausbildenden neuronalen Netzwerken führen. Sie gingen sozusagen „unter die Haut", weil es bei einer neuen Erfahrung zu einer gleichzeitigen Aktivierung kognitiver und emotionaler Netzwerke komme. Erfahrungen sind nach Hüther demnach immer gleichzeitig kognitiv und emotional verankert. Damit positive Erfahrungen und Haltungen in der Schule erworben werden, schlägt Hüther u.a. vor, in neu zusammengestellten Schulklassen bewusst und gezielt einen positiven „Potenzialentfaltungsgeist" zu entwickeln.

2 Die Förderung Begabter in der Schule

Für die Allgemeine Pädagogik wägt Winfried Böhm ab, ob es einer eigenen Pädagogik für Begabte, einer Gymnasialpädagogik, bedürfe. Einerseits begrüßt er eine differenziert artikulierte Gymnasialpädagogik im Sinne einer Rückbesinnung auf jene Elemente, durch die das Gymnasium seine Normen setzende Leitfunktion im 19. Jahrhundert innegehabt habe. Im Rückblick auf Wilhelm von Humboldt sieht Böhm das Gymnasium zwischen dem vorgelagerten Elementarunterricht und dem nachfolgenden Universitätsunterricht als *den* Prototyp von Schule. Eine eigene Pädagogik für Begabte will Böhm andererseits nur bedingt bejahen, weil es ihm aktuell so erscheint, als wenn Erziehung, Lernen, Schule und Schüler versachlicht, ja depersonalisiert würden. Dem sollte eine „Schule der Person" gegenübergestellt werden, die keiner spezifischen Pädagogik für Begabte mehr bedürfe.

Claudia Solzbacher votiert im Sinne individueller Förderung dafür, dass zunächst einmal alle Schulen Begabungserkennung und Begabungsförderung leisten müssten, in dem Sinne, dass alle Kinder und ihre Begabungen zu erkennen und zu fördern seien. Ein weiterer Schritt sei dann die Aufgabe der spezifischen Begabtenförderung, also die Förderung derjenigen, die als besonders begabt diagnostiziert werden. Hierfür sieht sie Enrichmentmöglichkeiten innerhalb des Unterrichts als notwendig an, ebenso aber auch Möglichkeiten der Akzeleration, denn vor allem die inhomogene Gruppe besonders begabter oder leistungsstarker Jugendlicher bedürfe verstärkt der individuellen Förderung. Als eine relativ neue Fördermaßnahme berichtet sie von der Möglichkeit des Frühstudiums für begabte und leistungsstarke Jugendliche im Sinne einer Anreicherung für in der Schule unterforderte Schüler und Schülerinnen sowie von der Möglichkeit des schnelleren Durchlaufens verschiedener Bildungsphasen für besonders begabte Schüler und Schülerinnen.

Aus Sicht der Pädagogischen Psychologie stellt Albert Ziegler fest, dass die Hochbegabtenförderung in Deutschland seit 100 Jahren fast unverändert die gleichen Methoden benutze und relativ wirkungslos sei. Deshalb plädiert Ziegler dafür, Methoden selbst regulierten Lernens mit traditionellen Fördermethoden zu kombinieren, so z.B. dass Schüler, die eine Klasse überspringen, den versäumten Lernstoff selbstständig nachlernen sollten. Dafür macht Ziegler die „Big Four" dienstbar, vier Faktoren, die im Rahmen von Lernprozessen zu substantiellen Wissens- und Kompetenzzuwächsen führten: verbesserungsorientiertes Lernen, Individualisierung, Feedback, Einübung und Festigung – allerdings im Rahmen einer die „Big Four" umgreifenden pädagogischen Maßnahme, nämlich der des „Mentorings". Der Vorstellung des mühelos lernenden Hochbegabten fügt Ziegler also das Bild des effektiven Lerners hinzu, der genauso lernen muss wie alle anderen Schüler. Dafür hat Ziegler ein evaluiertes Programm, die Förderung selbst regulierten Trainings bei Hochbegabten, entwickelt, das er in seinem Beitrag vorstellt.

Der Psychologe Kurt Heller geht generell davon aus, dass aus unterschiedlichen Begabungs- und Leistungsvoraussetzungen individuelle Lernbedürfnisse erwachsen und diese schulisch angemessen zu berücksichtigen seien. Hier sei das Postulat der Passung zwischen den individuellen Leistungsvoraussetzungen und den sozialen Lernumweltbedingungen, also z.B. den auf die individuellen Erfordernisse abgestimmten Schulcurricula, entsprechend zu berücksichtigen. Auch unter Berücksichtigung des in der Forschungsliteratur so bezeichneten „Matthäus-Prinzips" betont und belegt Heller in besonderer Weise das kumulative Prinzip des Lernzuwachses und die daraus folgenden

Implikationen für die schulische Begabtenförderung. U.a. mit Verweis auf die neuen Befunde der Langzeit-LifE-Studie von Helmut Fend (2009) lässt sich nach Heller effektiver Unterricht am besten in einer differenzierten schulischen Lernumgebung, auf der Sekundarstufe also im gegliederten Schulwesen, realisieren.

3 Die „Identifikation" Hochbegabter

Richard Olechowski warnt in seinem – verschiedene Verfahren der „Identifikation von Hochbegabten" analysierenden – Beitrag davor, die Förderung von hochbegabten Schülerinnen und Schülern vom Gesamtstandardscore eines Intelligenztests („IQ") abhängig zu machen, sondern empfiehlt, sich an den konkreten Begabungsschwerpunkten der Schüler zu orientieren – und sich in konkreten Auswahluntersuchungen letztlich mit dem „ganzen Menschen" zu befassen. Olechowski ist es in besonderer Weise wichtig, auf die Wandelbarkeit der Größe Intelligenz hinzuweisen und damit Maßnahmen zur „Identifikation" von Hochbegabten zu problematisieren, da hiermit der Gesichtspunkt der Entwicklung von Intelligenz verwischt werde.
Die Psychologen Detlef H. Rost und Jörn R. Sparfeldt gehen der Frage nach, ob und wie hochbegabte „Underachiever" in der Schule erkannt werden, da Lehrerinnen und Lehrern offenbar die Identifikation von Hochbegabten mit sehr guten und guten Schulleistungen gelinge, die Identifizierung von Hochbegabten mit schlechten Schulleistungen jedoch kaum. Rost und Sparfeldt gehen davon aus, dass ca. 2 % der Hochbegabten zu den hochbegabten „Underachievern" zählen und diese – wenn sie denn identifiziert werden – ebenfalls einer besonderen Förderung bedürfen. Auf dieses spezifische Problem bezogen haben Rost und Sparfeldt für Lehrer und Schüler mögliche Hilfen und Förderansätze entwickelt, die jedoch immer individualisiert auf den jeweiligen Einzelfall bezogen werden sollen. So empfehlen sie beispielsweise das Erstellen eines individuellen Förderplans wie auch die Vermittlung fachspezifischer, nicht nur allgemeiner, Lern- und Arbeitstechniken und Strategien, die helfen, das eigene Arbeitsverhalten zu regulieren, ggf. auch mit Hilfe von Literatur, die selbstständig bearbeitet werden soll.

Heinz-Peter Meidinger schließt in seinem Nachwort zur Begabtenförderung am Gymnasium einerseits an das bereits im Beitrag von Böhm im Mittelpunkt stehende Humboldtsche Bildungsideal an. Für die spezifische Hochbegabtenförderung resultiert daraus die besondere Wertschätzung von „Enrichment"-Maßnahmen, die insbesondere im Beitrag von Solzbacher ausgeführt wurden. Darüber hinaus weist Meidinger aber auch auf schulpraktische Merkmale und Gegebenheiten für eine erfolgreiche, breite schulische Begabungsförderung hin, die dann gelänge, wenn sie aus dem Profil und der Erfahrung der jeweiligen Schule hervorgegangen sei und von allen am Schulleben beteiligten Gruppen (Lehrer, Schüler, Eltern) getragen werde; es müsse sich um ein Förderkonzept handeln, das alle Mitglieder der Schulgemeinschaft einbezöge und von der Schulleitung auch in Zeiten knapper Ressourcen als Kernbestand langfristiger Begabungsförderung verteidigt werde und gleichwohl – regelmäßig evaluiert – konzeptionellen Veränderungen, orientiert am jeweils neuen Wissensstand zu Diagnose und Förderung besonderer Begabungen, unterliegen solle.

Literatur

Fend, H./Berger, F./Grob, U. (Hrsg.) (2009): Lebensverläufe, Lebensbewältigung, Lebensglück. Die Ergebnisse der LifE-Studie. Wiesbaden

Heller, K. A./Mönks, F. J./Sternberg, R. J./Subotnik, R. F. (Hrsg.) (2000): International Handbook of Giftedness and Talent. 2. Aufl., Oxford

Tippelt, R./Schmidt, B. (Hrsg.) (2009): Handbuch Bildungsforschung. 2. überarb. u. erw. Aufl., Wiesbaden

Ullrich, H./Strunck, S. (Hrsg.) (2008): Begabtenförderung an Gymnasien. Entwicklungen, Befunde, Perspektiven. Wiesbaden

Ziegler, A. (2009): Hochbegabte und Begabtenförderung. In: Tippelt, R./Schmidt, B. (Hrsg.), Handbuch Bildungsforschung. 2. überarb. u. erw. Aufl., Wiesbaden, S. 937–951

Lernen in der Schule aus neurobiologischer Perspektive

Manfred Spitzer

Gehirnforschung für die Schule

Nicht für die Schule, sondern für das Leben soll gelernt werden – so lautet die vielleicht bekannteste Maxime der Pädagogik. Dass sie heute wichtiger denn je ist, zeigt die folgende, auf Hartmut von Hentig 2001 zurückgehende Überlegung: Wenn in früheren Zeiten auch bereits in der Schule für das Leben gelernt wurde, dann wusste man wenigstens, was im Leben geschah und welches Wissen gebraucht wurde. Heute hingegen befinden wir uns in der noch nie da gewesenen Situation, dass in den Schulen etwas gelernt wird, von dem man annimmt bzw. hofft, dass es in 30 oder 50 Jahren brauchbar sein könnte. *Sicher wissen* kann dies jedoch niemand. Nicht zuletzt aufgrund dieser Ungewissheit der Zukunft, die sich aus dem raschen Fortschritt automatisch ergibt, wird die genannte Maxime des Lernens *zugleich wichtiger und ungewisser* denn je! Die Frage, die sich im Hinblick auf die Maxime stellt, lautet daher: Wie stellen wir in Anbetracht der unbekannten Zukunft sicher, dass tatsächlich für das Leben gelernt wird?

1 Implizites und explizites Wissen

Vor dem Hintergrund dieser Problemlage wird nicht selten das Folgende angeführt: Es komme angesichts des raschen Wandels und der damit verbundenen Unwägbarkeiten nicht mehr so sehr wie früher darauf an, dass wir in der Schule Fakten lernen. Wichtiger vielmehr sei das Problemlösen, d.h. das Erlernen allgemeiner Regeln und Fertigkeiten (anstatt Einzelheiten und Wissensschätze), die sich auf die verschiedensten (vielleicht heute noch gar nicht bekannten) Sachverhalte und Problemlagen anwenden lassen. So allgemein und so grundlegend sollen diese Fähigkeiten sein, dass man gerne vom zu fordernden Erwerb *metakognitiver Kernkompetenzen* spricht. Diese seien in der Schule zu vermitteln, nicht Daten und Fakten, und die Lehrpläne seien entsprechend zu ändern.

Diese Überlegung klingt zunächst plausibel, erweist sich jedoch bei näherem Hinsehen als unzureichend bzw. der eigentlichen Problematik nicht angemessen. Ich möchte im Folgenden zunächst zeigen, dass sie nicht in die richtige Richtung weist, was das Handeln in der Schule anbelangt. Das „nähere Hinsehen" ist in diesem Zusammenhang durchaus wörtlich zu nehmen, denn die Situation der Schulpädagogik ist in einer zweiten Hinsicht heute erstmals völlig anders als je zuvor: Die Methoden der Gehirnforschung erlauben es uns erstmals in der Geschichte der Menschheit, dem Gehirn beim Lernen zuzuschauen, und damit das Organ der menschlichsten aller Körperfunktionen, des Lernens, bei der Arbeit zu studieren. Was dem Albatros die Flügel, dem Löwen die Zähne und dem Wal die Flosse ist dem Menschen das Gehirn: ein Organ, das für eine Tätigkeit – Fliegen, Fressen, Schwimmen, Lernen – über Jahrmillionen von der Evolution optimiert wurde. Im Weiteren möchte ich ausgehend von diesem Beispiel einige Gesichtspunkte diskutieren, die im Hinblick auf Gehirnforschung und Schule relevant erscheinen.

Zunächst sei festgehalten: Das Gehirn lernt immer, tut nichts lieber und kann sowieso nichts anderes! – Dies ist nicht die Feststellung eines weltfremden Akademikers, fern von der schulischen Realität, sondern das Ergebnis der Gehirnforschung der jüngeren Vergangenheit. Das Lernen ist dabei fast nie auf Einzelheiten gerichtet, sondern auf Allgemeines. Können Sie sich an die letzte Tomate erinnern, die Sie gesehen bzw. gegessen haben? – Möglicherweise. Wie ist es mit der Fünftletzten? – Der Zehntletzten? – Um es kurz zu machen: Sie können sich nicht an sämtliche Tomaten erinnern, die Ihnen im Leben begegnet sind! Das wäre auch gar nicht günstig, denn nicht nur hätten Sie dann Tausende von Tomaten im Kopf, sondern könnten mit ihnen auch gar nichts weiter anfangen. Es ist nämlich die *allgemeine* Tomate, und nicht die vielen einzelnen, die Ihnen beim Begegnen der nächsten roten runden essbaren Kugel weiterhilft. Einzelnes nützt nur in seltenen Ausnahmefällen; in den meisten Fällen ist es die allgemeine Struktur der Welt (die wir durch Lernvorgänge in uns repräsentiert haben), die uns den Umgang mit dieser Welt erleichtert bzw. überhaupt erst ermöglicht. Wir haben nicht alle Tastempfindungen im somatosensorischen Kortex gespeichert, sondern deren statistische Regularitäten im Sinne von Häufigkeit und Ähnlichkeit. Auch haben wir nicht jeden Satz, den irgendjemand irgendwann zu uns gesagt hat gespeichert, sondern die allgemeinen Regeln der Grammatik und die Bedeutung der Wörter und Dinge um uns. Betrachten wir drei Beispiele (vgl. Spitzer 2002):

(1) Der Schutzmann ist zu umfahren, nicht hingegen umzufahren. Warum? Weil im Deutschen das Halbpräfix „um" fest und unfest vorkommen kann, d.h. es kann gebraucht werden wie die unbetonten Präfixe „ver", „be", „ent", „er" und „zer" und ist dann untrennbar mit dem Verb verbunden, jegliche Trennung ist also umgangen. Ist „um" dagegen betont, muss mit dem Präfix anders umgegangen werden: Jetzt wird umgedacht und entsprechend der Schutzmann verbotenerweise auch umgefahren.

(2) Ich habe mir heute Morgen die Haare geschnitten, aber den Bart nicht gerasiert. Warum? Weil im Deutschen die auf „-ieren" endenden Verben das Partizip Perfekt ohne „ge-" bilden. Hätten Sie's *gewusst*? Jedenfalls *können* Sie es mit links! Und jedes Kind kann es auch: „Die Zwerge sitzen beisammen und quangen. Und am nächsten Tag sagt der eine: Gestern war es lustig: da haben wir wieder mal so richtig schön..." – „*ge*quangt!" wird man ohne Zögern im Kindergarten vernehmen. Dass Kinder das Partizip von einem Verb bilden können, das gar nicht existiert, zeigt, dass sie nicht eine Art Tabelle mit Infinitiven und Partizipien anhand ihrer Spracherfahrung gelernt haben, sondern tatsächlich die *allgemeine Regel*. „Die Zwerge sitzen beisammen und patieren. Und am nächsten Tag sagt der eine: Gestern war es lustig: da haben wir wieder mal so richtig schön..." – „patiert!" – Ohne „ge" versteht sich, denn es geht hier ja um ein Verb auf „-ieren", wie es jedes Kind kann, ohne es zu wissen.

(3) Stellen Sie sich vor, wir machten jetzt einen Test: Schreiben Sie bitte auf, was Sie in 9 bis 13 Jahren Schulmathematik gelernt haben – dalli, dalli! Seien Sie ehrlich: Wahrscheinlich genügt bei den meisten von uns ein Zettel von der Größenordnung einer Postkarte. Ist das alles? Mehr haben wir nicht gelernt? – Nun schlagen Sie die Zeitung auf, Wirtschaftsteil, und stellen fest, dass der DAX schon wieder gefallen ist. Sie entnehmen dies einer Grafik, die den Zusammenhang zweier Variablen, der Zeit und einem Wert, darstellt. Ohne lange über $y = f(x)$ nachzudenken, haben Sie den Zusammenhang erfasst und die (leider schon wieder) nach rechts unten gehende Linie mathematisch interpretiert. Gelernt haben Sie dies im Mathematikunterricht, wie so viele andere Arten der mathematischen Zugangsweise zur Welt. Sie haben dabei jeweils sehr viele Beispiele durchgenommen und können jetzt die Regeln „im Schlaf", d.h. ohne über sie explizit nachzudenken.

Die Beispiele zeigen Folgendes: Im Gegensatz zur Betonung des expliziten Wissens im Schulalltag wie in den Lehrplänen wird in der Schule – und dies wird gerne völlig übersehen – auch implizites Wissen erworben. Und genau dieses wird später im Leben wirklich angewandt: allgemeine Zusammenhänge, die anhand vieler Beispiele erworben und gefestigt wurden. Gerade weil sie allgemein gelten, betreffen sie nicht nur die Beispiele, sondern lassen sich auf immer neue Sachverhalte anwenden. Demgegenüber sind einzelne Fakten – der höchste Berg von Grönland, das Bruttosozialprodukt von Nigeria, das Geburtsdatum von Mozart oder der Zitronensäurezyklus – für die Lösung der Probleme des Lebens vollkommen nutzlos.

Unser Gehirn hat letztlich eine Funktion: Es dient dem Überleben. Deswegen sucht es nach Regelmäßigkeiten hinter den von Moment zu Moment wechselnden Eindrücken, extrahiert diese und speichert sie ab. Für Einzelheiten ist unser Gehirn nicht gebaut, denn bei diesen handelt es sich letztlich um Zufälle. Das Memorieren der Zufälle von gestern nützt mir wenig, wenn ich morgen besser überleben will, denn definitionsgemäß sind die Zufälle morgen anders (sonst wären es keine!). Was mir nützt, sind die regelhaften Erfahrungen, Zusammenhänge, Prozesse. Ein Baby speichert daher – um noch ein ganz einfaches Beispiel aus der frühkindlichen Entwicklung anzuführen – beim Laufenlernen nicht ab: „Gestern bin ich beim Versuch, mich am linken Tischbein aufzurichten, auf die rechte Pobacke gefallen". Solche Ereignisse sind nutzlos! Vielmehr schätzt das Baby beim Laufenlernen aus jedem Versuch immer besser die Gravitationskonstante, die Hebelgesetze und die Parameter einer Reihe von Differentialgleichungen zur Ansteuerung der Muskeln. Es lernt die Regeln, wie man oben bleibt – von Fall zu Fall.

Auf diese Weise lernen wir laufen, sprechen, Gitarre oder Fußball spielen, uns zu benehmen und vieles mehr – und wissen gar nicht, was wir alles gelernt haben und können. Unser Gehirn ist kein Kassettenrekorder, kein Videorekorder und schon gar keine Festplatte. Es ist besser!

Ich glaube, dass dieser Gedanke letztlich hinter dem Begriff der metakognitiven Kernkompetenz steckt: Nicht Einzelheiten sollen gelernt werden, sondern „Kulturtechniken" und „Problemlösestrategien", die genau deswegen nicht veralten, weil sie immer wieder auf neue Art angewandt werden können. Es geht um das Können, nicht um das auswendig gelernte Wissen. Dieses Können bewerkstelligt das Gehirn *nicht* dadurch, dass man Regeln paukt. Wann immer wir Beispiele wirklich verarbeiten, entsteht – ganz allgemein – im Gehirn *Struktur* (d.h. neuronale Repräsentationen äußerer Gegebenheiten) und diese kann auf neue Sachverhalte angewandt werden.

2 Emotionen und Lernen

Mit der Methode der funktionellen Magnetresonanztomographie fMRT lässt sich die Aktivität des Gehirns während des Umgangs mit Bildern oder Wörtern messen und abbilden. Fragt man danach die Versuchspersonen, welche Wörter erinnert werden (in der englischsprachigen Literatur spricht man vom *subsequent memory effect*), kann man nach einem Experiment im Scanner die Funktionsbilder des Gehirns wie folgt auswerten: Man vergleicht die Aktivierung bestimmter Hirnregionen während des Bearbeitens der Bilder oder Wörter, *die später erinnert wurden*, mit der Aktivität der Hirnregionen während der Bearbeitung der Stimuli, die später nicht erinnert wurden. Die Arbeitsgruppe um Anthony Wagner in Harvard konnte 1998 nachweisen, dass Regionen im präfrontalen und im medialen temporalen Kortex für das erfolgreiche Einspeichern von Wörtern zuständig sind, dass also Aktivität in diesen Regionen während des Einspeicherns das spätere Erinnern vorhersagt.

Da wir in unserer Arbeitsgruppe für funktionelle Bildgebung bereits seit längerer Zeit den Auswirkungen emotionaler Prozesse nachgehen (vgl. Erk/Walter 2000; Erk et al. 2002; Walter 1998), lag es nahe, diesen experimentellen Ansatz zu modifizieren und für die Untersuchung der Auswirkungen emotionaler Prozesse auf Gedächtnisleistungen fruchtbar zu machen (vgl. Erk et al. 2003).

Unsere Idee dabei war, herauszufinden, ob sich die spätere Erinnerungsleistung für neutrale Inhalte unterscheidet, je nachdem, ob diese Inhalte in einem positiven, negativen oder neutralen Gefühlszusammenhang eingespeichert werden und ob hierfür unterschiedliche Hirnregionen zuständig sind. Dafür wurden den Versuchspersonen zunächst Bilder präsentiert, die entsprechend positive, negative oder neutrale Emotionen hervorrufen, bevor ihnen jeweils ein neutrales Wort gezeigt wurde. Die Versuchspersonen hatten die Aufgabe, durch Drücken zweier Tasten anzugeben, ob es sich bei dem Wort um ein abstraktes Wort (z.B. „Staat") oder um ein konkretes Wort (z.B. „Stuhl") handelt. Dies stellt sicher, dass die Versuchspersonen die Wörter lesen und über sie nachdenken. Nachher wurden die Versuchspersonen gebeten, sich an die Wörter zu erinnern.

Wir konnten nachweisen, dass der emotionale Kontext, in dem die Einspeicherung der Wörter geschieht, einen modulierenden Einfluss auf die spätere Erinnerungsleistung hat. So wurden diejenigen Wörter am besten erinnert, die in einem positiven emotionalen Kontext eingespeichert wurden. Darüber hinaus konnten wir zeigen, dass unterschiedliche Hirnregionen ein späteres Erinnern vorhersagen, je nachdem in welchem emotionalen Kontext die Wörter eingespeichert wurden: Während das erfolgreiche Einspeichern von Wörtern in positivem emotionalem Kontext mit einer vermehrten Aktivität im Bereich des Hippocampus und Parahippocampus einherging, fand sich eine Aktivierung des Mandelkerns während des erfolgreichen Einspeicherns in negativem emotionalem Kontext. Erfolgreiches Einspeichern in neutralem Kontext aktiviert den frontalen Kortex (vgl. Kiefer et al. 2007).

Bearbeitet die Versuchsperson neutrale Inhalte in einem positiven emotionalen Zustand, dann bleiben diese nicht nur am besten im Gedächtnis, sondern werden ganz offensichtlich dort eingespeichert (mehr Aktivierung), wo das Lernen im Normalfall erfolgt: im Hippocampus. Befinden sich die Probanden demgegenüber in einem negativen emotionalen Zustand, so werden durchaus auch Inhalte gelernt, jedoch geschieht dies im Mandelkern.

Nun könnte man auf die Idee kommen, dieses Ergebnis wie folgt in die Praxis umzusetzen: Wenn wir mit unterschiedlichen Gehirnregionen lernen, je nachdem, in welchem emotionalen Kontext wir uns befinden, dann könnte man die Inhalte ja sinnvoll verteilen, da das Gehirn so klein ist. Es wäre daher vernünftig, dass beispielsweise der Lateinlehrer böse mit dem Rohrstock vorgeht, wohingegen der Englischlehrer lieb mit Schokolade belohnt. Dann haben die Schüler ihr Latein im Mandelkern und ihr Englisch im Hippocampus und bringen nichts durcheinander. Auch ist in beiden Regionen zusammen mehr Platz als nur im Hippocampus.

So plausibel diese Idee klingt, so falsch ist sie, wenn man sich die Funktion des Mandelkerns vor Augen führt. Er enthält assoziative Verknüpfungen, die es uns ermöglichen, bei drohender Gefahr mit Angst zu reagieren, die wiederum unseren Körper optimal an die Situation von Kampf oder Flucht anpasst: Puls und Blutdruck steigen und die Muskelspannung nimmt zu.

Inhalte, die im Mandelkern gespeichert sind, führen damit bei ihrem Abruf automatisch zu körperlichen Reaktionen des Angstaffekts. Diese Angst verändert nicht nur den Körper in Richtung auf (wie die Amerikaner so schön und kurz sagen) „flight or fight", sondern auch den Geist. Kommt der Löwe von links, läuft man nach rechts. Wer in dieser Situation lange fackelt, kreative Problemlösungsstrategien entwirft oder gar die Dinge erst einmal auf sich wirken lässt, gehörte nicht zu unseren Vorfahren. Eine ganze Reihe von Befunden spricht dafür, dass Angst einen ganz bestimmten kognitiven Stil produziert, der das rasche Ausführen einfacher gelernter Routinen erleichtert und das lockere Assoziieren erschwert (vgl. Fiedler 1988, 2001; Spitzer 2002). Dies war vor hunderttausend Jahren sinnvoll, führt jedoch heutzutage meist zu Problemen. Wer Prüfungsangst hat, der kommt einfach nicht auf die einfache, aber etwas Kreativität erfordernde Lösung, die er normalerweise leicht gefunden hätte. Wer unter dauernder Angst lebt, der wird sich leicht in seiner Situation „festfahren", „verrennen", der ist „blockiert" oder „eingeengt" und kommt „aus seinem gedanklichen Käfig nicht heraus". Unsere Umgangssprache ist voller Metaphern, die den unfreien kognitiven Stil, der sich unter Angst einstellt, beschreiben.

Was bei wirklicher Gefahr sinnvoll ist, erweist sich in der Wissensgesellschaft als Nachteil. Jeder Betrieb kennt die Regel, dass man beim Brainstorming, also beim gemeinsamen Suchen nach neuen ungewöhnlichen Ideen zur Lösung eines Problems, eines nicht darf: Kritik üben. Denn Kritik macht Angst und wenn man Angst hat, ist man nicht mehr kreativ. Wenn jedoch keine Angst da ist, sind die Gedanken freier, offener und weiter.

Zurück zu dem, was Kinder in 30 Jahren können sollen: Probleme lösen, von denen wir heute nicht einmal ahnen, worum es sich handeln könnte. Damit ist jedoch klar, dass es nicht nur (und möglicherweise nicht einmal in erster Linie) darauf ankommt, *was* gelernt wird, sondern vor allem, *wie* es gelernt wird. Denn nicht nur was gelernt wird, sondern auch wie es gelernt wird, bestimmt darüber, ob es später angewandt werden kann oder nicht.

Betrachten wir den bekanntesten Anwendungsfall dieser allgemeinen Überlegung: Warum träumen manche Menschen bis zu ihrem Lebensende vom Mathematikabitur? Warum gibt es sehr viele Menschen, die beim Anblick einer Formel in einer Art intellektueller Totenstarre verfallen? Warum gilt das Fach Mathematik ganz allgemein als „schwer"?

Wer in anderen Fächern, beispielsweise in der Biologie, etwas gelernt hat und am nächsten Tag aufgerufen wird, der kann das auswendig Gelernte abspulen. Selbst dann, wenn er ängstlich ist. Die Mägen der Kuh oder die Anzahl der Blütenblätter einer Pflanze lassen sich memorieren. In der Mathematik ist das anders: „Na Lisa, komm mal an die Tafel, die binomischen Formeln hast du doch gestern auch schon nicht gekonnt!" Nach dieser Aufforderung geht Lisa nach vorne und ihr Mandelkern ist bereits aktiviert. Dies sorgt dafür, dass ihr der Kniff, mit dem man die vorliegende Gleichung löst, gerade nicht einfällt. Dummerweise lauten die Antworten in der Mathematik nie „42" oder „17,9". Es liegt gerade in der Natur der Mathematik, dass man keine Zahlen auswendig lernt bzw. auswendig gelernte Inhalte wiedergibt. Man muss vielmehr Probleme kreativ lösen. Damit liegt es auch in der Natur der Mathematik, dass sich Angst negativ auf die Performance auswirkt. Und wer sich einmal im Angst-Teufelskreis befindet, kommt im Allgemeinen nicht wieder heraus.

Aus genau diesem Grunde ist Angst ein schlechter Lehrmeister: Ein unter Angst gelernter Inhalt taugt nicht zum kreativen Problemlösen.

3 Vom Lernen zum Glück

Wenn jetzt klar ist, wie Lernen *nicht* vonstattengehen soll, dann erhebt sich die Frage, wie es denn gehen kann oder soll. Wenn Emotionen dazu da sind, Lernprozesse zu beschleunigen, und wenn negative Emotionen uns zwar rasch lernen lassen, das Gelernte aber nicht mehr für kreative Zwecke eingesetzt werden kann, dann bleiben die positiven Emotionen, das Glück oder die Freude. Gibt es hierzu Gehirnforschung, und was lernen wir daraus für das Lernen?

Bereits Mitte der 50er Jahre hatte man zufällig herausgefunden, dass Mäuse die elektrische Stimulation eines ganz bestimmten Gehirnareals ganz offensichtlich mögen (vgl. Olds/Milner 1954). Diese stellte man mit einer sehr cleveren Versuchsanordnung fest: Ein Schalter im Käfig der Tiere war mit einem Impulsgenerator verbunden, der wiederum die elektrischen Reize generierte, die durch die Drähte in den Kopf der Tiere gelangten. Die Tiere konnten also per Knopfdruck ihre eigenen Neuronen selbst stimulieren. Sie drückten den Knopf immer wieder – bis zu 3000 Mal in der Stunde. Sie aßen und tranken nicht mehr, sondern drückten den Knopf – bis sie tot waren. Weitere Stimulationsexperimente (auch an anderen Tieren) wurden durchgeführt und man glaubte bald, das Lust-Zentrum schlechthin gefunden zu haben. Experimente mit Suchtstoffen zeigten, dass diese Stoffe das Zentrum, in dem die Drähte steckten, aktivierten. Dies legte den Schluss nahe, dass es sich beim Lust-Zentrum „eigentlich" um das Sucht-Zentrum handelte. Weitere Experimente, bei denen dieser Bereich elektrisch stimuliert wurde, wann immer das Tier etwas tat, zeigten, dass das Tier die gleiche Handlung sofort wieder ausführte. Die Stimulation musste also einen belohnenden Effekt haben, woraus man schloss, dass es sich um das Belohnungszentrum handeln musste.

Auch bei Affen und Menschen kann die elektrische Stimulation bestimmter Gehirnzentren zu positiven Erlebnissen führen. Entsprechende Experimente wurden in den 60er Jahren von einigen wenigen Wissenschaftlern durchgeführt (vgl. Berns 2005). Ihre Ergebnisse waren zwar spektakulär – der Orgasmus auf Knopfdruck schien möglich –, aber sie führten unser Verständnis der Funktion dieser Strukturen nicht weiter. Erst systematische Untersuchungen an Affen, die einerseits bestimmte Verhaltensweisen zeigten und bei denen gleichzeitig die Aktivität von Zellen im Bereich des Mittelhirns abgeleitet wurde, brachten den Durchbruch.

Sehr tief im Gehirn, im so genannten Mittelhirn, sitzt eine kleine Ansammlung von Neuronen (man bezeichnet den Bereich mit dem wenig klangvollen Namen Area A10), die den Neurotransmitter Dopamin produzieren und über zwei Faserverbindungen weiterleiten: Zum einen in den Nucleus accumbens und zum anderen direkt ins Frontalhirn. Wie man heute weiß, feuern sie dann, wenn ein Ereignis eintritt, das *besser ist als erwartet*. Dies hat zwei Konsequenzen: Neuronen im Nucleus accumbens, die ihrerseits opiumähnliche Eiweißkörper produzieren und als Neurotransmitter im Frontalhirn ausschütten, werden aktiviert. Unser Gehirn macht also selbst eine Art Opium (man spricht von *endogenen Opioiden*) und, wenn dies im Frontalhirn ausgeschüttet wird, dann macht das – Spaß!

Die zweite Konsequenz der Aktivierung dopaminerger Neuronen des Mittelhirns besteht darin, dass Dopamin direkt im Frontalhirn ausgeschüttet wird. Dies wiederum bewirkt, dass es besser funktioniert: Man kann sich besser konzentrieren, besser denken und verarbeitet die gerade vorliegenden Informationen besser. Dies wiederum ist gleichbedeutend damit, dass mehr Aktionspotentiale über mehr Synapsen laufen, was wiederum zur Folge hat, dass besser *gelernt* wird.

Das beschriebene System löst damit eine ganz wesentliche und zugleich schwierige Aufgabe unseres Gehirns: In jeder Sekunde strömen unglaublich viele Informationen auf uns ein. Wir können sie nicht alle verarbeiten. Unser Gehirn hat also das Problem der Auswahl: Was von dem vielen soll weiter beachtet und verarbeitet werden und was kann es getrost übergehen? Es braucht daher ein Modul, das bewertet und vergleicht. Solange alles nach Plan läuft, also nichts geschieht, was wir nicht schon wüssten, tut dieses Modul nichts. Geschieht jedoch etwas, das besser ist als erwartet, dann feuert das Modul. Dann werden wir wach, aufmerksam, wenden uns dem Erlebnis zu und verarbeiten die Informationen besser. Das Wichtigste: Wir lernen besser. Auf diese Weise lernen wir langfristig alles, *was gut für uns* ist.

Betrachten wir ein ganz einfaches Beispiel: Sie laufen durch den Wald und essen grüne, saure Beeren. Nun erwischen Sie eine rote, stecken sie in den

Mund und sind ganz überrascht, dass sie so schön süß schmeckt. Von da an suchen Sie rote Beeren, denn Sie haben etwas gelernt.

Das klingt sehr einfach, ist es auch. Bedenken wir aber die Konsequenzen: Es geht bei der Aktivierung des Moduls nicht nur um den Spaß, es geht vor allem um das Lernen von all dem, was gut für uns ist. Das Modul springt immer an als Folge eines *Vergleichs*: Nur wenn etwas *besser* ist als erwartet, wird es aktiv. So gesehen ist das Glücksempfinden nur ein Nebenprodukt (ich sage ausdrücklich nicht: Abfallprodukt) unseres Vermögens zu lernen.

Die schlechte Nachricht sei klar und deutlich verkündet: Auf dauerndes Glücklichsein ist unser Gehirn gar nicht ausgelegt. Es ist vielmehr darauf ausgelegt, dass wir lebenslang *lernen*, was für uns gut ist. Bei dem Modul unseres Gehirns, das für Glückserlebnisse zuständig ist, geht es nicht um dauerndes Glück, es geht vielmehr um dauerndes Lernen. Damit sind Lernen und Glück tief in unserem Gehirn und systematisch tief aufs Engste miteinander verknüpft.

Die Konsequenzen liegen auf der Hand: Wer die Schule als „den Ernst des Lebens" versteht, könnte kaum weiter von dem entfernt liegen, was die Gehirnforschung zu Lernen und Gehirn zu sagen hat! Man sollte sie rasch in „das Glück des Lebens" umtaufen!

4 Studien zu negativen und positiven Vorurteilen

Dass diese Überlegungen keine graue oder gar weltfremde Theorie darstellen, zeigen Studien, die sich mit den Auswirkungen von negativer oder positiver Wertschätzung gegenüber sich selbst auf schulische Leistungen beschäftigen. Eine kanadische Studie (vgl. Dar-Nimrod/Heine 2006) ging speziell der Frage nach, welche Auswirkungen ein negatives Vorurteil gegenüber mathematischer Begabung beim weiblichen Geschlecht auf die Leistung in einem Mathematik-Test hat. Die 133 Studentinnen im Durchschnittsalter von knapp 21 Jahren absolvierten zunächst einen Mathematik-Test und mussten dann eine Aufgabe zum Verständnis eines Texts absolvieren, bevor ein zweiter Mathematik-Test durchzuführen war. Der zu lesende, jeweils fiktive Text war der wesentliche Teil des Experiments, denn er wurde vierfach variiert, so dass entweder geschlechtsspezifische Vorurteile aktiviert wurden oder nicht. Es zeigte sich Folgendes: Wenn Frauen einfach nur darüber nachdenken, was traditionelle Weiblichkeit bedeutet oder gar, welche Rolle die Genetik bei mathematischer Begabung spielt, wird ihre Leistung in Mathematik schlechter. Denn negative Einstellungen gegenüber sich selbst bereiten Stress, und der wirkt sich dann in Prüfungen aus. Der neurobiologische Mechanismus wurde oben diskutiert.

Es geht aber auch umgekehrt: In den USA betreffen negative Gruppenstereotypen nicht nur das weibliche Geschlecht, sondern vor allem die Zugehörig-

keit zu bestimmten Volksgruppen und die damit verbundenen Rassenvorur-
teile. Wer zur farbigen, afroamerikanischen Bevölkerung gehört und von sich
selbst glaubt, dass er dumm, faul und gewalttätig sei, oder wer auch nur
glaubt, dass die Anderen dies glauben, der fühlt sich automatisch bedroht und
erlebt Stress, wenn von ihm intellektuelle Leistungen gefordert werden; aber
auch bei moralischen Herausforderungen wird er aus dem gleichen einfachen
Grund nicht immer die gute Alternative wählen: die Anderen erwarten das
ohnehin nicht von ihm.

Solche Vorurteile und deren Auswirkungen sind jedoch nicht in Stein gemei-
ßelt, wie eine langfristig angelegte Studie zeigt (vgl. Cohen et al. 2006,
2009). Im Rahmen dreier Feldexperimente an insgesamt 416 Schülern von
siebten Klassen (in drei aufeinander folgenden Jahren) wurde die Wirksamkeit einer sozialpsychologischen Intervention (man könnte auch sagen: einer
Art Ultrakurzpsychotherapie) getestet, die darauf abzielte, den jungen Menschen ein positiveres Bild von sich selbst zu vermitteln. Der Witz dieser
Studie liegt nicht nur in ihren Ergebnissen, sondern auch in ihrer Methodik,
denn es handelte sich um eine randomisierte placebokontrollierte Doppel-
blindstudie. Dies bedeutet:

1) Jeder Schüler wurde per Zufall (engl.: *random*) entweder zur Gruppe derer
zugewiesen, in der die „Behandlung" (Intervention) erfolgte, oder zu der
Gruppe (Kontrolle), in der sie nicht erfolgte (sondern stattdessen eine ähnliche, unwirksame Kontrollbehandlung; man nennt solche unwirksamen Be-
handlungen auch *Placebo*).

2) Die Schüler wussten weder, worum es in der Studie ging, noch wussten
sie, in welcher Gruppe sie waren (einfache Verblindung).

3) Auch die Lehrer der Schüler wussten nicht, worum es bei der Studie im
Einzelnen ging (welche Hypothesen im Speziellen getestet wurden) bzw.
welcher Schüler in der Kontrollgruppe und welcher in der Interventionsgruppe war. Sie waren also diesen Informationen gegenüber ebenfalls „blind"
(daher spricht man von einer im doppelten Sinne „blinden" Studie: sowohl
die Behandelten als auch die Behandler waren „blind" dahingehend, dass sie
nicht wussten, wer behandelt wurde und wer nicht).

Placebokontrollierte randomisierte Doppelblindstudien sind in der Medizin
als Methode heute Standard. Ergebnisse aus methodisch weniger aufwändigen anderen Studien werden nur begrenzt zugelassen, denn deren Aussage-
kraft im Hinblick auf die tatsächliche Wirksamkeit irgendeines Verfahrens
(Therapie, Intervention) kann immer angezweifelt werden. Wenn aber eine
Studie randomisiert, placebokontrolliert und doppelblind durchgeführt wird,
also mit methodisch höchster Sorgfalt, dann können deren Ergebnisse nicht
leichtfertig vom Tisch gewischt werden.

Im Einzelnen ging man wie folgt vor: Relativ zu Beginn des jeweiligen
Schuljahres, also bereits im Herbst, erhielten die Schüler während einer

Schulstunde einen verschlossenen Briefumschlag mit schriftlichen Erklärungen zu einer Art Prüfung, die in einer schriftlichen Ausarbeitung von Fragen bestand. Es ging um „Deine Ideen, Deine Meinungen und Dein Leben" (vgl. Cohen, SOM, 2), wobei ihnen zudem mitgeteilt wurde, dass es hier nicht um richtige oder falsche Antworten geht. Hierzu wurden die Schüler wie folgt aufgefordert: „Konzentriere Dich auf Deine Gedanken und Gefühle und mach Dir über Rechtschreibung, Grammatik oder wie gut das Ganze geschrieben ist, keine Sorgen".

Die Umschläge waren mit dem Namen des Schülers versehen, und die schriftlich zu erledigende Aufgabe dauerte etwa 15 Minuten. In beiden Bedingungen, also in der Kontrollgruppe und in der Interventionsgruppe, fanden die Schüler in ihrem Umschlag neben der Arbeitsanleitung jeweils eine Liste von Werten vor (sportliche Fähigkeiten, künstlerische Fähigkeiten, gut in der Schule sein, Beziehungen zu Freunden oder zur Familie pflegen etc.). Sie sollten entweder ihren wichtigsten Wert (Interventionsgruppe) oder ihren unwichtigsten Wert (Kontrollgruppe) heraussuchen und danach einen kurzen Text dazu schreiben: „Warum hat der ausgewählte Wert eine große Bedeutung?" (Experimentalgruppe). „Warum könnte der ausgewählte Wert vielleicht für jemanden anderen von Bedeutung sein?" (Kontrollgruppe).

Gemessen wurde jeweils der Durchschnitt der Schulnoten (festgestellt anhand der offiziellen Zeugnisse) in den folgenden wesentlichen Schulfächern: Naturwissenschaften, Sozialwissenschaften, Mathematik sowie Englisch bzw. Sprachen. Hierbei zeigte sich, dass die farbigen Afroamerikaner am Ende des Schuljahres von der Bejahungsbedingung profitierten: in Experiment 1 um etwa eine Viertel Schulnote (0,26) und in Experiment 2 um etwa eine Drittel Schulnote (0,34), jeweils verglichen mit den farbigen afroamerikanischen Schülern in der Kontrollgruppe. Die Amerikaner europäischer Herkunft (weiße Rasse) hingegen zeigten keinen Effekt der Intervention (vgl. Cohen et al. 2006, 2009).

Teilte man die Gruppe der farbigen Afroamerikaner aus allen Experimenten nach ihrer vorherigen schulischen Leistung in jeweils die bessere und die schlechtere Hälfte der Schüler ein, so zeigte sich, dass die schlechteren Schüler von der Intervention signifikant profitierten und dass dieser Profit über zwei Jahre hinweg stabil blieb bzw. noch zunahm. Betrachtet man die Größe des Effekts der Intervention (im Vergleich zur Kontrolle), dann zeigt sich, dass es zu einer etwa 40%-igen Verminderung der rassenbedingten Unterschiede in der schulischen Leistung der Afroamerikaner kam (vgl. auch Cohen et al. 2006). Mit anderen Worten: Allein durch eine vergleichsweise kurzzeitige (d.h. eher gering dosierte) Maßnahme zur Verminderung der negativen Vorurteile gegenüber der eigenen Rasse konnte man deren ungünstige Auswirkungen auf die Schulleistungen sehr deutlich mindern. Es zeigte sich, dass durch die experimentelle Intervention nicht nur die Leistungen in

einem einzelnen Fach, sondern die schulischen Leistungen insgesamt signifikant verbessert wurden.

Weitere Analysen legen die folgende Überlegung nahe: Die Intervention der
Selbstbejahung durchbricht den Teufelskreis negativer Vorurteile, den man
sich etwa wie folgt vorstellen kann: Der Gedanke „ich gehöre zu denen, die
nichts können" führt zu schlechten Leistungen, was wiederum zu einer Verstärkung der negativen Vorurteile führt. Gelingt es frühzeitig, diese negativen
Vorurteile durch aktive Selbstbejahung abzuschwächen, kommt es zu besseren Leistungen und damit zu einer Minderung der Vorurteile, was sich wiederum günstig auf die Leistungen auswirkt. Es wird somit einer Abwärtsspirale entgegengewirkt, die ansonsten zu einer zunehmenden Vergrößerung des
Leistungsunterschieds zwischen den afroamerikanischen und den weißen
Schülern führt.

Dass insbesondere die schwachen Schüler von der Selbstbejahung profitieren
konnten, zeigte sich auch noch an einem anderen wichtigen Detail: dem Sit-
zenbleiben! Der Anteil der sitzengebliebenen afroamerikanischen Schüler
betrug in der Gruppe der unterdurchschnittlichen Schüler in der Kontrollgruppe 18%, in der Selbstbejahungsgruppe dagegen nur 6%. Ganz besonders
interessant erscheint schließlich die Tatsache, dass sich die Selbstbejahung
nicht auf den Wert „schlau sein und gute Noten haben" beziehen muss, um
einen positiven Effekt auf die schulischen Leistungen zu haben. Vielmehr
springt der Funke, wie man so sagen könnte, gleichsam von einem Bereich in
einen anderen über, d.h. die Selbstbejahung (und damit der Abbau negativer
Vorurteile gegenüber sich selbst) wirkt ganz generell im Sinne einer Verminderung von Stress und negativem Erleben. Beispiele für einen solchen Effekt
finden sich in vielen Studien: Wer gerade stolz ist auf sein Sehvermögen, hält
bei irgendeiner anderen langweiligen Aufgabe bedeutend länger durch, wie
erst kürzlich nachgewiesen werden konnte (vgl. Williams/DeSteno 2009).
Und wer bemerkt, dass man an irgendeinem Ort irgendeine soziale Norm
verletzt, der neigt eher dazu, an diesem Ort andere soziale Normen seinerseits
nicht zu beachten (vgl. Keizer et al. 2008).

Fassen wir kurz zusammen: Emotionen spielen beim Lernen eine bedeutsame
Rolle. Wir lernen rasch, was ganz schlecht (potentiell tödlich) und was gut
für uns ist. Die Gehirnforschung kann die beteiligten Systeme charakterisieren und erlaubt Schlussfolgerungen für die Praxis. Sie hat darüber hinaus
heuristischen Wert, indem sie den Suchraum potentieller Lern- und Lehrver-
fahren deutlich einschränkt, denn vieles, was möglich wäre, macht vor dem
Hintergrund der Erkenntnisse aus der Gehirnforschung wenig Sinn. Umgekehrt legt sie bestimmte Strategien auch direkt nahe, wie die Beispiele der
Auswirkungen negativer und positiver Emotionen klar zeigen.

Die gerade beschriebenen Studien sind deswegen von besonderer Bedeutung,
weil sie methodisch sehr gründlich durchgeführt wurden und klare Effekte

nachweisen können. Ein negatives Selbstbild („ich kann nicht") führt zu schlechten Leistungen, und umgekehrt können gelegentliche kleine, aber ernsthaft erfolgende Episoden der Selbstbejahung zu einer Art Dominoeffekt führen, d.h. langfristig anhaltende positive Wirkungen auf die Schulleistung haben und damit die Spirale der negativen Selbstbewertung und daraus folgender negativer Leistungen (und daraus wiederum folgender negativer Selbsteinschätzung) durchbrechen. Es kann – ohne großen Aufwand! – zu einer Aufwärtsspirale kommen, zu besseren Leistungen, in Folge zu einem besseren Selbstbild und damit zu nachhaltigen besseren Leistungen. Dabei muss die Selbstbejahung nicht einmal den Bereich betreffen, um den es leistungsmäßig geht. Vielmehr ist darauf zu achten, dass sie einen Bereich betrifft, welcher *der betreffenden Person wichtig* ist.

5 Translationale Forschung

Wie kommen die Erkenntnisse aus der Gehirnforschung zu den Mechanismen des glückenden Lernens in die Schulpraxis? – Es ist nicht damit getan, dass der Politiker den Neurobiologen fragt: „Sag mal, wenn Lernen im Gehirn stattfindet, wie macht man dann einen guten Kindergarten?"; ebenso wenig kommt die Medizin voran, wenn der Kliniker den Biochemiker am Krankenbett fragt: „Sag mal, wenn im Körper alles Biochemie ist, wie heilt man dann bitte diesen Fall hier?" – So offensichtlich die Naivität der zweiten Frage für alle erscheint, so wenig offensichtlich erscheint sie in der ersten Frage, was sich daran zeigt, dass sie auf internationalen Konferenzen gestellt wird (vgl. Hirsh-Pasek/Bruer 2007). Es wird nicht gesehen, dass man nicht nur Grundlagenforschung braucht, sondern auch *Anwendungsforschung*, die überprüft, ob und wie sich Erkenntnisse aus der Grundlagenforschung in die Praxis übertragen lassen.

In der Medizin gibt es sie schon sehr lange; weil Praktiker und Theoretiker notwendig zusammenarbeiten müssen, sprach man von *interdisziplinärer* Forschung. Seit einigen Jahren hat die Sache einen neuen Namen: Man spricht von *translationaler* Forschung. Ihr Grundgedanke ist einfach und im Bereich der Medizin gut entwickelt: Erkenntnisse aus der Grundlagenforschung werden auf ihre praktische Anwendbarkeit hin geprüft, so dass sie nicht im sprichwörtlichen wissenschaftlichen Elfenbeinturm verbleiben, sondern dem Wohl der Gemeinschaft dienen. Es geht also um Strategien, mit deren Hilfe der intellektuelle Reichtum der biomedizinischen Forschung in praktischen Reichtum für die Gesellschaft umgesetzt werden kann. In der Medizin wird dadurch *aus Wissen Heilung*. Weil man am Beispiel der Medizin lernen kann, wie translationale Forschung funktioniert (und sogar, welche dummen Gegenargumente es gibt!), sei hier kurz näher auf sie eingegangen. Im Bereich der Medizin wurden in den vergangenen Jahrzehnten klare Standards translationaler Forschung entwickelt, zu denen Randomisierung und Verblindung ebenso gehören wie die objektive und reliable Datenerhebung sowie die inferenzstatistischen Verfahren zu deren Auswertung. So wichtig die translationale Forschung heute ist, so schwer ist der Stand derjenigen, die sie durchführen, werden sie doch von gleich zwei Seiten in die Zange genommen.

Aus Sicht vieler Grundlagenforscher im Bereich der Naturwissenschaften haftet der Anwendungsforschung etwas Zweitklassiges an, geht es doch „nur" um die Anwendung bereits vorhandenen Wissens. Vergessen wird dabei gerne, dass Grundlagenforschungsergebnisse nichts nützen, wenn sie nicht Eingang in das praktische Handeln erhalten. Daher gibt es auch die Warnung, man dürfe die Anwendungsforschung nicht vernachlässigen, müsse ihr einen größeren Stellenwert einräumen und vor allem dafür sorgen, dass der Nachwuchs entsprechend gefördert (und nicht missachtet) wird (vgl. Andrews et al. 2009; Anonymus 2008; Carpenter 2007; Duyk 2003; Ledford 2008; Sharma 2007; Spitzer 2009a).

Geisteswissenschaftler hingegen belächeln heute gerne das „Streben nach Signifikanz" der Anwendungsforscher, und es ist in manchen Kreisen sogar üblich, sich darüber lustig zu machen. Dieser Hochmut ist jedoch unangebracht: Sobald wir in die Apotheke gehen und ein Medikament gegen Kopfschmerzen oder irgendein anderes Gebrechen erwerben, haben wir die „Jagd nach Signifikanz" schon unterschrieben.

Völlig daneben ist es, wenn der auf translationaler Forschung gegründeten medizinischen Praxis die so genannte „Erfahrungsmedizin" gegenüber gestellt wird. Translationale Forschung besteht ja gerade darin, Grundlagenforschung in Erfahrungen umzusetzen. Und das Besondere an ihr ist, dass nicht jeder seine eigenen Erfahrungen macht („bei mir hat es geholfen" – „bei mir nicht" – Ende der Diskussion), sondern dass man auf eine kontrollierte und nachvollziehbare Weise Erfahrungen gewinnt, die ein Maß an Allgemeingültigkeit haben, das sich sogar quantifizieren lässt. Schulmedizin (die immer nur dann so heißt, wenn sie verteufelt wird) ist daher Erfahrungsmedizin im besten Sinne des Wortes. „Erfahrungsmedizin" ist dagegen einfach nur schlechte Medizin, weil die Erfahrungen eben gerade nicht auf eine nachvollziehbare und allgemeingültige Weise gewonnen wurden.

Wie wichtig translationale Forschung in der Medizin ist, zeigt sich immer dann, wenn althergebrachte „Erfahrungen" auf den Prüfstand kommen. Betrachten wir ein Beispiel: Fuß verknackst. Was tun? „Das ist doch klar: Früh bewegen, damit die Beweglichkeit des so wichtigen Sprunggelenkes erhalten bleibt und die Funktion rasch wiederhergestellt wird." – sagen die meisten und handeln entsprechend. „Ist doch klar: Ruhigstellen" – sagen die Anderen und können sich hierbei auf Erfahrungen berufen, die an anderen Gelenken gewonnen wurden: Eine Zerrung im Bereich der Schulter oder des Ellenbogens wird in aller Regel durch Ruhigstellung behandelt. Beim Sprunggelenk war dies – ebenso in aller Regel (ohne dass irgendjemand hätte angeben können, warum) – anders und man bewegte früh. Was ist nun richtig? – In diesem Fall ist klar, dass kein großer Industriekonzern Interesse daran hat, Geld in die Hand zu nehmen, um diese Frage zu lösen. „Die Industrie" beforscht verknackste Füße also nicht. Um so ehrenhafter ist es daher, wenn Ärzte sich der Mühe unterziehen, über tausend Patienten zunächst einmal zu rekrutieren, genau zu untersuchen und dann per Zufall in verschiedene Behandlungsgruppen aufzuteilen, wobei das Gelenk entweder auf verschiedene Weise ruhig gestellt oder früh bewegt wird. Nach drei Monaten schaut man sich das Behandlungsergebnis an und findet: Die bislang gängige Behandlungspraxis (früh bewegen) war falsch. 10 Tage Ruhigstellung im Gips bringt dagegen die besten langfristigen Ergebnisse (vgl. Lamb et al. 2009).

Diese Studie ist ein schönes Beispiel dafür, wie wichtig translationale Forschung ist: Jeder Arzt hat mit Verstauchungen und Zerrungen zu tun; und manchmal heilt es besser, manchmal schlechter. Jeder wird seine Beobachtungen anstellen, wird aber dabei leicht Selbsttäuschungen, Beobachtungsfehlern, systematischen Wahrnehmungsverzerrungen etc. aufsitzen und damit eben „seine eigenen Erfahrungen" machen.

Im Bereich der Pädagogik befindet sich translationale Forschung noch in den Anfängen. Wie lange sollte eine Schulstunde dauern? Bei Kindern welchen Alters? In welchem Fach? Wie lange sollen Hausaufgaben dauern? In welcher Reihenfolge sollten die Fächer unterrichtet werden? Sollte man Schüler früh trennen (nach Geschlecht oder Leistung) oder später oder gar nicht? Fragen wie diese werden bislang praktisch ausschließlich politisch und damit ideologisch diskutiert. Dabei wird übersehen, dass solche Fragen auch als Gegenstand empirischer Forschungsbemühungen gesehen werden können. Die empirische Sozialforschung der letzten Jahrzehnte hat klar gezeigt, dass mit methodisch sauber durchgeführten Studien auch Fragen beantwortet werden können, die bislang ohne entsprechende evidenzbasierte Grundlage politisch entschieden wurden. Betrachten wir zwei Beispiele:

(1) Wann sollten Kinder spätestens aus einem Heim in eine Pflegefamilie verbracht werden? – Die Antwort lautet: Spätestens mit Vollendung des zweiten Lebensjahres (vgl. Nelson et al. 2007)!

(2) Sollten die öffentlich-rechtlichen Fernsehanstalten den privaten Anbietern folgen und ebenfalls ein spezielles Babyfernsehen anbieten? – Nein, weil die *Form* des Mediums Fernsehen, ganz unabhängig vom Inhalt, der natürlichen Entwicklung von Wahrnehmungs- und Aufmerksamkeitsprozessen nicht förderlich ist (vgl. Zimmerman et al. 2007; Spitzer 2007).

Ein Grund, warum translationale Forschung im Bereich des Lernens und Lehrens (also dem der Pädagogik) kaum stattfindet, besteht möglicherweise darin, dass als Grundlagenwissenschaft für die Pädagogik lange Zeit die

Psychologie galt und hier insbesondere die Lernpsychologie im Sinne des Behaviorismus. Versuche, die Prinzipien des Behaviorismus beispielsweise im Rahmen des „programmierten Unterrichts" in die Praxis zu überführen, scheiterten kläglich. Hierdurch sahen sich die „Praktiker" bestätigt, deren Zielsetzung man sogar dadurch charakterisieren kann, dass sie den Unterricht vor allzu viel „grauer Theorie" zu bewahren suchen. Man stelle sich dieses Verhältnis einmal rückübertragen auf die Medizin vor: der praktische „Barfußdoktor", der auf Biochemie und Pharmakologie schimpft und Medizin ohne all diese „graue Theorie" betreibt.

Gewiss bleibt die Pädagogik ebenso wie die Medizin immer auch eine *Kunst* (und ist nie nur Wissenschaft), gilt es doch, allgemeine Erkenntnisse auf den Einzelfall anzuwenden, also zu bewerten, zu entscheiden und zu handeln. Aber Bewertungen, Entscheidungen und Handlungen sind um so besser, auf je mehr gesicherten Erkenntnissen sie beruhen. Translationale Forschung dient der Generierung solchen praktisch relevanten Wissens.

6 Pädagogik in der Krise

Abschließend sei – in Anbetracht der gegenwärtigen Wirtschafts- und Finanzkrise (vgl. Spitzer 2009b) – noch Folgendes bemerkt: Gute Schüler sind immer gut, egal, wie das System oder die Umstände sind. Aber wir haben in Deutschland zu wenig gute Schüler und brauchen mehr als die Demographie alleine hergibt. Im Grunde sind sich darüber heute alle einig, denn Bildung ist der Rohstoff unseres Wohlstands.

Die folgende Rechnung macht deutlich, wie sich dies im internationalen Vergleich verhält: 1% Hochbegabte entsprechen hierzulande 850 Tausend Menschen, in China gut 10 Millionen und in Indien noch einmal gut 12 Millionen. Wie sollen wir Deutschen den Titel „Exportweltmeister" angesichts einer hoch motivierten und hochbegabten 25fachen Übermacht in Zukunft verteidigen? Unsere einzige Chance kann nur darin bestehen, unsere hoffnungslose zahlenmäßige Unterlegenheit dadurch zu mindern, dass wir aus jedem einzelnen jungen Mitmenschen das Beste machen, was in ihr oder ihm steckt! Die Qualität unserer Bildungsanstrengungen zeigt sich nicht an den Hochbegabten, die immer und überall gut sind, sondern daran, wie gut es gelingt, aus *allen* das Beste – und damit die Besten – zu machen.

Gerade in Anbetracht dieser Problemlage wird es höchste Zeit, dass wir translationale Forschung auch außerhalb des medizinischen Bereichs ernst nehmen (statt sie zu belächeln)! In der Medizin wird durch diese Forschung aus Wissen Heilung, in der Schule könnte durch translationale Forschung in ähnlicher Weise aus Wissen *begründete* Handlung werden.

Die Gehirnforschung zeigt heute schon sehr deutlich: Wer *heute* dafür sorgen will, dass die nächste Generation in Kindergarten, Schule oder Universität für das Problemlösen in 20 Jahren fit gemacht wird (und wer will das nicht?), der darf *nicht mit Angst* unterrichten. Denn wer mit Angst lehrt, der hat beim Lehren schon dafür gesorgt, dass das Erlernte – bleibt es denn hängen – das kreative Problemlösen hemmt. Menschen mit Angst vor Formeln sind weder dumm noch mathematisch unbegabt. Sie hatten nur das Pech eines schlechten Mathematikunterrichts und vor allem eines wenig einfühlsamen Mathematiklehrers. Emotion und Kognition, Gefühl und Denken, sind eng miteinander verbunden. Die Schule darf kein „Ernst des Lebens bleiben", durch den man „durch" muss, wie kürzlich erst ein Schulrat im Fernsehen sagte, als es um den Amoklauf in Winnenden ging. Lernen ist vielmehr aufs Engste mit positiven Emotionen, mit dem Glück, verknüpft.

Ein Letztes: Ob die Welt rund oder flach ist und im Mittelpunkt steht oder nicht, wurde vor einigen hundert Jahren noch *politisch* diskutiert, und wer die falsche (d.h., wie sich herausstellte, die richtige) Meinung vertrat, riskierte sein Leben. Heute sind diese Meinungen durch Antworten aus der Wissenschaft ersetzt und weil dies so war, betraten Menschen den Mond und fotografierten Jupitermonde aus der Nähe. Wir haben heute Grund zur Hoffnung, dass wir im Hinblick auf das Lernen in diesem Jahrhundert das schaffen, was wir in der Astronomie vor mehreren hundert Jahren bereits geschafft haben.

Literatur

Andrews, N./Burris, J. E./Cech, T .R./Coller, B.S./Crowley Jr., W. F./Gallin, E.K./Kelner, K.L./ Kirch, D. G./Leshner, A. I./Morris, C. D./Nguyen, F. T./Oates, J./Sung N. S. (2009): Translational Careers. In: Science 324, p. 855

Anonymus (2008): To thwart disease, apply now. In: Nature 453, p. 823

Berns, G. (2005): Satisfaction. The Science of Finding True Fulfillment. New York

Carpenter, S. (2007): Carving a career in translational research. In: Science 317, pp. 966–967

Cohen, G. L./Garcia, J./Apfel, N./Master, A. (2006): Reducing the racial achievement gap: A social-psychological intervention. In: Science 313, pp. 1307–1310

Cohen, G. L./Garcia, J./Purdie-Vaughns, V./Apfel, N./Brzustoski, P. (2009): Recursive processes in self-affirmation. Intervention to close the minority achievement gap. In: Science 324, pp. 400–403

Dar-Nimrod, I./Heine, S. J. (2006): Exposure to scientific theories affects women's math performance. In: Science 314, p. 435

Duyk, G. (2003): Attrition and translation. In: Science 302, pp. 603–605

Erk, S./Walter, H. (2000): Denken mit Gefühl. In: Nervenheilkunde 19, S. 3–13

Erk, S./Spitzer, M./Wunderlich, A. P./Galley, L./Walter, H (2002): Cultural objects modulate reward circuitry. In: Neuroreport 13, S. 2499–2503

Erk, S./Kiefer, M./Grothe, J./Wunderlich, A. P./Spitzer, M./Walter, H. (2003): Emotional context modulates subsequent memory effect. In: Neuroimage 18, pp. 439–447

Fiedler, K. (1988): Emotional mood, cognitive style and behavior regulation. In: Fiedler, K./ Forgas, J.P. (Eds.): Affect, cognition and social behavior. Toronto, pp. 100–119

Fiedler, K. (2001): Affective states trigger processes of assimilation and accommodation. In: Martin, L. L./Clore, G. L. (Eds.): Theories of mood and cognition: a user's guidebook. Mahwah, NJ, pp. 85–98

Hentig, H. v. (2001): Ach, die Werte. Weinheim

Hirsh-Pasek, K./Bruer, J. T. (2007): The brain/education barrier (Editorial). In: Science 317, p. 1293

Keizer, K./Lindenberg, S./Steg, L. (2008): The spraying of disorder. In: Science 322, pp. 1681-1685

Kiefer, M./Schuch, S./Schenck, W. /Fiedler, K. (2007): Mood states modulate activity in semantic brain areas during emotional word encoding. In: Cerebral Cortex 17, pp. 1516–1530

Lamb, S. E./Marsh, J. L./Nakash, R./Cooke, M. W. on behalf of The Collaborative Ankle Support Trial (CAST Group, 2009) Mechanical supports for acute, severe ankle sprain: a pragmatic, multicentre, randomised controlled trial. In: The Lancet 373, pp. 575–581

Ledford, H. (2008): The full cycle. In: Nature 453, pp. 843–845

Nelson, C .A./Zeanah, C. H./Fox, N.A./Marshall, P. J./Smyke, A. T./Guthrie, D. (2007): Cognitive recovery in socially deprived young children: The Bucharest Early Intervention Project. In: Science 318, pp. 1937–1940

Olds, J./Milner, P. (1954): Positive reinforcement produced by electrical stimulation of septal area and other regions of rat brain. In: Journal of Comparative Physiology and Psychology 47, pp. 419–427

Sharma, A. (2007): A measure of respect for translational research. In: Science 318, pp. 392–393

Spitzer, M. (2002): Lernen. Gehirnforschung und die Schule des Lebens. Heidelberg

Spitzer, M. (2007): Achtung: Baby-TV. In: Nervenheilkunde 26, S. 1036–1040

Spitzer, M. (2009a): Aus Wissen wird Handlung. In: Nervenheilkunde 28, S. 257–258

Spitzer, M. (2009b): Aufklärung 2.0. In: Nervenheilkunde 28, S. 7–11

Wagner, A. D./Schacter, D. L./Rotte, M./Koutstaal, W./Maril, A./Dale, A. M./Rosen, R./Buckner, R. L. (1998): Building memories: remembering and forgetting of verbal experiences as predicted by brain activity. In: Science 281, pp. 1188–1191

Walter, H. (1998): Neurowissenschaft der Emotionen und Psychiatrie. In: Nervenheilkunde 18, S. 116–126

Williams, L. A./DeSteno, D. (2009): Pride. Adaptive social emotion or Seventh Sin? In: Psychological Science 20, pp. 284–288

Zimmerman, F. J./Christakis, D. A./Meltzoff, A. N. (2007): Associations between media viewing and language development in children under age 2 years. In: Journal of Pediatrics, 151, pp. 364–368

Gerald Hüther

Neurobiologische Argumente für eine verbesserte Nutzung von Erfahrungen im Rahmen von schulischen Bildungsprozessen

Vor allem seit der Einführung der sog. bildgebenden Verfahren (funktionelle Magnetresonanztomographie) haben die Neurobiologen in den letzten Jahren eine ganze Reihe interessanter Beobachtungen gemacht. Deshalb ist es verständlich, dass sich der Blick einer breiten Öffentlichkeit und mancher Bildungsverantwortlicher auf der Suche nach möglichen Verbesserungen der Lernleistungen in Schulen nun verstärkt auf die Erkenntnisse einer Disziplin richtet, die sich genau mit dem Organ befasst, mit dem man lernt. Von der modernen Hirnforschung wird jetzt erwartet, dass sie mit Hilfe ihrer objektiven naturwissenschaftlichen Befunde deutlich macht, wie Lernen gelingen kann. „Neurodidaktik" heißt das jüngste Zaubermittel, das aus den Befunden der Hirnforscher herausdestilliert worden ist: Der Unterrichtsstoff soll künftig „hirngerechter" angeboten werden, damit er besser hängen bleibt. Aber ist die weitere Verbesserung des Nürnberger Trichters wirklich alles, was die moderne Hirnforschung zu bieten hat? Und führt eine immer effizientere „Eintrichterung von Wissen" tatsächlich dazu, dass sich die auf diese Weise mit mehr Wissen ausgestatteten Schüler dann auch später, als Erwachsene, besser in der Welt zurechtfinden und die dort vorgefundenen Anforderungen auch besser bewältigen können?

In diesem Beitrag soll deutlich gemacht werden, dass man niemanden „bilden" kann, kein Kind, keinen Schüler und auch keinen Erwachsenen. Bildung ist ein aktiver Prozess, der sich im Kopf desjenigen abspielt, der sich Bildung aneignet. Niemand kann einen anderen Menschen dazu zwingen, sich auf diesen Selbstbildungsprozess einzulassen. Bildung ist auch mehr als die Aneignung von Sachwissen, von Fähigkeiten und Fertigkeiten und von Sachkompetenzen. Zur Bildung zählt auch der Erwerb von sog. Metakompetenzen und nicht zuletzt die Herausbildung von inneren Einstellungen und Haltungen, die diesen Selbstbildungsprozess unter der kompetenten Anleitung von gebildeten Vorbildern überhaupt erst ermöglichen.

Deshalb ist Bildung auch nicht das Ergebnis von Lernprozessen, sondern in viel stärkerem Maß als das bisher Beachtung gefunden hat, das Resultat eigener, am eigenen Leib bei der Lösung von Problemen und der Stillung von Bedürfnissen gemachter Erfahrungen. Und weil Kinder ihre wichtigsten Erfahrungen lange vor dem Schuleintritt oder vor der Aufnahme in unsere Gymnasien machen, beginnt Bildung auch viel früher als bisher angenommen, und zwar in nicht zu unterschätzender Weise bereits im Mutterleib. Schon diese vorgeburtlichen Erfahrungen sind individuell sehr unterschiedlich und die nachfolgend während der frühen Kindheit darauf aufbauenden Erfahrungen sind in hohem Maß von den Erfahrungsräumen abhängig, die Kinder in den Herkunftsfamilien und deren Umfeld zur Verfügung stehen oder zur Verfügung gestellt werden können. Deshalb ist auch das, was bisher einfach nur als bessere oder schlechtere „Begabung" für die Aneignung des in den Schulen angebotenen Lernstoffes betrachtet worden ist, eher Ausdruck der besonderen, günstigeren oder ungünstigeren Erfahrungen, die ein Kind bis zum Eintritt in die Schule oder ins Gymnasium machen konnte oder machen musste.

Ausgehend von dieser Überlegung soll in diesem Beitrag der Frage nachgegangen werden, welche Rolle Erfahrungen für Bildungsprozesse spielen, wie Erfahrungen im Gehirn verankert werden und auf welchen Ebenen und in welcher Weise sie in der Schule einerseits zutage treten und andererseits von Schulen gestaltbar sind.

1 Der neue Blick der Hirnforscher

Die Hirnforscher haben auf ihrer Suche nach dem, was das menschliche Gehirn zu dem macht, was es ist, eine bemerkenswerte Erkenntnis zutage gefördert. All jene Bereiche und Regionen, in denen sich das menschliche Gehirn von dem unserer nächsten tierischen Verwandten am stärksten unterscheidet und von denen all jene Funktionen gesteuert werden, die wir als spezifisch menschliche Leistungen betrachten, werden erst nach der Geburt durch eigene Erfahrungen endgültig herausgeformt.

Keine andere Spezies kommt mit einem derart offenen, lernfähigen und durch eigene Erfahrungen in seiner weiteren Entwicklung und strukturellen Ausreifung formbaren Gehirn zur Welt wie der Mensch. Nirgendwo im Tierreich sind die Nachkommen beim Erlernen dessen, was für ihr Überleben wichtig ist, so sehr und über einen vergleichbar langen Zeitraum auf Fürsorge und Schutz, Unterstützung und Lenkung durch die Erwachsenen angewiesen, und bei keiner anderen Art ist die Hirnentwicklung in solch hohem Ausmaß von der emotionalen, sozialen und intellektuellen Kompetenz dieser erwachsenen Bezugspersonen abhängig wie beim Menschen. Da diese Fähigkeiten bei den Erwachsenen, die für die Gestaltung der Entwicklungsbedingungen eines

Kindes maßgeblich sind, unterschiedlich gut entwickelt sind, können die genetischen Potenzen zur Ausformung hochkomplexer, vielseitig vernetzter Verschaltungen im Gehirn der betreffenden Kinder nicht immer in vollem Umfang entfaltet werden. Die Auswirkungen suboptimaler Entwicklungsbedingungen werden allerdings meist erst dann sichtbar, wenn die heranwachsenden Kinder Gelegenheit bekommen, ihre emotionale, soziale und intellektuelle Kompetenz unter Beweis zu stellen, z. B. in der Schule.

In den letzten zehn Jahren ist es den Hirnforschern vor allem mit Hilfe der sog. bildgebenden Verfahren gelungen, nachzuweisen, welch nachhaltigen Einfluss frühe Erfahrungen darauf haben, welche Verschaltungen zwischen den Milliarden Nervenzellen besonders gut gebahnt und stabilisiert und welche nur unzureichend entwickelt und ausgeformt werden.

Neue Erfahrungen, die ein Mensch im Laufe seines Lebens macht – und dafür haben die Molekularbiologen inzwischen zahlreiche Belege zusammengetragen –, wirken bis auf die Ebene der Gene. Sie führen dazu, dass z.B. Nervenzellen damit beginnen, neue Gensequenzen abzuschreiben und andere stillzulegen. Neue Erfahrungen verändern also die Genexpression. Im Gehirn geschieht das bis ins hohe Alter und bildet die Grundlage für die lebenslange Plastizität und Lernfähigkeit dieses Organs. Allerdings machen wir die meisten Erfahrungen nicht am Ende, sondern am Anfang unserer Entwicklung. Während dieser Phase ist die erfahrungsabhängige Neuroplastizität – und damit die erfahrungsabhängige Modulation der Genexpression – zumindest im Gehirn am stärksten ausgeprägt.

2 Eigene Erfahrungen sind wichtiger als auswendig gelerntes Wissen

Von außen betrachtet scheint es so, als würde die Hirnentwicklung von einer unsichtbaren Hand gesteuert. Zunächst besteht in den verschiedenen Bereichen des Gehirns ein Überschuss an Nervenzellen. Diese Nervenzellen ordnen sich zu Zellhaufen und -schichten und treten über auswachsende Fortsätze auf intensive Weise miteinander in Verbindung. All jene Nervenzellen, denen es nicht gelingt, sich in ein Netzwerk einzuordnen und dort eine bestimmte Funktion zu übernehmen, gehen zugrunde und werden wieder abgebaut.

Die verbliebenen Nervenzellen formieren sich anschließend zu deutlich voneinander abgegrenzten Verbänden, sogenannten Kerngebieten, und beginnen ein immer dichteres Netzwerk von Fasern und Fortsätzen innerhalb dieser Kerngebiete und zwischen diesen verschiedenen Kerngebieten herauszubilden. Während dieser Phase, die sich in den einzelnen Bereichen des Gehirns in einer zeitlichen Reihenfolge von hinten (Hirnstamm) nach von (Stirnhirn) vollzieht, scheint es so, als ob sich jede Nervenzelle mit jeder anderen über so viele Kontakte wie nur irgendwie möglich verbinden wollte. Zu diesem Zeitpunkt (im Hirnstamm liegt er bereits vor der Geburt, im Stirnhirn wird er erst etwa im 6. Lebensjahr erreicht) ist die Anzahl der Nervenzellkontakte (Synapsen) so groß wie niemals wieder im späteren Leben; denn wenn erst einmal alles mit allem verbunden ist, werden anschließend all jene Kontakte wieder zurückgebildet und aufgelöst, die nicht „gebraucht", also nicht durch entsprechende Nutzung und Stimulation gefestigt und stabilisiert werden. Worauf es für eine erfolgreiche Stabilisierung hochkomplexer Verschaltungsmuster ankommt, lässt sich besonders eindringlich anhand der Herausformung des „Gesangszentrums" im Gehirn von Singvögeln beobachten. In dieser Region entsteht ein riesiges Überangebot an Nervenzellkontakten, wenn der kleine Vogel, also beispielsweise eine Nachtigall, noch im Nest sitzt. Wenn nun der Vater in der Nähe des Nestes seine bezaubernd vielfältigen Lieder singt, entstehen im Gesangszentrum der Jungvögel entsprechend komplexe synaptische Aktivierungsmuster. Je komplizierter der Gesang, desto komplexer werden diese Muster und umso mehr Verschaltungen und Verbindungen können dann auch „benutzt" und stabilisiert werden. Wenn der Nachtigallenhahn keine Lust zum Singen hat oder ein schlechter Sänger ist, so kann im Gesangszentrum seiner Jungen auch kein so kompliziertes Netzwerk von Verbindungen stabilisiert werden. Dann geht der größte Teil der im Gesangszentrum bereitgestellten „synaptischen Angebote" verloren. „Nutzungsabhängige Stabilisierung synaptischer Netzwerke" heißt das, was nicht nur im Gesangszentrum der Singvögel, sondern in noch viel stärkerem Maß und über noch viel längere Zeiträume im menschlichen Gehirn passiert. Die Region, in der sich während der frühen Kindheit so besonders intensive Nervenzellkontakte herausbilden und darauf warten, dass sie möglichst komplex benutzt und stabilisiert werden, ist beim Menschen nicht das Gesangszentrum, sondern die Hirnrinde, und hier ganz besonders der vordere, zuletzt ausreifende Bereich, der sogenannte Stirnlappen. Die in dieser Region herausgeformten Verschaltungsmuster nutzen wir, wenn wir uns ein Bild von uns selbst und unserer Stellung in der Welt machen wollen (Selbstwirksamkeitskonzepte), wenn wir unsere Aufmerksamkeit auf bestimmte Wahrnehmungen richten, Handlungen planen und die Folgen von Handlungen abschätzen (Motivation, Impulskontrolle), wenn wir uns in andere Menschen hineinversetzen und Mitgefühl entwickeln (Empathiefähigkeit, soziale und emotionale Kompetenz). Genau diese Fähigkeiten brauchen Kinder mehr als alles andere, wenn sie sich später in der Schule und im Leben zurechtfinden, lernbereit, wissensdurstig und neugierig bleiben und mit anderen gemeinsam nach brauchbaren Lösungen suchen wollen. Die für diese Fähigkeiten verantwortlichen hochkomplizierten Nervenzellverschaltungen in ihrem Hirn und dort speziell im Frontallappen stabilisieren sich jedoch nicht von allein.

Sie müssen – wie im Gesangszentrum der kleinen Nachtigallen – durch eigene Erfahrungen anhand entsprechender Vorbilder herausgeformt und gefestigt werden.

Damit es Kindern gelingt, sich im heutigen Wirrwarr von Anforderungen, Angeboten und Erwartungen zurechtzufinden, brauchen sie Orientierungshilfen, also äußere Vorbilder und innere Leitbilder, die ihnen Halt bieten und an denen sie ihre Entscheidungen ausrichten. Nur unter dem einfühlsamen Schutz und der kompetenten Anleitung durch erwachsene „Vorbilder" können Kinder vielfältige Gestaltungsangebote auch kreativ nutzen und dabei ihre eigenen Fähigkeiten und Möglichkeiten erkennen und weiterentwickeln. Nur so kann im Frontalhirn ein eigenes, inneres Bild von Selbstwirksamkeit stabilisiert und für die Selbstmotivation in allen nachfolgenden Lernprozessen genutzt werden. Die Herausbildung komplexer Verschaltungen im kindlichen Gehirn kann nicht gelingen,

– wenn Kinder keine Gelegenheit bekommen, sich aktiv an der Gestaltung der Welt zu beteiligen (passiver Medienkonsum),

– wenn Kinder keine Freiräume mehr finden, um ihre eigene Kreativität spielerisch zu entdecken (Funktionalisierung),

– wenn Kinder mit Reizen überflutet, verunsichert und verängstigt werden (Überforderung),

– wenn Kinder daran gehindert werden, eigene Erfahrungen bei der Bewältigung von Schwierigkeiten und Problemen zu machen (Verwöhnung),

– wenn Kinder keine Anregungen erfahren und mit ihren spezifischen Bedürfnissen und Wünschen nicht wahrgenommen werden (Vernachlässigung).

Das Gehirn, so lautet die vielleicht wichtigste Erkenntnis der Hirnforscher, lernt immer, und es lernt das am besten, was einem Heranwachsenden hilft, sich in der Welt, in die er hineinwächst, zurechtzufinden und die Probleme zu lösen, die sich dort und dabei ergeben. Das Gehirn ist also nicht zum Auswendiglernen von Sachverhalten, sondern zum Lösen von Problemen optimiert. Und da fast alles, was ein heranwachsender Mensch lernen kann, innerhalb des sozialen Gefüges und des jeweiligen Kulturkreises direkt oder indirekt von anderen Menschen „bezogen wird" und der Gestaltung der Beziehungen zu anderen Menschen „dient", wird das Gehirn auch nicht in erster Linie als Denk-, sondern als Sozialorgan gebraucht und entsprechend strukturiert.

3 Die neurobiologische Verankerung von Vorstellungen und inneren Bildern

Aufgrund seiner individuell und im Zusammenleben mit anderen Menschen gemachten und im Hirn in Form bestimmter Nervenzell-Verschaltungen entsprechend verankerten Erfahrungen gelangt jedes Kind zu bestimmten Annahmen und entwickelt bestimmte Vorstellungen über die (soziale) Welt, über die Art seiner Beziehungen zur äußeren (sozialen) Welt und über seine Möglichkeiten zur Mitgestaltung dieser Welt. Diese Vorstellungen werden als innere Orientierungen, Selbstwirksamkeitskonzepte und eigene Leitbilder im Hirn verankert. Sie bieten dem Kind Halt und Sicherheit, bestimmen seine Entscheidungen, lenken seine Aufmerksamkeit in bestimmte Richtungen und sind daher ganz entscheidend dafür, wie und wofür es sein Gehirn benutzt und daher auch strukturiert. Die konkrete Form dieser inneren Bilder und Orientierungen, die ein Mensch im Lauf seines Lebens für seine weitere Lebensgestaltung findet, hängt im hohen Maß von den jeweils vorgefundenen und als besonders „erfolgreich" bewerteten Vorbildern ab, die er als Heranwachsender innerhalb seines Kulturkreises und der dort herrschenden sozialen (familiären und gesellschaftlichen) Beziehungen vorfindet. Zwangsläufig ergibt sich daraus, dass die „Denkmuster", die „Gefühlsstrukturen" und die im Laufe des Lebens erworbenen Fähigkeiten und Fertigkeiten von Menschen aus verschiedenen Kulturkreisen – und innerhalb eines Kulturkreises von Menschen aus unterschiedlichen Familien und Sippen, von Männern und Frauen, von Erstgeborenen und Nachgeborenen – mehr oder weniger stark voneinander abweichen. Da nirgendwo auf der Welt identische Bedingungen herrschen, unter denen die Menschen identische Erfahrungen machen, ist jedes menschliche Gehirn ein einzigartiges Konstrukt. Es wird herausgeformt durch das Zusammenspiel einzigartiger mitgebrachter Anlagen und selbstgemachter Erfahrungen, und die auf diese Weise entstandenen und gefestigten neuronalen Verbindungen und Verschaltungsmuster verleihen dem betreffenden Menschen seine individuellen Begabungen, Fähigkeiten und Fertigkeiten. Je größer die Vielfalt individuell unterschiedlicher Denk-, Gefühls- und Handlungsmuster in einer menschlichen Gemeinschaft ist, desto reichhaltiger ist der Schatz innerer Bilder, aus dem diese Gemeinschaft die geeignetste Lösung zur Bewältigung ihrer Probleme auswählen kann.

Was innere Bilder sind und welche Bedeutung sie für die nutzungsabhängige Strukturierung des menschlichen Gehirns besitzen, lässt sich am leichtesten anhand der Sprachbilder illustrieren, mit denen wir zu beschreiben suchen, was unser Denken lenkt, was unsere Aufmerksamkeit steuert, woran wir uns bei wichtigen Entscheidungen orientieren und wonach wir unser Handeln ausrichten: an „Vorbildern", an „Leitbildern", an eigenen „Vorstellungen", an „Visionen" und „Ideen" (lat. „videre" bzw. griech. „idein" = sehen), daraus abgeleitet an „Idealen" und „Ideologien", an „Kognitionen" (lat. cognoscere = durch die Sinne kennenlernen, bemerken, für wahr nehmen), an „Theorien" (griech. „theaomai" = schauen, ansehen), an „Fantasien" (griech. für „Erscheinung") und nicht zuletzt an mehr oder weniger bewussten „Motiven" (ein Bild, das anderes bestimmt und lenkt).

Es gibt bestimmte neuronale Aktivierungsmuster, die abgerufen werden können, um komplexe motorische Handlungsabläufe in Gang zu setzen und zu steuern. Die einfachsten sind bereits zum Zeitpunkt der Geburt herausgeformt (angeboren), schwierigere Handlungsmuster (für Greifbewegungen, für das koordinierte Krabbeln, später für den aufrechten Gang, das Schwimmen oder Fahrradfahren) müssen erst anhand von Vorbildern und wiederholtem Üben etabliert, gebahnt und stabilisiert werden. Das bei einer intendierten Handlung über den motorischen Kortex ableitbare Bereitschaftspotential ist die von außen messbare Entsprechung der Aktivierung eines solchen „inneren Handlungsbildes". Die interessantesten und für die Art der weiteren Nutzung und Strukturierung des Gehirns maßgeblichsten „inneren Bilder" werden in den höchsten und am stärksten vernetzten assoziativen Bereichen des menschlichen Gehirns gebildet. Eine herausragende Funktion spielt hierbei die präfrontale Rinde (Stirnlappen oder frontaler Kortex), also diejenige Hirnregion, deren endgültige Verschaltungsmuster während der Individualentwicklung zuletzt herausgebildet wird und deren Strukturierung in besonderer Weise durch eigene Erfahrungen im Verlauf der frühen Kindheit durch Erziehung und Sozialisation bestimmt wird. Hier werden diejenigen inneren Bilder generiert und als charakteristische neuronale und synaptische Aktivierungsmuster gebahnt und gefestigt, die für die höchsten Leistungen des menschlichen Gehirns entscheidend sind: Die Fähigkeit, eine Vorstellung von sich selbst (Selbstbild) und seinen eigenen Wirkungen (Selbstwirksamkeitskonzept) zu entwickeln, sich in andere Menschen hineinzuversetzen (sich ein Bild von anderen zu machen), seine Handlungen zu planen und seine eigenen inneren Impulse zu kontrollieren und in eine bestimmte Richtung zu lenken (sich ein Bild von dem zu machen, was man will).

Mit Hilfe dieser inneren Bilder entscheidet ein Mensch, was ihm wichtig ist, womit er sich beschäftigt, wofür er sich einsetzt, worauf er seine Aufmerksamkeit fokussiert und wie er seine Vorstellungen umsetzt. Der Umstand, dass diese inneren Vorstellungsbilder bis heute in unserem Kulturkreis als belanglose, wirklichkeitsferne Illusionen und Konstrukte abgetan werden, macht deutlich, wie sehr die Macht dieser inneren Bilder gegenwärtig noch völlig unterschätzt wird. Das gilt sowohl für die Kräfte, die durch derartige innere Bilder zur Gestaltung, Umgestaltung oder auch Zerstörung bestimmter Bereiche der äußeren Welt oder menschlicher Beziehungen freigesetzt werden. Das gilt aber auch für die Kraft, mit der diese Vorstellungsbilder die weitere Nutzung des Hirns der betreffenden Menschen bestimmen und damit nutzungsabhängige Strukturierungsprozesse in Gang setzen, die später nur noch schwer wieder auflösbar sind.

4 Die neurobiologische Verankerung von eigenen Erfahrungen als Metakompetenzen

Die entscheidende Frage lautet also:
Wie lässt sich eine deutliche Verbesserung all jener Kompetenzen erreichen, die neben dem in der Schule erworbenen Wissen entscheidend dafür sind, ob und wie junge Menschen die Herausforderungen annehmen und meistern können, die sich in ihrer weiteren Ausbildung, im späteren Berufsleben, in ihrem Leben stellen? Das Fatale daran ist: Diese Kompetenzen lassen sich nicht unterrichten. Das gilt insbesondere für die sog. komplexen Fähigkeiten wie vorausschauend zu denken und zu handeln (strategische Kompetenz), komplexe Probleme zu durchschauen (Problemlösungskompetenz) und die Folgen des eigenen Handelns abzuschätzen (Handlungskompetenz, Umsicht), die Aufmerksamkeit auf die Lösung eines bestimmten Problems zu fokussieren und sich dabei entsprechend zu konzentrieren (Motivation und Konzentrationsfähigkeit), Fehler und Fehlentwicklungen bei der Suche nach einer Lösung rechtzeitig erkennen und korrigieren zu können (Einsichtsfähigkeit und Flexibilität) und sich bei der Lösung von Aufgaben nicht von aufkommenden anderen Bedürfnissen überwältigen zu lassen (Frustrationstoleranz, Impulskontrolle). „Exekutive Frontalhirnfunktionen" nennen die Hirnforscher diese Metakompetenzen, deren Herausbildung bisher eher dem Zufall überlassen worden ist und auf die es in Zukunft mehr als auf all das in der Schulzeit auswendig gelernte Wissen ankommt.

Verankert werden diese Metakompetenzen in Form komplexer Verschaltungsmuster in einer Hirnregion, die sich im vorderen Großhirnbereich befindet: im Stirnlappen, dem präfrontalen Kortex. Die in anderen Hirnregionen gespeicherten Gedächtnisinhalte werden in diesen Netzwerken des präfrontalen Kortex zu einem Gesamtbild zusammengefügt und mit den in tiefer liegenden subkortikalen Hirnbereichen generierten Signalmustern verglichen. Die so erhaltenen Informationen werden für alle bewussten Entscheidungsprozesse und zur Modifikation bestimmter Verhaltensweisen genutzt. Je nach Erfahrungsschatz und individueller Ausprägung dieser Kontrollfunktionen können verschiedene Menschen ihr Verhalten in einer Situation, die Initiative erfordert, unterschiedlich gut steuern. Als diejenige Region des menschlichen Gehirns, die sich am langsamsten ausbildet, ist der präfrontale Kortex in seiner Entwicklung auch in besonders hohem Maße durch das soziale Umfeld, in das ein Kind hineinwächst, beeinflussbar. Die dort angelegten neuronalen und synaptischen Verschaltungsmuster werden nicht durch genetische

Programme, sondern durch eigene Erfahrungen herausgeformt.

Die Fähigkeit oder Unfähigkeit, sich erfolgreich Herausforderungen zu stellen, ist also keineswegs angeboren oder gar zufällig. Metakompetenzen werden durch Lernprozesse gewonnen, die auf Erfahrung beruhen. Wie gut ihre Ausformung gelingt, liegt somit in der Hand derer, die das Umfeld eines jungen Menschen prägen und mit ihm in einer emotionalen Beziehung stehen.

5 Das Frontalhirn als Metaebene bewusster Bewertungs- und Entwicklungsprozesse

Bei den exekutiven Frontalhirnleistungen handelt es sich um kognitive Kontrollfunktionen, die in drei unterschiedlichen Regionen des Stirnlappens repräsentiert sind:

Im *dorsolateralen Präfrontalkortex* werden Handlungskonzeptionen entworfen. Die bewusste Planung einer auszuführenden Handlung, deren zeitliche Organisation sowie das Vorhersehen ihrer Konsequenzen werden in diesem Teil des Frontalhirns vorbereitet. Vor ein neues Problem gestellt, treffen bereits Kinder auf der Basis früherer, in anderen Hirnregionen gespeicherter Erfahrungen angemessene Vorbereitungen für ein problemlösendes Verhalten. Durch die anschließende Bewertung der Handlungsergebnisse kann neues Wissen in den bestehenden Erfahrungsschatz integriert werden: War die gewählte Vorgehensweise beim Lösen des Problems erfolgreich, kann später auf diese Erfahrung zurückgegriffen werden, wenn ein ähnliches Problem auftritt. War sie es nicht, kann das Verhalten neu angepasst werden. Mit einem größer werdenden Repertoire an etablierten Handlungsoptionen wächst somit auch die Flexibilität gegenüber wechselnden Problemstellungen.

Der *orbitale Präfrontalkortex* ist diejenige Region, die für die Lenkung der Aufmerksamkeitsintensität zuständig ist. Die Fähigkeit zur Konzentration auf ein bestimmtes Ziel setzt voraus, dass spontane, störende, ablenkende Impulse gehemmt oder unterdrückt werden. Solche Impulse werden von tiefer liegenden (subkortikalen), „älteren" Hirnregionen generiert. Sie treten in Form basaler Bedürfnisse (Bewegungs-, Mitteilungsdrang) und deshalb als besondere Empfänglichkeit für äußere Sinneseindrücke auf. Die stärkste Ablenkung bieten wir uns selbst: Indem wir unsere „Gedanken abschweifen lassen", unwillkürlich assoziieren, spontanen Gefühlen nachgehen, hindern wir unsere Aufmerksamkeit am konzentrischen Kreisen um das eigentliche Interessenziel. Dass es nicht immer sinnvoll ist, jedem Antrieb in eine neue Richtung sofort zu folgen, ist einem Kind nicht unmittelbar einsichtig. Impulse zu steuern, muss erst durch das Sammeln entsprechender Erfahrungen erlernt werden. Wie gut das gelingt, hängt davon ab, wie viel Gelegenheit man hat, zu erfahren, dass nicht jeder Wunsch erfüllt und jedes Bedürfnis sofort gestillt werden muss.

Im *dorsomedialen Präfrontalkortex* werden synaptische Netzwerke herausgebildet, die an der Regulation der Motivation beteiligt sind, mit der ein Problem in Angriff genommen wird. Von der Motivation eines Kindes hängt es ab, inwieweit sich alle bisher angeführten Befähigungen überhaupt nach außen hin manifestieren. Ist es aus sich selbst heraus gewillt, sich einer Aufgabe zu stellen (intrinsische Motivation), nutzt es seine Ressourcen zumeist optimal; fühlt es sich durch psychischen Druck, Bestechung oder andere äußere Antriebe dazu gedrängt (extrinsische Motivation), fällt ihm defensiv oder übereifrig das Lösen einer Aufgabe im Allgemeinen schwer. Lernt ein Kind früh, sein Verhalten auch unter erschwerten Umständen eigenmächtig zu steuern und die Folgen richtig abzuschätzen, wird es häufiger die Erfahrung machen, schwierige Situationen allein meistern zu können. Das Bewusstsein für diese Fähigkeit ist ein grundlegend wichtiger Bestandteil des gesunden Selbstvertrauens. Mit jedem gelösten Problem wächst das Vertrauen in die eigenen Fähigkeiten und mit ihm der Mut, vor neuen, größeren Problemen (Pubertät, Prüfungssituationen) nicht zu kapitulieren. Fehlen jedoch die Vorbilder, die solche Kompetenzen unter lernfreundlichen Rahmenbedingungen vermitteln, kann sich ein gesundes Verhältnis zu neuen Herausforderungen bei einem jungen Menschen nicht entwickeln. Kinder müssen lernen, Konzepte zu entwickeln, sie selbstbewusst umzusetzen, mit Rückschlägen umzugehen, indem sie erfahren, wie man das macht und dass es sich auszahlt. Die Schule als Ort, an dem Kinder und Jugendliche für die auf sie zukommenden Anforderungen gewappnet werden sollen, ist neben der Familie diejenige Einrichtung, die sich am besten dafür eignet, die Entwicklung dieser Metakompetenzen zu fördern. Der entscheidende Grund dafür, dass die Entwicklung dieser komplexen Fähigkeiten und Kompetenzen bis heute in Schulen zu wenig beachtet und gefördert wird, ist banal: All diese Kompetenzen und Fähigkeiten, auf die es im späteren Leben wirklich ankommt, sind mit den traditionell in Schulen eingesetzten Evaluationsinstrumenten nicht messbar. Da der Erfolg von Maßnahmen zur Verbesserung dieser Kompetenzen bisher nicht objektivierbar war, bestand weder eine hinreichende Veranlassung noch eine begründbare Notwendigkeit für deren Einführung. Diese Situation ließe sich z.B. mit dem im Internet verfügbaren Wuk-Test (*Wis*sens-*u*nabhängiger *K*ompetenz-Test, www.Wuk-Test.de) verändern. Es handelt sich hierbei um ein Instrument, das die individuelle Ausprägung und Nutzbarkeit wissensunabhängiger Kompetenzen bei Schülern und Auszubildenden auf einfache Weise messbar macht.

6 Argumente für eine Ressourcen stärkende Beziehungskultur

Jede schwerwiegende Irritation oder Belastung erzeugt im Hirn eine sich ausbreitende Erregung, die dazu führt, dass noch auf der Ebene der besonders stabilen, durch bisherige Erfahrungen bereits gut gebahnten Verschaltungsmuster ein entsprechendes, handlungsleitendes Aktivierungsmuster aufgebaut werden kann. Deshalb führt jeder Leistungs-, Erwartungs-, Handlungs- oder sonstiger Druck immer zum Rückfall in bereits bewährte Strategien. Bisweilen sogar zu Reaktionen, die schon während der frühen Kindheit gebahnt worden sind und – wenn es besonders eng wird – sogar zum Rückfall in archaische Notfallreaktionen. Die sind im Hirnstamm nicht nur bei uns, sondern auch bei Tieren angelegt und führen, wenn sie aktiviert werden, zu Angriff oder Verteidigung, zu panischer Flucht und zuletzt – wenn gar nichts mehr geht – zu ohnmächtiger Erstarrung.

Je größer der Druck und die dadurch sich im Gehirn ausbreitende Erregung wird, desto tiefer geht es also auf der Stufenleiter der noch aktivierbaren, handlungsleitenden Muster wie in einem Fahrstuhl hinab. Das Verhalten wird einfacher. Regression nennen das die Psychologen. Und weil dann im Hirn weniger regionale Netzwerke miteinander synchronisierbar sind und miteinander in Beziehung treten können, werden die Reaktionen auch entsprechend robuster und eindeutiger.

Um den Fahrstuhl im Gehirn in umgekehrter Richtung benutzen und von einfacheren zu komplexeren handlungsleitenden Mustern zu gelangen, muss also logischerweise der äußere Druck nachlassen bzw. das innere Erregungsniveau abgesenkt werden. Erst dann können wieder hochvernetzte, subtilere und fragilere Beziehungsmuster zwischen möglichst vielen Nervenzellen aus möglichst unterschiedlichen Bereichen des Gehirns aufgebaut und als handlungs- und denkleitende Muster aktiviert werden. Und die brauchen unsere Kinder heute dringender denn je zuvor, um sich in einer immer komplexer werdenden Lebenswelt mit komplizierten zwischenmenschlichen Beziehungen zurecht zu finden.

Wir müssten also einander und vor allem unseren Kindern wieder mehr Mut machen, ihnen zeigen und vormachen, wie man sich gegenseitig besser unterstützen und die Bemühungen anderer würdigen kann. Nur so können sie auf lange Sicht all das zur Entfaltung bringen, was sie in Zukunft brauchen: Innovationsgeist und Kreativität bei der Suche nach neuen Lösungen. Motivation und Einsatzbereitschaft bei der Umsetzung guter Ideen. Auch Durchhaltevermögen und Zuversicht. Und etwas Umsicht und Geduld, weil nicht alles, was man versucht, auch auf Anhieb gelingt.

Wer also Kindern nicht einfach nur mehr Wissen vermitteln, sondern sie zu kompetenten, starken und selbstbewussten Persönlichkeiten erziehen will, muss in Beziehungen denken und in Beziehungsfähigkeit investieren. Das ist das Geheimnis einer Schulkultur, bei der niemand als Verlierer zurückgelassen wird.

7 Die Bedeutung von Geist und Haltung in Schulen

Alle Erfahrungen, die Schüler (auch Lehrer) machen und die wir machen und die zur Bahnung und Strukturierung dieser sich im präfrontalen Kortex herausbildenden neuronalen Netzwerke führen, sind dadurch gekennzeichnet, dass sie „unter die Haut" gehen. Es kommt also immer dann, wenn wir eine neue Erfahrung machen, zu einer gleichzeitigen Aktivierung kognitiver Netzwerke (was war los, was habe ich wahrgenommen, wie habe ich reagiert, mit welchem Effekt) und emotionaler Netzwerke (wie hat sich das angefühlt, wie ist es mir ergangen, was habe ich empfunden). Diese simultane Aktivierung emotionaler und kognitiver Netzwerke führt dazu, dass die betreffenden Netzwerkstrukturen aneinander gekoppelt, miteinander verbunden werden. Erfahrungen sind also niemals nur kognitiv oder nur emotional, sondern immer gleichzeitig kognitiv und emotional verankert. Wiederholt gemachte Erfahrungen verdichten sich dabei auf einer Metaebene zu einer Art Integral über alle bisher gemachten, ähnlichen Erfahrungen. Dieses so abgespeicherte „Erfahrungsintegral" bildet dann die Grundlage für das, was wir „Haltung", „innere Überzeugung" oder eben sehr verstaubt auch „Gesinnung" nennen. Haltungen sind also immer durch eigene, am eigenen Leib und unter emotionaler Aktivierung gemachte Erfahrungen entstanden. In engen emotionalen Beziehungen können Haltungen auch von anderen Menschen (engen Bezugspersonen) übernommen werden.

8 Haltungen verändern sich nur durch neue Erfahrungen

Genau deshalb, weil unsere Haltungen auf erfahrungsbedingten emotional-kognitiven Kopplungsphänomenen beruhen, sind sie so schwer veränderbar. Weder gelingt es, die Haltung eines Menschen durch kognitive Strategien zu verändern (überreden, belehren, unterrichten etc.), noch sind emotionale Strategien (Bestrafung, Belohnung, Umarmung, Zuwendung) geeignet, einmal erworbene Haltungen eines Menschen zu verändern. Im ersteren Fall wird nur der kognitive Anteil des für die Haltung verantwortlichen Netzwerkes aktiviert, der emotionale Anteil hält das betreffende Netzwerk jedoch in seiner gekoppelten Struktur gefangen.
Im letzteren Fall wird nur der emotionale Anteil des betreffenden Netzwerkes erregt, nicht aber der daran gekoppelte kognitive Anteil. Deshalb bleibt auch die Strategie des „Küssens und Umarmens" (sog. Kuschelpädagogik) wir-

kungslos, wenn es darum geht, die Haltung eines Menschen zu verändern. Angesichts dieser Situation wird das Dilemma begreiflich, vor dem jeder Schulveränderer steht: Das, was zu verändern wäre, sind die Haltungen (der Schulleiter, der Lehrer, der Schüler, auch der Eltern). Aber genau die lassen sich durch all die Verfahren, die seit Generationen bisher eingesetzt worden sind, um zu erreichen, dass Menschen sich so verhalten, wie das, aus was für Gründen auch immer, als wünschenswert erschien, nicht verändern. Durch gutes Zureden nicht, durch kluge Ratschläge nicht, nicht durch Bestrafung oder Belohnung, noch nicht einmal durch liebevolle Zuwendung und emotionale Umarmungen.

All das, was bisher immer wieder versucht worden ist, um Menschen zu verändern, funktioniert also nicht, wenn es darum geht, einen Menschen zu einer Änderung seiner Haltung, seiner inneren Überzeugung, seiner Gesinnung zu bewegen.

Das Einzige, was geeignet wäre, Haltungen zu verändern, ist genau das, was wir in unserer von Machbarkeitswahn und Effizienzdenken geprägten Welt am wenigsten beherrschen: andere Menschen einzuladen, zu inspirieren, sie zu ermutigen, noch einmal eine neue Erfahrung zu machen. Weil ja individuell erworbene Haltungen durch entsprechende Erfahrungen entstanden sind, können andere Haltungen auch nur durch andere Erfahrungen gemacht und im Hirn verankert werden. So einfach ist das. Und doch so schwer für all jene, die nicht in der Lage sind oder die Fähigkeit verloren haben, andere Menschen einzuladen, zu inspirieren, zu ermutigen, eine neue Erfahrung zu machen. Denn um andere Menschen einladen, inspirieren, ermutigen zu können, muss man diese anderen mögen, müssen einem diese anderen wichtig sein, ebenso wie das, wozu man sie gern einladen, inspirieren und ermutigen möchte. Dienstleister und Pflichterfüller sind dazu einfach nicht in der Lage. Sie haben eine dafür nicht geeignete Haltung.

9 Haltungen brauchen ein sie stabilisierendes Dach, und dieses Dach ist der in einer Schule herrschende Geist

Was die Haltung auf der Ebene des Individuums bewirkt, bewirkt der Geist auf der Ebene einer Gemeinschaft. Genauso, wie die individuellen Haltungen, die ein Mensch im Lauf seines Lebens aufgrund seiner dabei gemachten Erfahrungen ausgebildet hat, entscheidend dafür sind, wie und wofür der Betreffende sein Gehirn benutzt und damit auch nutzungsabhängig strukturiert, so ist es der innerhalb einer Schulklasse, innerhalb einer Schule oder innerhalb einer anderen Gemeinschaft herrschende Geist, der darüber bestimmt, welche Erfahrungen die einzelnen Mitglieder dieser Gemeinschaft machen können und welche Haltungen sie innerhalb dieses geistigen Erfahrungsraumes entwickeln. Äußerlich erkennt man den Geist einer Schule an dem dort herrschenden Klima. Und wenn das Klima in einer Schule oder einer Schulklasse immer kälter wird, muss sich jeder Einzelne, Lehrer wie Schüler, dort zwangsläufig wärmer anziehen.

Ebenso wenig, wie sich eine lernförderliche, die Entfaltung individueller Potenziale ermöglichende Haltung bei Lehrern und Schülern durch Maßnahmen herstellen lässt, kann man einen diese Haltung hervorbringenden und stabilisierenden Geist durch irgendwelche Regelungen, Vorschriften oder Appelle erzeugen. Damit ein solcher anderer Geist, also ein günstiges Klima für das Lehren und Lernen in einer Schule entstehen kann, muss sich jemand um diesen Geist kümmern. Dazu müssten in der Schule und im Unterricht Erfahrungsräume geschaffen werden, die die Herausbildung eines solchen „guten Geistes" der gegenseitigen Wertschätzung, Achtung und Unterstützung, der Leistungs- und Lernbereitschaft, des Herausforderns und des Förderns und des miteinander Lebens und Lernens, also im weitesten Sinn der Potenzialentfaltung auf Seiten der Lehrer wie auch auf Seiten der Schüler, ermöglichen.

Ein solcher Potenzialentfaltungsgeist kann freilich nur dann in einer menschlichen Gemeinschaft entstehen, wenn das Zusammenleben und das gemeinsame Lernen nicht mehr von Angst, Leistungsdruck und Wettbewerb bestimmt werden. Und innerhalb dieses Druck erzeugenden Wettbewerbssystems sind es zwangsläufig immer diejenigen, die am wenigsten verängstigt, unterdrückt und von anderen abhängig geworden sind, also die stärksten, authentischsten Persönlichkeiten, die den Geist einer Schule bestimmen. Das sollte eigentlich der Leiter oder die Leiterin einer Schule sein. Aufgrund ihrer besonderen Stellung, ihrer langen Erfahrung, ihrer starken Persönlichkeit und ihrer bewusst zum Ausdruck gebrachten Haltungen müssten sie am ehesten in der Lage sein, andere einzuladen, zu inspirieren und zu ermutigen, eine neue Erfahrung zu machen. Sie könnten am leichtesten die entsprechenden Rahmenbedingungen für solche neuen Erfahrungen schaffen. „Supportive Leadership" nennt man diese neue Führungskultur in der Wirtschaft. Und das heißt nichts anderes, als dass derjenige, der mehr Einfluss, Verantwortung und Erfahrung besitzt, alles, was in seiner Macht steht, auch wirklich tut, um die Potenziale seiner Mitarbeiter zur Entfaltung zu bringen. Leider ist dieser Führungsstil auch in Wirtschaftsunternehmen noch nicht allzu weit verbreitet. Aber überall dort, wo er bereits praktiziert wird, sprechen die Erfolge für sich. Die alte Ressourcenausnutzungskultur verwandelt sich dann nämlich in eine zukunftsfähige Potenzialentfaltungskultur. Und wo wäre genau das dringender erforderlich als in unseren Schulen? Denn das ist ja eine weitere wichtige Erkenntnis der Neurobiologie: Die Potenziale, mit denen jedes Kind auf die Welt kommt und die in Form eines immensen Überangebots synaptischer Verknüpfungsangebote in seinem Gehirn bereitgestellt werden, sind weitaus größer, als das, was nach seiner „erfolgreichen" Beschulung davon übrig bleibt. Hier geht also unglaublich viel Potenzial verloren. Hier wäre also noch einiges zu tun. Aber wie packen wir das an? Wie bringen wir einen Potenzialentfaltungsgeist und die entsprechenden Haltungen in unsere Schulen?

10 Ein praktisches Beispiel für die Veränderung von Geist und Haltung in Schulen „von oben": Neue Lernkultur in Kommunen

Es gibt eine ganz Reihe von Schulen, in denen es einem engagierten Schulleiter oder einer Schulleiterin tatsächlich gelungen ist, die Rolle eines „supportive leaders" zu übernehmen und die für einen Kulturwandel bzw. für die Entstehung eines neuen Geistes erforderlichen Rahmenbedingungen zu schaffen. Was sich daraus entwickelt hat, sind Inseln des gelingenden Lehrens und Lernens. Hier geschieht endlich das, was Bildung in Wirklichkeit ausmacht: begeisterte Selbstbildung. Nicht die passive Aneignung von Wissen, sondern das Wecken eines Geistes, der neue Erkenntnisse und neues Wissen aktiv hervorbringt. Aber auch Inseln des Gelingens bleiben anfällig für Störungen. Vor allem dann, wenn sie noch sehr klein sind und weit und breit kein festes Land in Sicht ist, wenn sie also nicht in ein übergeordnetes System mit einem entsprechenden Potenzialentfaltungsgeist eingebettet sind. Das könnte beispielsweise die jeweilige Kommune sein, in der diese Schule beheimatet ist. Man müsste deshalb versuchen, nicht einzelne Schulen, sondern eine ganze Kommune in eine solche Insel einer neuen Lernkultur zu verwandeln. Im Rahmen eines vom Thüringer Kultusministerium initiierten Modellprojektes (www.nelecom.de) werden in bisher vier solcher „Pilotkommunen" die Kindergärten und Schulen geöffnet für das, was es in der jeweiligen Kommune für Kinder und Jugendliche zu entdecken und zu gestalten gibt. Dabei geht es um mehr als um Mitbestimmung und Mitgestaltung des kommunalen Lebens. Es geht um eine neue Kultur des Sich-Einbringens, des Miteinander-Wachsens und des Gemeinsam-über-sich-Hinauswachsens, nicht nur der nachwachsenden Generation, sondern möglichst vieler Mitglieder der gesamten Kommune. In diesen neuen Geist eingebettet, würden die Schulen davon automatisch mit erfasst und mit getragen. Ziel dieses Modellprojektes ist also ein Kulturwandlungsprozess, der nicht von einzelnen Schulen, sondern von dem übergeordneten System der gesamten Kommune in Gang gebracht wird.

11 Ein simpler Vorschlag für die Veränderung von Geist und Haltung in Schulen „von unten": Die Verwandlung von Schulklassen in Lerngemeinschaften

Stellen Sie sich vor, wir würden die Entstehung eines „Klassengeistes" in neu zusammengestellten Schulklassen nicht dem Zufall überlassen, sondern bewusst und gezielt Rahmenbedingungen dafür schaffen, dass sich ein „Potenzialentfaltungsgeist" in diesen Klassen entwickeln kann. Die Schüler solcher Klassen wären dann nicht länger wie bisher gezwungen, den überwiegenden Teil der Unterrichtszeit damit zu verbringen, ihre jeweiligen Rollen innerhalb des sozialen Beziehungsgefüges der Klasse zu finden und zu stabilisieren. Sie wären auch nicht länger wie bisher üblich gezwungen, ihr schwaches Ego auf Kosten anderer Mitschüler aufzuwerten, hätten Verständnis für eigene Schwächen und die Schwächen Anderer und könnten ihre eigenen Stärken und die besonderen Fähigkeiten anderer Mitschüler wertschätzen. Und sie hätten ein gemeinsames Ziel: ihre Schulzeit optimal zu nutzen, um sich Bildung anzueignen. Eine solche Klasse wäre dann ein Team mit einem Teamgeist, der in der Lage ist, Berge zu versetzen.

In solchen Klassen zu unterrichten, wäre ein Genuss für jeden engagierten Lehrer. Mühelos ließe sich der Unterrichtsstoff vermitteln und erweitern.

Solche Klassen, die einen derartigen Potenzialentfaltungsgeist entwickeln, gibt es. Jeder Lehrer kennt sie und behält sie noch jahrelang in Erinnerung. Aber bisher überlassen wir ihre Entstehung dem Zufall. Warum eigentlich?

Weshalb nehmen wir unsere Funktion als Erwachsene nicht konsequent wahr und kümmern uns darum, dass ein solcher Geist und die durch diesen Geist geprägten Haltungen in unseren Schulklassen entstehen können? Gäbe es mehrere solche von einem Potenzialentfaltungsgeist erfassten Schulklassen, würde sich womöglich dieser Geist in der gesamten Schule ausbreiten. Wirtschaftsunternehmen holen sich professionelle Teambilder in ihre Betriebe. Schulen könnten das auch. Unter www.sinn-stiftung.eu finden Sie entsprechende Angebote.

Weiterführende Literatur

Bergmann, W./Hüther, G. (2006): Computersüchtig. Kinder im Sog der digitalen Medien. Düsseldorf

Gebauer, K./Hüther, G. (2001): Kinder brauchen Wurzeln. Düsseldorf

Gebauer, K./Hüther, G. (2002): Kinder suchen Orientierung. Düsseldorf

Gebauer, K./Hüther, G. (2003) Kinder brauchen Spielräume. Düsseldorf

Gebauer, K./Hüther, G. (2004): Kinder brauchen Vertrauen. Düsseldorf

Hüther, G/Bonney, H. (2002): Neues vom Zappelphilipp. Düsseldorf

Hüther, G./Krens, I. (2005): Das Geheimnis der ersten neun Monate. Düsseldorf

Hüther, G./Nitsch, C. (2004): Kinder gezielt fördern. München

Hüther, G./Prekop, J.(2006): Die Schätze unserer Kinder: Ein Entdeckerbuch für Eltern und andere neugierige Schatzsucher. München

Hüther, G. (1997): Biologie der Angst. Göttingen

Hüther, G. (1999): Die Evolution der Liebe. Göttingen

Hüther, G. (2001): Bedienungsanleitung für ein menschliches Gehirn. Göttingen

Hüther, G. (2004): Die Macht der inneren Bilder. Göttingen

Die Förderung Begabter in der Schule

Winfried Böhm

Gymnasialpädagogik – brauchen wir eine eigene Pädagogik für Begabte?

Diese Frage kann auf sehr unterschiedliche Weise beantwortet werden. Das verwundert nicht, denn es trifft für nahezu alle wissenschaftlichen Fragen zu. Es gibt kein standpunktfreies und kein perspektivloses Wissen – schon gar nicht im Bereich der menschlichen und zwischenmenschlichen Praxis, und zu dieser sind Erziehung und Pädagogik allemal zu zählen. Ich spreche hier aus der Perspektive der Allgemeinen Pädagogik, und mein Blick ist der eines historisch informierten Erziehungstheoretikers und -philosophen.

1 Zwei Argumente pro – ein schwaches und ein starkes

Vom Verfasser, der sich erfolgreich dafür verwendet hat, dass an seiner Universität der erste bayerische – wenn nicht sogar bundesweit erste – Lehrstuhl für Gymnasialpädagogik eingerichtet wurde, werden Sie nicht erwarten, dass er diese erziehungswissenschaftliche Subdisziplin in Frage stellt (vgl. dazu Bayerischer Philologenverband 2001). Gleichwohl möchte ich es Ihnen nicht ersparen, kritisch mit mir darüber nachzudenken, wie dieses nunmehr lehrstuhlwürdige Lehr- und Forschungsgebiet näher zu bestimmen ist.

Mir scheinen dafür zwei Optionen zur Verfügung zu stehen. Eine *erste* bezieht ihre Legitimation aus dem Trend zur Ausdifferenzierung der Pädagogik und stellt dabei zwangsläufig das Allgemeine und Einheitsstiftende hintan und rückt das Besondere und Unterscheidende des partikulären Arbeitsfeldes in den Vordergrund. So hat sich die Pädagogik – wie inzwischen jedermann weiß – im Laufe des 20. Jahrhunderts exponentiell sowohl nach Lebensaltern als auch nach Funktionen und Institutionen aufgespalten. In einer ersten großen Auswanderungswelle emigrierten in der ersten Jahrhunderthälfte zuerst die Sonderpädagogik, die Sozialpädagogik und die Erwachsenenpädagogik aus der Allgemeinen Pädagogik; danach in der zweiten die Vorschulerziehung und Kleinkindpädagogik, die Familien- und Freizeitpädagogik, die Sexualpädagogik und die Gesundheitspädagogik, die Berufspädagogik und die

Interkulturelle Pädagogik etc. etc. Aus der Schulpädagogik entwickelten sich die Grundschulpädagogik, die Elementarpädagogik, die Realschulpädagogik, die Sekundarstufenpädagogik, die Hochschulpädagogik usw. heraus, und analog könnten sich demnächst eine eigene Tanzschulpädagogik und eine Fahrschulpädagogik etablieren, und der ungebremste Innovationsdrang könnte am Ende gar noch zum – nota bene – satirischen Entwurf einer Baumschulpädagogik führen.

Wollte man allein als Reaktion darauf nach einer eigenständigen Gymnasialpädagogik rufen, dann wäre dieses „Analogieargument" ein eher schwaches. Schon 1982 hat eine meiner damaligen Würzburger Mitarbeiterinnen die Frage aufgeworfen, was denn das Sonderbare der Sonderpädagogik sei, und dabei gezeigt, dass man die Sonderpädagogik nicht von den Besonderheiten ihrer Klientel her bestimmen kann, wenn sie sich nicht zu einer rein pragmatischen Sondersozialisation oder Sondertherapie verdünnen und dabei ihres pädagogischen Grundcharakters verlustig gehen soll. Die Autorin vertrat damals die These, dass sich das Sonderbare der Sonderpädagogik nicht von dem Attribut „Sonder-" herleiten lasse, sondern aus dem Substantiv „Pädagogik" heraus begründet werden müsse (vgl. Legowski 1982). Eine ganz ähnliche Argumentation könnte man im Hinblick auf die Gymnasialpädagogik und auch auf eine eigene Begabtenpädagogik anstrengen.

Damit bin ich bei meiner *zweiten* Option und – wie mir scheint – einem weit stärkeren Argument für eine artikulierte Gymnasialpädagogik. Wer ein wenig mit der deutschen Schulgeschichte vertraut ist, der weiß, dass im 19. Jahrhundert das Gymnasium in Deutschland zur Schule schlechthin geworden ist, genauer: zur *Norm*, an der sich das gesamte Schulwesen, sofern es Schule und in erster Linie gerade das sein wollte, zu orientieren hatte (vgl. Böhm 2003). Wenn Wilhelm von Humboldt in seinen Schulplänen von Schulunterricht sprach und diesen stufenartig zwischen den ihm vorgelagerten Elementarunterricht und den ihm nachfolgenden Universitätsunterricht postierte, hatte er ganz offenkundig den gymnasialen Unterricht und das Gymnasium als Prototyp von Schule vor Augen. Denn der Elementarunterricht war für ihn noch kein richtiger Unterricht, da er nur die grundlegenden Kulturtechniken wie Lesen, Schreiben, Rechnen und die elementare Beherrschung der Muttersprache zu vermitteln hatte. Und der Universitätsunterricht war für ihn kein Unterricht mehr, insofern die Studierenden an der Universität *nicht mehr lernen*, sondern in enger Gemeinschaft mit dem Professor die Einheit der Wissenschaft zu begreifen und hervorzubringen (sic!) hatten. „Wenn also der Elementarunterricht den Lehrer erst möglich macht, so wird er durch den Schulunterricht entbehrlich", heißt es in Humboldts Königsberger Schulplan von 1809 (Humboldt 1979, 102).

Sieht man sich in der pädagogischen Literatur des 19. Jahrhunderts um, dann ragt in der Mitte dieses schulpädagogischen Säkulums Gustav Thaulows Entwurf einer Gymnasialpädagogik von 1859 heraus (vgl. Thaulow 1859), ein Buch, in dem diese Norm setzende Kraft des Gymnasiums mit allem Nachdruck herausgearbeitet wird und das in der kühnen These gipfelt, Völker, die kein Gymnasium hätten, zählten – kulturell gesehen – nichts. Natürlich wären hier auch Hegels Nürnberger Gymnasialreden ausführlich heranzuziehen, in denen der erfahrene Gymnasiallehrer seinen Bildungsbegriff in ausdrücklicher Hinsicht auf das Gymnasium expliziert (vgl. Hegel 1970, Bd. IV). Wie Lutz Koch gerade gezeigt hat, entwickelt Hegel in zwei Gedankenreihen zum „Stoff" und zur „Form" der Schulbildung die Grundzüge des Gymnasiums (vgl. Koch 2009). Dabei kommen für ihn nur solche Inhalte in Betracht, die nicht bloß als Übungsstoffe nützlich sind, sondern zugleich auch „Nahrungsstoffe" für Verstand und Seele darbieten. Diese substantiellen „Stoffe" sind nicht in einem vordergründig ökonomischen Sinne nützlich, sondern in einem viel tieferen Sinne dadurch, dass sie den Menschen selbst – seine „Seele" heißt es bei Hegel – mit Wissen und Ideen füllen. Aufgrund von Hegels dialektischer Auffassung von Bildung kann für den Menschen nur das bildend werden, was ihn (zunächst) von ihm selbst entfremdet; das sind für Hegel in besonderer Weise die alten Sprachen und die antike Kultur als ganze. Entfremdung und die Trennung von unmittelbarer Vertrautheit mit etwas ist für Hegel der Ansatzpunkt und die Grundvoraussetzung theoretischer Bildung. An anderer Stelle führt er genau darauf zurück, dass die Bildung grundsätzlich mit Mühe und Anstrengung verbunden ist und sich daher bei der breiten Masse so geringer Beliebtheit erfreut (vgl. dazu ausführlich Pleines 1983/1986).

Als am Ende des 19. Jahrhunderts mit der sog. Prince-Studie 1897 so etwas wie die erste Vorläuferpublikation zu den heutigen PISA-Studien veröffentlicht wurde, erwies sich das deutsche Schulwesen als hervorragend und als vorbildhaft. Wenn man die Kriterien genauer betrachtet, aufgrund derer dieses Urteil gefällt wurde, dann sind es unverkennbar solche, die für das Gymnasium typisch waren. Insbesondere hoben die damaligen Evaluatoren lobend hervor, dass die deutsche Schule „broad in its scope" und „uniform in its methods" war (vgl. Prince 1897). Dabei bezog sich das erste Kriterium vor allem auf die Definition eines *Curriculums*, wie es sich im Laufe der Entwicklung des Lehrplans des Abendlandes (vgl. Dolch 1959) als Curriculum der schulischen Allgemeinbildung verfestigt hatte. Das „uniform in its methods" unterstrich die zentrale Stellung eines *kompetenten Lehrers*, der diesen Lehrstoff *sachkundig und methodisch* zu vermitteln wusste.

Es gehört gewiss zu den Merkwürdigkeiten der deutschen Schulgeschichte, dass sich genau zu dem Zeitpunkt, da die deutsche Schule – vorzüglich das Gymnasium – im Außenvergleich hoch gerühmt und als Verkörperung von Schule schlechthin angesehen wurde, im Innenraum – vorwiegend der Volksschule – eine heftige Reformbewegung – die in Deutschland sog. „Reformpädagogik" – entgegen wuchs, welche nicht nur die am Ende des „schulpäd-agogischen Jahrhunderts" (also an der Wende zum 20. Jahrhundert) zur vollen Reife gelangte Schule scharf kritisierte, sondern in ihren radikalen Vertretern und Vertreterinnen die Schule überhaupt in Frage stellte (vgl. Benner/Kemper 2003). Die Schule wurde als kinderfeindliche Lernfabrik denunziert, und ihr Grundgebrechen (sic!) wurde darin gesehen, dass in ihr – man höre und staune! – der Lehrer und der Stoff eine dominierende Rolle spielen. Dieser „Stoff- und Lehrerschule" wurde die romantische Vision einer „Schule des Kindes" entgegengesetzt, welche durch eine „Pädagogik vom Kinde aus" – was immer das hieß – begründet und abgestützt werden sollte (vgl. dazu Böhm/Oelkers 1999).

Ich muss die Argumente und Intentionen der Reformpädagogik hier ebenso als bekannt voraussetzen, wie ich die Geschichte der Schule in Deutschland hier nicht einmal im Abriss vergegenwärtigen kann (vgl. Mertens/Frost/Böhm/Ladenthin 2009, Bd. II, 9–230). Nur so viel muss gesagt werden, um das Folgende richtig einschätzen zu können.

Gewiss ist wahr, dass die Schule schon von ihren ersten geschichtlichen Anfängen an stets von einer Schulkritik begleitet worden ist, aber erst im 20. Jahrhundert, das nicht mehr als das schulpädagogische bezeichnet werden kann, sondern treffender als das „sozialpädagogische Jahrhundert" charakterisiert wird – zu dieser Kennzeichnung berechtigt allein schon die proportionale Verteilung im Verhältnis der im Lehrberuf Tätigen zu den in sozialpädagogischen Arbeitsfeldern professionell Beschäftigten; lag diese Relation im Jahre 1960 bei 10:3, 1970 bei 10:4, 1980 bei 10:7, so erreichte sie Ende des Jahrhunderts 1:1, und aktuell arbeiten mehr pädagogische Professionisten in sozialpädagogischen Berufen als im Lehrberuf –, wurden die pädagogischen Grundprämissen von Schulen und die politischen Maßgaben, unter denen sie seit der Französischen Revolution und den sog. Preußischen Reformen standen, erschüttert und – modisch gesprochen – dekonstruiert.

2 Das Gymnasium im Spannungsfeld von Freiheit und Gleichheit

Ich komme damit zum zweiten Teil meiner Überlegungen und erinnere dabei *erstens* an die genannten pädagogischen Prämissen und politischen Maßgaben, werfe *zweitens* einen kritischen Blick auf die aktuelle Problemlage von Schule und ziehe *drittens* ein Fazit aus der Zusammenschau des im ersten und zweiten Teil Gesagten, das in eine vorläufige Antwort auf die mir gestellte Frage ausmündet.

Erstens: Wenn man den kühnen Versuch wagt, 2500 Jahre abendländischer Bildung großflächig zu überschauen, dann wird bei aller Anerkenntnis des geschichtlichen Wandels eine *prinzipielle*, d.h. eine begründende und durchtragende *Idee von Pädagogik* erkennbar. Von den Anfängen abendländischer Bildung bei den Vorsokratikern und den Sophisten über Platon, Aristoteles und Augustinus, über Renaissance und Aufklärung bis weit in das 20. Jahrhundert hinein galt die anthropologische Grundannahme: Der Mensch als ein mit Vernunft, Freiheit und Sprache begabtes und als ein geschichtliches Lebewesen bringt sich im Lichte jener Vorstellungen hervor, die er von sich selber hat und von sich selbst zeichnet, beispielsweise als gesellschaftlicher Rollenspieler (*homo sociologicus*), als Naturwesen (*homme de la nature*) oder als autonome *Person* (vgl. Böhm 2007; Flores d`Arcais 1991). Mit autonomer Person ist gemeint: Der Mensch ist jenes Wesen, das seine Bestimmung nicht von außen empfängt, sondern sich selber gibt und selber geben muss, um auf diese Weise zum authentischen Autor seiner eigenen Sinn- und Lebensgeschichte zu werden (vgl. Böhm 1997).

Wohlgemerkt: Ich spreche von der konstitutiven *Idee* der abendländischen Bildung. Dass sich die Wirklichkeit von Erziehung und Schule mit dieser Idee niemals gedeckt hat, bedarf eigentlich gar keiner Erwähnung. Schulbildung war immer ungleich verteilt, sei es nach Geschlecht, sozialer Herkunft, Stand, Hautfarbe, Besitz, Religion und anderes mehr. Der kontrafaktische Gedanke einer gleichen Bildung für alle gedieh im Umkreis des christlichen Personbegriffs – zuerst bei Augustinus an der Schwelle von der heidnischen Antike zum christlichen Mittelalter, am Beginn der Moderne bei Comenius inmitten der Wirren des Dreißgjährigen Krieges, dann mit Macht in den Turbulenzen der Französischen Revolution.

Als im Gefolge der Französischen Revolution die Forderung nach gleicher Schulbildung für alle zu einer politischen wurde und es galt, ein allgemeines öffentliches Schulwesen aufzubauen und zu organisieren, stand dieses ab ovo unter den Maßgaben von *Freiheit und Gleichheit*; merkwürdigerweise hat die Maxime der Brüderlichkeit keinen bestimmenden Einfluss auf die Schule ausgeübt und ist dieser bis heute relativ fremd geblieben.

Freiheit und Gleichheit – das wurde den postrevolutionären Schulplanern von Lepeletier, Mirabeau und Condorcet bis zu Humboldt und Süvern sehr rasch bewusst – lassen sich aber nicht gleichzeitig und gleichgewichtig realisieren; sie stehen vielmehr in einem unaufhebbaren Spannungsverhältnis zueinander. Will ich die Schüler gleicher machen, muss ich ihre Freiheit beschneiden; will ich sie freier machen, muss ich die Gleichheitsforderung zurückstecken. Auch die feurigsten Apostel der Chancengleichheit mussten immer und immer wieder erkennen, dass das Einräumen gleicher Chancen nicht mit ihrem tatsächlichen Ergreifen in eins fällt. In den USA haben die beiden neomarxistischen Soziologen Samuel Bowles und Herbert Gintis mit ihrem Buch „Schooling in Capitalist America" 1978 den Amerikanischen Traum von dem Land der unbegrenzten Möglichkeiten und den gleichen Chancen für alle auf geradezu dramatische Weise zerstört und eine ganze Nation verstört (vgl. Bowles/Gintis 1978).

Friedrich Daniel Ernst Schleiermacher, Mitbegründer der Berliner Universität und ihr erster theologischer Dekan, hat in seinen für die Entwicklung der Pädagogik als Wissenschaft maßgeblichen Vorlesungen von 1826 diese Problematik unter der Dialektik von *Ausprägung der individuellen Eigentümlichkeit* (jedes Schülers) und dem *Abliefern* (der Schulabsolventen) *an die gesellschaftlichen Mächte* erörtert; oder anders ausgedrückt: in der Dialektik von der (romantischen) Idee der Individualität und der (aufklärerischen) Vorstellung von der gesellschaftlichen Abrichtung und Brauchbarkeit des Menschen. Und Schleiermacher hat die bis heute offene Frage formuliert, wie es die Schule bewerkstelligen könne, die Schüler für die öffentlichen Aufgaben vorzubereiten, ohne die Ausprägung ihrer individuellen Eigentümlichkeit zu vernachlässigen oder zu verhindern.

Die Ausbreitung der Schulbildung auf alle hat – wie vor allem Nietzsche klarsichtig bemerken konnte – zur *Vermassung und Vermarktung* geführt und Bildung zu einer *Ware* gemacht. Dass Bildung aber einmal so stark wie heute unter das Joch von Marktkriterien und Vermarktungsgesichtspunkten geraten würde, das überstieg sogar Nietzsches Vorstellungsvermögen, und das war nicht gering (vgl. Löw 1984).

Ich will nun nicht so weit gehen wie manche meiner skeptischen Kollegen, die die Schule schlichtweg als eine para-pädagogische Einrichtung bezeichnen; gleichwohl lässt sich nicht übersehen, dass die Gestaltungsprinzipien und Organisationsstrukturen von Schule immer mehr nach der Seite der Gleichheit und der gesellschaftlichen Brauchbarkeit – heute neudeutsch *employability* genannt – gearbeitet haben und der Ausprägung individueller Eigentümlichkeit eher abträglich gewesen sind (vgl. Schweizer 1994). Dafür hat man immer wieder die mangelnde Differenzierung und Individualisierung des Unterrichts sowie die fehlende Solidarität für schuldig erklärt und vor allem an dem starren Jahrgangsklassensystem – weiß Gott, keine Pädagogenerfindung – und dem strengen Konkurrenz- und Wettbewerbsprinzip herbe Kritik geübt (vgl. dazu Böhm/Schiefelbein/Seichter 2008).

Zweitens: Wirft man einen kritischen Blick auf die heutige Situation, dann dürfte man kaum um die Feststellung herumkommen, dass sich die genannten Probleme in einer Weise zugespitzt haben, die man nicht erwarten konnte und wohl auch nicht erwarten wollte. Glaubt man der Literatur, dann hat sich die mangelnde Solidarität und der Wettbewerbsdruck zu einem erbarmungslosen Konkurrenzkampf von nach neoliberalen Unternehmerprinzipien handelnden selbstgesteuerten *Lernern* (man beachte die nicht nur sprachliche Umformung vom fremdgesteuerten Lernenden zum selbstgesteuerten Lerner!). Stand dem einstmals Lernenden ein Lehrender gegenüber, so regelt sich heute – wie es jedenfalls die einschlägige Literatur glauben machen will

– das Lernen der Lerner nach dem biologischen und, wie mir Humberto Maturana persönlich versichert hat, dem Verfahren der menschlichen Zellteilung abgelauschten Modell eines *autopoietischen Systems*, das keiner Belehrung bedarf und ihr auch gar nicht zugänglich ist, sondern allenfalls perturbiert und irritiert werden kann (vgl. dazu kritisch Pongratz 2005).

Noch gravierender erscheint es mir, dass die sog. „Neue Unterrichtskultur", die sich nach dem ersten PISA-Schock artikuliert hat, zwar nahezu alle altväterlich überkommenen Unterrichtsprinzipien weitertradiert – natürlich in neuer Terminologie und damit für Geschichtsunkundige als neu erscheinend! – bis auf eines, besser: bis auf eine didaktische Binsenweisheit. Während durch die Jahrhunderte hindurch Lernen immer nur als ein Lernen von etwas gedacht werden konnte, haben die extremen Formalisierungen von Systemtheorie und Konstruktivismus im Verbund mit einem informationstheoretisch verengten Wissensbegriff den Gegenstand des Lernens so sehr verflüchtigt, dass er nur noch am Ende als eine Art von Phantom auftaucht und – sit venia verbo – lediglich „rektal" erfasst bzw. diagnostiziert werden kann, indem man nämlich davon ausgeht, dass Lernen immer in einem messbaren und also wohl verdauten überprüfbaren Wissen enden müsse. (Ich wäre fast geneigt, hier von einer didaktischen Darmspiegelung zu sprechen, aber ich unterlasse diese Ironie besser.)

Schon vor Jahren hat der nordamerikanische Kulturphilosoph Mortimer J. Adler gefragt, was man wohl gelernt hätte, wenn man das ganze Telefonbuch von New York City auswendig gelernt hat – mit Sicherheit nicht eine einzige Idee, auch wenn man diesen Lernprozess immens beschleunigen und effektivieren und das Gelernte exzellent überprüfen und PISA-gerecht evaluieren könnte (vgl. Adler 1990). Die für das gesamte Bildungsdenken maßgebliche Frage nach den bildungsträchtigen Inhalten bzw. mit Humboldt nach den Bildungs*gegenständen*, mit Hegel nach den mich mir entfremdenden und in der Reflexion empor bildenden Stoffen scheint der Vergessenheit anheimgefallen zu sein, und das Interesse richtet sich statt dessen auf das bloße Verfahren, mit anderen Worten: auf das *Lernen des Lernens* – ein Prinzip, das der Tradition des Gymnasiums geradezu ins Gesicht schlägt (vgl. dazu an neuerer Literatur zum Problem des Lernens Meyer-Drawe 2008; Mitgutsch u.a. 2008). Der Wiener Philosoph Konrad Paul Liessmann hat in seiner höchst lesenswerten Theorie der Unbildung treffend geschrieben: „Die Forderung nach dem Lernen des Lernens ähnelt dem Vorschlag, ohne Zutaten zu kochen" (Liessmann 2006, 35). Diese Einsicht ist höchst aktuell, freilich nicht neu. Schon vor über 2000 Jahren stellte Aristoteles fest, dass es so wenig ein Lernen des Lernens geben könne wie ein Werden des Werdens oder ein Entstehen des Entstehens (vgl. Aristoteles: Metaphysik 1068b), und das müsse – so hoffte er wenigstens – eigentlich jedem Denkenden einleuchten. Die mit Wolfgang Klafkis Studien zur Kategorialen Bildung in den 1960er Jahren erreichte Höhe der didaktischen Reflexion wird heute auf erschreckende Weise unterboten. Klafki hatte bekanntlich zu zeigen versucht, dass ein Gegenstand nur dann zu einem Bildungsinhalt wird, wenn er einerseits eine Weltdimension für den Lernenden erschließt und zugleich andererseits eine seiner Fähigkeiten im Hinblick auf die Welt. So gesehen, war Didaktik in erster Linie eine Theorie der Bildungsinhalte, nicht eine Theorie des Lernens.

Ein letzter kritischer Punkt sei noch angemerkt. Während Schule – das Wort kommt bekanntlich von *scholé*, also von Muße – ein Ort sein sollte, an dem nicht Zeit eingespart, sondern Zeit aufgewendet wird (berühmt geworden ist Rousseaus Forderung, in der Erziehung müsse man Zeit verlieren, nicht gewinnen wollen) und wo Geduld, Abwartenkönnen und Gewährenlassen ihren Platz finden sollten (man denke beispielsweise an Vittorino de Feltres Schule als einer „casa giocosa"), erscheint im Zeitalter des Qualitätsmanagements und unter dem bedrängenden Gefühl der Zeitknappheit (vgl. Gronemeyer 1993) geduldiges Abwarten als bare Zeitverschwendung. Muße und Gelassenheit – ehemals als pädagogische Tugenden hoch geschätzt (vgl. Eykmann/Seichter 2007) – lassen sich nicht mit der Hochgeschwindigkeitsoption in Einklang bringen. Die rationale Zeitbewirtschaftung hat längst auch die Schule erfasst. Gefragt ist der und belobigt wird der hochtourige Lerner zu Turbobedingungen (vgl. Fuchs 2007).

Waren Zeit und Langeweile ehemals Privilegien der Eliten, so haben sie sich heute in einen Makel verkehrt und werden kaum noch Vorschulkindern zugestanden, schon gar nicht den Begabten und erst recht nicht den sog. Hochbegabten. Diese müssen besonders eigenaktiv sein und sich geradezu als lernbesessen gebärden. An ihnen wird besonders deutlich, dass Schnelligkeit längst zu einem Selektionsidol geworden ist.

Der in Paris geborene Literaturwissenschaftler und Philosoph George Steiner hat in seinem anregenden Buch „Lessons of the Masters" ein erschreckend tristes Bild gemalt: „Anti-Lehre ist, statistisch gesehen, beinahe die Regel. Gute Lehrer, die in den heranwachsenden Seelen ihrer Schüler ein Feuer entfachen, mögen durchaus seltener sein als virtuose Künstler oder Weise. Lehrer, Ausbilder von Geist und Leib, die um das wissen, was auf dem Spiel steht, um das Wechselspiel von Vertrauen und Verletzlichkeit, um die organische Verschmelzung und Reaktion (das, was ich als »Verantwortungsbewusstsein« bezeichnen will), sind beunruhigend selten. ... In Wirklichkeit handelt es sich, wie wir wissen, bei der Mehrheit derjenigen, denen wir unsere Kinder in der höheren Schulbildung anvertrauen, bei denen wir in der akademischen Welt Leitung und Vorbild suchen, um mehr oder weniger liebenswerte Totengräber. Sie mühen sich damit ab, ihre Studenten auf ihr eigenes Niveau gleichgültiger Mattigkeit herabzuziehen. Sie schließen Delphi nicht auf, sondern zu." (Steiner 2004, 29).

Drittens: Wenn ich noch kurz die Frage nach den verborgenen Ursachen dieses Wandels anreißen darf, dann berufe ich mich auf einen Zeugen, der in diesem Kreise gewiss unverdächtig ist: auf den bedeutenden Philosophen, Psychologen und Pädagogen William Stern (1871–1938). (Das Folgende und die Wiederentdeckung von William Stern verdankt sich dem bemerkenswerten und gerade im Druck befindlichen Aufsatz von Sabine Seichter, 2009.) William Stern ist uns heute eigentlich nur noch als Pionier der Entwicklungspsychologie, als Verfasser der Kindertagebücher (seiner drei Kinder, darunter der Philosoph Günther Anders) und – vor allem in den USA – als der sog. IQ-Guy bekannt. Sein Lebenswerk war jedoch viel breiter. In seinem dreibändigen Hauptwerk „Person und Sache" hat er versucht, eine Art Propädeutik der Human- und Kulturwissenschaften zu liefern. Diese beruht auf der kategorischen Unterscheidung von Person und Sache – eine Unterscheidung, die den alten Dual von Geist und Materie ablösen sollte.

Bei der Unterscheidung von Person und Sache ging Stern von einer kritischen Revision der wissenschaftstheoretischen Wandlung der Psychologie zu einer mathematisierten technologischen Wissenschaft aus, in Sterns eigenen Worten: von „einer Wissenschaft von der Seele und der Ich-Tätigkeit zu einer Lehre von den Bewusstseinsinhalten und ihren Mechanismen, somit aus einer Person- zu einer Sachwissenschaft" (Stern 1906, 72). An anderer Stelle heißt es präzisierend: „Die Anwendung von Maß und Zahl auf persönliches Sein und Tun scheint zugleich dessen Entpersönlichung zu bedeuten; es wird zu etwas Qualitätslosem, schlechthin Vergleichbarem; zu einem bloßen Anwendungsfall starrer Gesetzlichkeit, kurz zu einer »Sache« gemacht" (Stern 1906, 62). Von dieser Unterscheidung her gelangt Stern zu der These, diesem Versachlichungsprozess sei die wissenschaftliche Rehabilitation der menschlichen Personalität (Eigentümlichkeit, Ich-Tätigkeit, Selbstkausalität) entgegenzusetzen, und in seinem Kritischen Personalismus entwirft er eine bis heute freilich völlig unbeachtet gebliebene Personalistik als propädeutische Grundlage von Psychologie, Pädagogik und allen Wissenschaften, die sich mit dem Menschen befassen.

Ich muss mich hier darauf beschränken, nur noch ein Zitat anzuführen, in dem Stern auf die Konsequenzen seiner Position für das Problem der Förderung von Hochbegabten eingeht. Das Zitat erscheint mir außerordentlich bedenkenswert – gerade heute. „Der Begriff der Förderung hat eine positive Wertbetonung, und in der Tat ist es geradezu eine ethische Pflicht der Gesamtheit und des Einzelnen, die Anlagen als verborgene Schätze anzusehen, die ans Tageslicht »gefördert« werden müssen. Aber auch hier gibt es Grenzen, die durch die Einordnung der einzelnen Anlagen in die Gesamtpersönlichkeit bedingt sind. Eine Pflanze im Treibhaus kann ihre Blüten nicht weiter entwickeln, als es irgendwie schon in ihrer Anlage vorbereitet ist; dennoch liegt jene dort gezüchtete Hypertrophie der Blüte nicht im Zwecksystem der Pflanze als einer Lebenseinheit. Was die überstarke Ausnutzung der einen Anlage an Kräften verbraucht, geht anderen Aufgaben verloren. Ganz so auch beim Menschen. Die hypertrophische Förderung *einer* Anlage geschieht stets auf Kosten der harmonischen Verteilung der Kräfte in der Person zuungunsten ihrer Gesamtentwicklung. Wir sehen an so manchen gewaltsam herangezüchteten Wunderkindern die traurigen Anschauungsbeispiele zu diesem Satz; aber auch innerhalb der allgemeinen Pädagogik begegnen uns leider fortwährend Belege dafür." (Stern 1918, 172) Über das Problem der methodischen Verfertigung eines Genies habe ich mich kürzlich im Hinblick auf die gezielte „Hochbegabtenförderung" bei Wolfgang Amadeus Mozart ausgelassen (vgl. Böhm 2008b). Zu dem Problem des grassierenden Panpädagogismus, der auch vor dem vorgeburtlichen Leben nicht mehr Halt macht, habe ich am Beispiel der musikalischen „Frühesterziehung" Stellung genommen (vgl. Böhm 2008a).

3 Ein vorläufiges Fazit

Ich komme zu meinem kurzen Fazit und fasse es in zwei Thesen zusammen: *Erstens*: Eine artikulierte Gymnasialpädagogik erscheint sinnvoll und wünschenswert – freilich nicht als eine späte Blüte am Differenzierungsbaum der Pädagogik, sondern als Rückbesinnung und Vergegenwärtigung jener Momente, durch die das Gymnasium einmal eine Normen setzende Leitfunktion im gesamten Schulsystem innehatte. Damit könnte sie zu einem kritischen Ferment im gegenwärtigen Diskurs über Schule und Lernen werden, sofern sie sich nicht darauf beschränkt, den modischen Trends mit besonderer Eilfertigkeit hinterher zu hecheln (vgl. Böhm 2003a).
Zweitens: Im Anschluss an William Sterns Kritischen Personalismus möchte ich die Frage, ob wir eine eigene Pädagogik der Begabten brauchen, nur sehr bedingt bejahen. Sie wird uns in dem Maße und konsequenterweise aufgedrängt, in dem Erziehung, Lernen, Schule und Schüler versachlicht und depersonalisiert werden. Was wir m. E. brauchen, ist eine *Schule der Person*, wie sie beispielsweise mein akademischer Lehrer Flores d`Arcais theoretisch konzipiert (vgl. Flores d`Arcais 1991), meine Schülerin Gabriele Weigand in ihrer Würzburger Habilitationsschrift in Umrissen entworfen (vgl. Weigand 2004) und Rainer Winkel in einem eindrucksvollen Schulmodell realisiert hat (vgl. Winkel 2008). Es wird aber nicht genügen, die Schule nur unterschiedlich zu interpretieren; es kömmt darauf an, sie zu verändern.

62

Literatur

Adler, M. S. (1990): Reforming Education. The Opening of the American Mind. New York

Aristoteles: Metaphysik, übers. von Schwarz, F. Stuttgart 1970

Bayerischer Philologenverband (Hrsg.) (2001): Gymnasialpädagogik. Beiträge der Ringvorlesung zur Gymnasialpädagogik an der Julius-Maximilians-Universität Würzburg. o.O.

Benner, D./Kemper, H. (2003): Theorie und Geschichte der Reformpädagogik. Teil 2: Die Pädagogische Bewegung von der Jahrhundertwende bis zum Ende der Weimarer Republik. Weinheim

Benner, D. (1994): Studien zur Theorie der Erziehungswissenschaften. Bd. I, München

Bowles, S./Gintis, H. (1978): Pädagogik und die Widersprüche der Ökonomie. Frankfurt a.M.

Böhm, W. (1997): Entwürfe zu einer Pädagogik der Person. Bad Heilbrunn

Böhm, W. (2003a): Die klassische Bildungsidee angesichts der Informationsgesellschaft. In: Hellekamps, St./Kos, O./Sladek, H. (Hrsg.): Bildung – Wissenschaft – Kritik. Festschrift für Dietrich Benner. Weinheim, S. 92–108

Böhm, W. (2003b): Über den (notwendigen) Unterschied zwischen Schule und Universität. In: Böhm, W./Lindauer, M. (Hrsg.): Die Universität in der Gesellschaft. Stuttgart, S. 35–50

Böhm, W. (2007): Geschichte der Pädagogik von Platon bis heute. 2. Aufl., München

Böhm, W. (2008a): Musikalische Frühesterziehung – Utopie oder Wirklichkeit? In: Jahrbuch 21 der Bayerischen Akademie der Schönen Künste. Göttingen, S.163–171

Böhm, W. (2008b): Über die Bildung eines Genies – Wolfgang Theophilus Mozart., In: Weigand, G. u.a. (Hrsg.): Allgemeines und Differentielles im pädagogischen Denken. Würzburg, S. 205–214

Böhm, W./Oelkers, J. (Hrsg.) (1999): Reformpädagogik kontrovers. 2. Aufl., Würzburg

Böhm, W./Schiefelbein, E./Seichter, S. (2008): Projekt Erziehung. Paderborn

Dolch, J. (1959): Lehrplan des Abendlandes. Ratingen

Eykmann, W./Seichter, S. (2007): Pädagogische Tugenden. Würzburg

Flores d´ Arcais, G. (1991): Die Erziehung der Person. Stuttgart

Fuchs, B. (2007): Über die Geduld. In: Eykmann, W./Seichter, S. (Hrsg.): Pädagogische Tugenden .Würzburg , S. 23–30

Gronemeyer, M. (1993): Das Leben als letzte Gelegenheit. Darmstadt

Hegel, G. W. F. (1970): Werke in zwanzig Bänden. hrsg. von Moldenhauer, E./Michel, K. M., Bd. IV, Frankfurt a.M.

Humboldt, W. v. (1979): Bildung und Sprache. hrsg. von Menze, C., 3. Aufl., Paderborn

Koch, L. (1991): Logik des Lernens. München

Koch, L. (2009): Hegels „Gymnasialreden". In: Böhm, W./Fuchs, B./Seichter, S. (Hrsg.): Hauptwerke der Pädagogik. Paderborn (im Druck)

Legowski, C. (1982): Was ist das Sonderbare an der Sonderpädagogik? In: Brinkmann, W./Renner, K. (Hrsg.): Die Pädagogik und ihre Bereiche. Paderborn, S. 411–420

Liessmann, K.P. (2006): Theorie der Unbildung. Wien

Löw, R. (1984): Nietzsche – Sophist und Erzieher. Weinheim

Mertens, G./ Frost, U./Böhm, W./Ladenthin, V. (Hrsg.) (2009): Handbuch der Erziehungswissenschaft. Bd. II: Schule. Paderborn

Meyer-Drawe, K. (2008): Diskurse des Lernens. München

Mitgutsch, K. u.a. (2008): Dem Lernen auf der Spur. Die pädagogische Perspektive. Stuttgart

Pleines, H.–J. (1983/1986): Hegels Theorie der Bildung, 2 Bde. Hildesheim

Pongratz, L. A. (2005): Untiefen im Mainstream. Zur Kritik konstruktivistisch-systemtheoretischer Pädagogik. Wetzlar

Price, J.T. (1897): Comparisons of American and German Schools. New York

Schweizer, M. (1994): Eine "pädagogische" Theorie der Schule – gibt es das? In: Scharl, W./ Pöggeler, F. (Hrsg.): Gegenwart und Zukunft christlicher Erziehung. Würzburg, S. 278–286

Seichter, S. (2009): William Stern – ein vergessener Pädagoge. Über eine verschüttete Quelle des Personalismus. In: Vierteljahrsschrift für wissenschaftliche Pädagogik, 85, Heft 2, S. 177–189

Steiner, G. (2004): Der Meister und seine Schüler. München

Stern, W. (1906): Person und Sache. Bd. I, Leipzig

Stern, W. (1918): Person und Sache. Bd. II, Leipzig

Thaulow, G. (1859): Entwurf einer Gymnasialpädagogik. Kiel

Weigand, G. (2004): Schule der Person. Würzburg

Winkel, R. (2008): Die Schule neu machen. Glanz und Elend einer Schulgründung oder: Aus dem Tagebuch des Gründungsdirektors. Hohengehren

Claudia Solzbacher

Das Frühstudium als Maßnahme zur Begabtenförderung – Schulrelevante Ergebnisse einer bundesweiten Untersuchung

1 Das Frühstudium als wichtige Maßnahme zur Begabtenförderung und als wichtige Statuspassage

Seit 2000, verstärkt aber seit 2004, gibt es zahlreiche Universitäten (aktuell ca. 50 Universitäten in Deutschland), die bereits Schülern und Schülerinnen die Möglichkeit bieten, ein Studium aufzunehmen. Das Frühstudium gilt zunehmend als wichtige Fördermaßnahme für begabte und leistungsstarke Jugendliche. Von diesem Angebot erhofft man sich in erster Linie zwei Vorteile: Einerseits eine Anreicherung (Enrichment) für in der Schule unterforderte Schüler und Schülerinnen und andererseits, für besonders begabte Schüler und Schülerinnen, die Möglichkeit des schnelleren Durchlaufens verschiedener Bildungsphasen (Akzeleration).

Die Bedeutung des Frühstudiums wird zunehmend größer, vor allen Dingen je mehr die Bundesländer von den Schulen deutlich mehr individuelle Förderung (zum Teil qua Schulgesetz) erwarten. Vielen Schulen gelingt diese individuelle Förderung nur zögerlich. Manche halten sie gar für undurchführbar, da Schule tendenziell auf Gruppen ausgerichtet ist und weniger auf Individuen. Die Tatsache, dass Schule tendenziell auf die Sicherung einer fiktiven Homogenität zielt, trifft vermeintlich besonders die leistungsschwächeren Schüler und Schülerinnen, die nicht optimal individuell gefördert werden. Nachgewiesenermaßen trifft dies aber ebenso auf die leistungsstarken und hochbegabten Schüler und Schülerinnen zu. Die Folgen sind sowohl für die betroffenen Jugendlichen als auch für die Gesellschaft zum Teil gravierend. Zahlreiche Untersuchungen zu den Möglichkeiten schulischer Begabtenförderung machen deutlich, dass hierfür in der Tat eine höchst individuelle Förderung in der Schule nötig wäre (vgl. Solzbacher/Heinbokel 2002). Denn anders als häufig angenommen, handelt es sich bei besonders begabten oder leistungsstarken Jugendlichen nicht um eine homogene Gruppe ähnlich denkender und interessierter Schüler und Schülerinnen, sondern um eine äußerst heterogene Gruppe, die besonders individueller Förderung bedarf. Schulische Aufgaben sind in der Regel nicht individuell auf die Lern- und Denkstile des einzelnen Schülers bzw. der einzelnen Schülerin zugeschnitten. Aber besonders begabte Schüler und Schülerinnen mit ausgeprägtem kreativen Problemlöseverhalten, vielfältigen Interessen und hoher Leistungsmotivation zum Beispiel sind auf spezielle Aufgaben angewiesen, um nicht aus Langeweile an der Schule zu scheitern und zu so genannten „Underachievern" (Minderleistern) zu werden. Ob Begabung in Leistung umgesetzt wird, hängt neben zahlreichen Persönlichkeitsmerkmalen auch vom Einfluss der Umwelt ab, besonders im Hinblick auf die Leistungsmotivation. Motivation und Anstrengungsbereitschaft hängen nicht zuletzt von der Qualität der Instruktion ab, d.h. dass es eine Notwendigkeit gibt, die unterrichtlichen Anforderungen um herausfordernde Angebote und die Entwicklung effektiver Lernstrategien für begabte Schüler und Schülerinnen zu erweitern (vgl. Fischer 2002, 28f.). Die Anreicherung kann unter anderem darin bestehen, die Jugendlichen mit mehr inhaltlichem Stoff zu versorgen. Um optimale Leistung zu erreichen, muss man Jugendlichen darüber hinaus die Möglichkeit geben, sich in möglichst vielen Situationen und bei persönlichen Herausforderungen ihrer Begabung entsprechend beweisen zu können.

Gerade aufgrund der aktuellen Probleme mit der Umsetzung individueller Förderung in der Schule (vgl. Kunze/Solzbacher 2008) wird besonders deutlich, dass Schulen unter den derzeitigen Bedingungen für die individuelle Förderung Begabter zweifellos auf Partner (wie die Universitäten zum Beispiel) angewiesen sind. Durch derartige Partnerschaften oder im besten Fall Vernetzungen kann man unter anderem die für die Begabtenförderung wichtigen kreativitätsfördernden und intellektuell herausfordernden Umgebungen schaffen. Nicht zuletzt diese Erkenntnis war Grundlage für die Kultusministerkonferenz und die Hochschulrektorenkonferenz, sich 2004 gemeinsam Gedanken über die Anerkennung von Studien- und Prüfungsleistungen von Schülerstudierenden zu machen. Besonders begabte Schüler und Schülerinnen, in der Regel der Jahrgangsstufen 10 – 13, sollen demnach während der Schulzeit ohne formelle Zulassung ein Studium aufnehmen und reguläre Lehrveranstaltungen an den Hochschulen besuchen können. Hier zeigt sich einmal mehr deutlich, dass das Frühstudium sowohl im Aufgabenbereich der Schulen als auch der Universitäten angesiedelt sein muss.

Neben der Tatsache, dass das Frühstudium eine wichtige Maßnahme der Begabtenförderung darstellt, ist es ein weiterer Mosaikstein in einer Reihe von kooperierenden Strukturen an der Schnittstelle Schule und Hochschule. Das Frühstudium ist ein wichtiges Instrument für die von Bildungspolitik und Wissenschaft immer wieder angemahnte „Moderation der Übergänge", da der Übergang von Schule in Hochschule eine wichtige Entwicklungsaufgabe ist und eine wichtige Statuspassage (d.h. Übergang von einer Lebensphase in eine andere) darstellt. Gerade durch das Frühstudium lassen sich Schwellenängste bei Jugendlichen abbauen, die, beispielsweise aufgrund ihrer sozialen Herkunft, sonst eher weniger mit akademischen Milieus vertraut sind. Dies ist nicht zuletzt deshalb wichtig, da die OECD-Bildungsstudie von 2007 vor einem Akademikermangel in Deutschland warnt. Vor diesem Hintergrund ist es noch stärker als bisher angezeigt, bestehende Projekte, Konzepte, Maßnahmen und Kooperationen auf allen Ebenen in und zwischen den einzelnen Institutionen zu vernetzen (vgl. BLK-Bericht 2005).

Eine große Ausweitung erfuhr das Frühstudium durch die finanzielle Unterstützung und die konzeptionelle Förderung der Deutschen Telekom Stiftung, die heute bundesweit ca. 48 Universitäten unterstützt (vgl. www.telekom-stiftung.de). Die Deutsche Telekom Stiftung gab 2007 die diesem Beitrag zugrunde liegende erste bundesweite Studie in Auftrag, deren Ziel es war, die bisher gemachten Erfahrungen mit dem Frühstudium zu sichten und auszuwerten. Basierend darauf sollten Beratungsbausteine und Qualitätsentwicklungs- und Qualitätssicherungsindikatoren abgeleitet werden mit den Zielen,

– eine größere Anzahl Schüler und Schülerinnen für ein Frühstudium zu gewinnen,
– alle tatsächlich geeigneten Schüler und Schülerinnen zu identifizieren und bei der Aufnahme eines Frühstudiums zu unterstützen und
– ggf. die Abbrecherquoten zu minimieren.

Bisher gab es noch keine flächendeckenden empirischen Untersuchungen über die Erfahrungen und Einstellungen der relevanten Akteure (Schülerstudierende, Lehrkräfte, universitäre Koordinatoren und Koordinatorinnen) und zu den Gelingens- und Misslingensbedingungen des Frühstudiums. Bei der Studie handelt es sich sowohl um eine quantitativ empirische (standardisierte Online-Befragung) als auch um eine qualitativ empirische Studie (problemzentrierte Interviews). Hierfür wurden die Schulleitungen bzw. verantwortlichen Lehrkräfte sämtlicher infrage kommender Schulen (Gymnasien, Gesamtschulen, Berufsbildende Schulen etc., die in einem Umkreis von ca. 50 km der anbietenden Universitäten liegen) in 15 Bundesländern sowie die aktuell Schülerstudierenden der Universitäten (499) und die dortigen zentralen Koordinatoren und Fachkoordinatoren bzw. -koordinatorinnen a) online befragt und b) mit den gleichen Personengruppen an drei ausgewählten Universitäten vertiefende problemzentrierte Interviews durchgeführt.

An der Befragung nahmen 127 Schülerinnen und 201 Schüler teil (drei haben ihr Geschlecht nicht angegeben, also N = 331), sowie 243 Schulen (90,5% Gymnasien) sowie 35 Koordinatoren und Koordinatorinnen. Die Befragungen waren freiwillig und anonym. Weder länderspezifische Rankings noch Evaluationen einzelner Universitäten oder Schulen oder gar Schüler und

Schülerinnen waren das Ziel, sondern zu generalisierende Kenntnisse in einem Feld zu sammeln, das empirisch weitgehend unerforscht ist.

1.1 Interessen vertiefen und Berufsorientierung als wichtigste Motive für die Aufnahme eines Frühstudiums

Befragt nach ihren Motiven für die Aufnahme eines Frühstudiums geben die Schüler und Schülerinnen vor allem folgende Beweggründe an: ihre Interessen vertiefen zu können, die Abläufe und Anforderung der Universität kennen zu lernen und eine bessere Studien- bzw. Berufsorientierung zu bekommen.

Ferner sehen sie das Frühstudium als Enrichment – viele der Schülerstudierenden berichten, dass sie sich in der Schule langweilen und mehr lernen möchten. Andere Ziele wie Akzeleration und Persönlichkeitsentwicklung werden nur vereinzelt genannt. Teilweise wird das Frühstudium als Alternative zum Überspringen von Klassen gesehen. Für einige ist das Frühstudium ein sinnvolles „Hobby".

> Sch.: „Ich hatte sowieso vor Mathe zu studieren und naja, ich mache jetzt nicht mehr so viel im Verein oder so, ich habe halt einfach die Zeit und bevor ich mich einfach vor den PC setze oder vor den Fernseher, dann mach ich lieber so was. Weil – das kann ich später gut gebrauchen und ich finde, es ist einfach ne riesen Chance."

> Sch: „Mich hat einfach die Herausforderung gereizt, weil es ist halt was, was man so noch nicht kennt aus der Schule und ich war ganz gespannt, wie ich das schaffe."

Durchschnittlich sind die an der Untersuchung beteiligten Schülerstudierenden 18 Jahre alt. Der überwiegende Teil der Schüler und Schülerinnen befindet sich zur Zeit der Befragung in Klasse 12 (36,6%), jeweils ca. 24% befinden sich in Klasse 11 bzw. 13. Ca. 2% sind unterhalb der Klasse 10. 16% haben schon einmal eine Klasse übersprungen.

Das inner- und außerschulische Engagement der Schüler und Schülerinnen ist sehr hoch. Viele der Befragten haben schon an einer oder mehreren einschlägigen Begabtenfördermaßnahmen teilgenommen (z.B. Wettbewerbe) (s. Abb. 1, folgende Seite).

Viele waren Klassen- oder Schülersprecher oder engagieren sich in sozialen oder kulturellen Projekten. Dies ist ein weiteres wichtiges Kriterium für die Auswahl durch die Schulen.

Die meisten Schüler und Schülerinnen haben vom Frühstudium zum ersten Mal durch ihren Fachlehrer bzw. ihre Fachlehrerin (ca. 38%) gehört, manche bekamen zuerst Informationen durch ihre Mitschüler oder wurden durch die Presse auf das Frühstudium aufmerksam. Die letztendliche Entscheidung für ein Frühstudium wird maßgeblich von den Eltern mit beeinflusst. Personen aus dem schulischen Umfeld spielen für die Entscheidung eine untergeordnete Rolle.

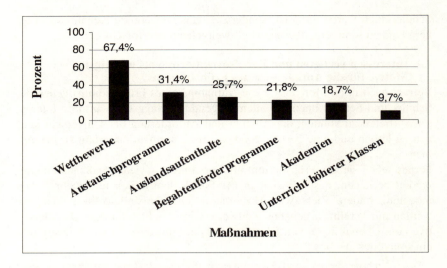

Abb. 1: Prozentuale Verteilung der Teilnahme an verschiedenen Maßnahmen

Bei der Wahl des Frühstudiumfaches überwiegen die mathematisch-naturwissenschaftlichen Fächer; dies erstaunt nicht angesichts der Entstehungsgeschichte des Projekts Frühstudium. Vor allem die Deutsche Telekom Stiftung, die die meisten Universitäten diesbezüglich unterstützt, hat dabei die Förderung des naturwissenschaftlich-mathematischen Nachwuchses zum Ziel. Der Anteil der Schülerstudierenden, die mathematisch-naturwissenschaftliche Fächer studieren, liegt doppelt so hoch wie der Bundesdurchschnitt dieser Studenten von 23,9%. Mittlerweile kann man allerdings fast alle Fächer mit der Ausnahme von Medizin als Schüler und Schülerin bereits studieren und dies geschieht auch, wie man der Grafik entnehmen kann (s. Abb. 2, folgende Seite).

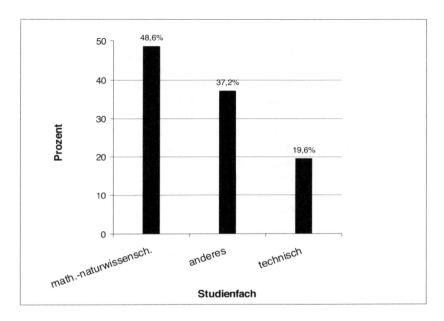

Abb. 2: Prozentuale Häufigkeiten der Studienfachgebiete

1.2 Ausschließlich die Leistungsstarken werden für ein Frühstudium ausgewählt und vorgeschlagen – „Minderleister" werden nicht berücksichtigt

Die Auswahl erfolgt in der Regel durch die Schule. Als Voraussetzung für die Teilnahme am Frühstudium gelten bei den Lehrkräften sehr gute Noten und herausragende Leistungen. Daneben spielen Arbeitshaltung und Selbstständigkeit eine Rolle. Der Notendurchschnitt bei den Schülerstudierenden liegt bei 1,77. So genannte „Underachiever" (Minderleister, die unter ihren Fähigkeiten bleiben) werden mit diesem Auswahlverfahren also in der Regel nicht erfasst (das bestätigen auch andere Untersuchungen zu „Enrichment-Angeboten", vgl. z.B. Solzbacher/Rölker 2005) und diese nehmen selten am Frühstudium teil. Spezialbegabte, d.h. Schüler und Schülerinnen, die besonders in einem Gebiet begabt oder leistungsstark sind, werden häufig nicht für ein Frühstudium vorgeschlagen aus Sorge, die Leistungen in anderen Fächern könnten darunter leiden.

Ausschließlich nach bereits erbrachter Leistung auszuwählen und Minderleister und Spezialbegabte nicht in den Blick zu nehmen, kann dazu führen, dass die beiden letzteren Gruppen ihre Möglichkeiten immer weniger ausschöpfen. Aus amerikanischen Studien wissen wir aber, dass vor allem die als hochbegabt getesteten Schülerstudierenden besonders erleichtert sind, einer Schulsituation entkommen zu sein, in der sie sich extrem gelangweilt fühlen. Sie bezeichnen die Schule häufig als „academic dead end" (vgl. Heinbokel 2004). Dies führt nicht selten zu negativen „Schülerkarrieren". Als Schülerstudierende mussten sie sich zum ersten Mal im Leben für gute Leistungen anstrengen und sich nicht mehr darum bemühen, ihre Fähigkeiten und Interessen der Mitschüler wegen zu verstecken (vgl. Heinbokel 2004). Dies wirkt sich wiederum positiv auf ihre Leistungen in der Schule aus.

Bislang besteht bei den Lehrkräften kaum ein Problembewusstsein dafür, dass man mit weiteren subjektiven Identifikationsverfahren (z.B. der Checkliste des BMFT 2001) besonders begabte Schüler umfassender identifizieren und damit auch besser fördern könnte. Eher herrscht die Aussage vor, dass es „Underachiever" viel seltener gebe als gemeinhin angenommen und die Lehrkräfte sie gut identifizieren könnten:

> L.: „Also die Kollegen können da die Spitze ziemlich gut auch erkennen. Und das geht auch ohne begabungstheoretische Modelle, relativ gut. Wenn man natürlich einige Kollegen hat, die nicht so den Blick dafür haben, sollte man natürlich ein bisschen besser darauf hinweisen oder ausbilden."

Aus der Sicht der Lehrkräfte ist das Hauptmotiv für die Jugendlichen, ein Frühstudium aufzunehmen, Interessen vertiefen zu können, gefolgt interessanterweise von der Lebenslaufrelevanz und der Prestigewirkung.

1.3 Freiwilligkeit und Selbstständigkeit motivieren zu besserem Lern- und Arbeitsverhalten – Akzeleration steht nicht im Vordergrund

Die Schülerstudierenden loben besonders die Bedingungen für das Frühstudium an der Universität. Neben der guten Betreuung durch eigens für sie eingesetzte Koordinatoren und Koordinatorinnen schätzen die Jugendlichen vor allem die Freiwilligkeit und Selbstständigkeit, die ein Studium bietet. Ferner erleben sie es als einen Vorteil, dass sie nicht, wie in der Schule, ständig kontrolliert werden bzw. ihnen nicht andauernd vorgeschrieben wird, wann was zu machen ist. Sie haben das Gefühl, sich ihre Zeit und Aufgaben selbst einteilen zu können. Der Umgang mit den anderen Studierenden sei angenehmer als der mit den Mitschülern in der Schule. Dies erklären die Schülerstudierenden ebenfalls mit der Freiwilligkeit und mit dem gleichen Leistungsstand aller Studierenden – im Gegensatz zur Schule, wo das Wissen und die Leistungen im Erleben der Schülerstudierenden weit auseinander klaffen.

Durchschnittlich besuchen die Schüler und Schülerinnen drei Veranstaltungen pro Semester. Aufgrund des Frühstudiums fallen durchschnittlich drei Schulstunden wöchentlich aus (s. Abb. 3, folgende Seite).

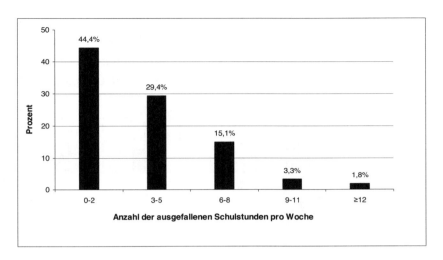

Abb. 3: Anzahl der ausgefallenen Schulstunden pro Woche

Die meisten Schülerstudierenden machen ein bis zwei Leistungsscheine pro Semester. Ca. 40% der Studierenden machen keinen Leistungs- oder Teilnahmeschein.

Nicht selten brechen die Schüler und Schülerinnen das Studium meist aus arbeitsökonomischen Gründen vor dem Abitur wieder ab, was aber angesichts der oben genannten Motive nicht als Misserfolg empfunden wird. Frühstudierende, die mit dem Abitur auch ein Vordiplom oder gar einen universitären Abschluss machen, sind selten. Offensichtlich steht also Akzeleration als ein Hauptmotivator für die Schüler und Schülerinnen nicht im Vordergrund.

Als hervorzuhebende Auswirkungen des Frühstudiums geben die Schülerstudierenden, die schon seit zwei oder mehr Semestern studieren, einen positiven Einfluss des Frühstudiums auf ihr Lern- und Arbeitsverhalten an. Sie lernen und arbeiten nach eigenen Aussagen selbstständiger, disziplinierter und zielgerichteter (s. Abb. 4, folgende Seite). Ca. 85% derjenigen, die bereits länger am Frühstudium teilnehmen, gewinnen an Klarheit in Bezug auf ihre Zukunftsplanung. Nicht wenige motiviert das Frühstudium auch dazu, sich in der Schule wieder stärker zu engagieren.

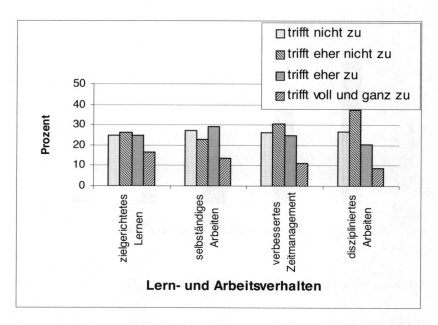

Abb. 4: Prozentuale Häufigkeiten der Antworten auf das veränderte Lern- und Arbeitsverhalten

Auch die am Programm teilnehmenden Schulleitungen und Lehrkräfte erleben das Frühstudium als überwiegend erfolgreich. Ebenso wie die Schüler beschreiben auch sie vor allem die Betreuung durch die Universität als gelungen. Die befragten Vertreter der Schulen sehen es als Hauptvorteil an, dass es sich beim Frühstudium um ein „niedrigschwelliges" Angebot handelt, das für die Schule mit relativ geringem (organisatorischen) Aufwand verbunden ist.

Ferner wurden die teilnehmenden Schulen gefragt, welchen Nutzen die Schüler aus dem Frühstudium ziehen konnten. Die Mittelwerte in der Grafik (s. Abb. 5, folgende Seite) zeigen, dass ein besonders hoher Nutzen des Frühstudiums sowohl bei Leistungsaspekten (Interessenvertiefung, Lerninhalte) als auch bei Persönlichkeitsaspekten (Persönlichkeitsentwicklung) gesehen wird:

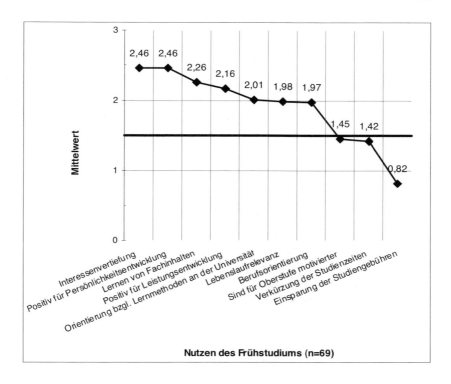

Abb. 5: Mittelwerte der Beurteilung des Nutzens des Frühstudiums (n = 69)

Interessant ist, dass eine mögliche Verkürzung der Studienzeiten auch von den Lehrkräften als weniger relevant eingeschätzt wird, d.h., dass das Frühstudium auch von ihnen kaum als Maßnahme zur Akzeleration gesehen wird. Weiterhin auffällig ist der als eher gering wahrgenommene Nutzen des Frühstudiums für die Berufsorientierung, besonders im Vergleich mit der oben dokumentierten hohen Bedeutung, die dieses Kriterium für die Schüler hat.

1.4 Schulen stehen in der Kritik: Mehr Betreuung – bessere Beratung
Während also bei den Schülern und Schülerinnen große Zufriedenheit hinsichtlich organisatorischer Aspekte und der Betreuung an der Universität herrscht, besteht bei ihnen eine deutliche Unzufriedenheit mit der Betreuung durch die Schule. Der überwiegende Teil der Schülerstudierenden fühlt sich von der Schule nicht gut unterstützt und alleine gelassen.
Ein Großteil der Schülerstudierenden empfindet Schule und Universität als zwei völlig getrennte Veranstaltungen. Kritisiert werden die schlechte Informationspolitik der Schulen, die unzureichende Vorbereitung, die fehlende

Unterstützung während des Frühstudiums sowie das geringe Entgegenkommen bei organisatorischen Fragen (Stundenplangestaltung, Freistellung vom Unterricht). Die Schule vermittle nicht ausreichend Kompetenzen aus dem Bereich Studierfähigkeit. Die Schulen belassen es häufig bei positiven Erstsignalen und fühlen sich dann, laut Aussage der Frühstudierenden, nicht mehr zuständig. Die Jugendlichen haben hinsichtlich der Orientierung in der Universität und hinsichtlich der benötigten Arbeitstechniken mehr Beratungsbedarf. Einige wünschen sich zusätzlich fachliche Unterstützung:

> Sch.: „Am Anfang bin ich zum Beratungslehrer hin gegangen, hatte ihn   noch `n paar universitätstechnische Sachen gefragt. Er konnte mir so'n bisschen Auskunft geben, aber danach…"

> Sch.: „Es fand keine große Betreuung statt. Ich bin halt dann von mir aus zu den Lehrern hingegangen und hab' mit den Lehrern geredet, … also, es gab halt nicht irgendwie Informationen darüber, was in der Schule gelaufen war. Ob Klausuren sogar verlegt wurden oder ähnliches, also, dass es irgend ‚ne Absprache gab, das fand nicht statt."

Die Gruppe der Schüler und Schülerinnen, die eine oder mehrere Klassen übersprungen haben, ist in diesem Zusammenhang noch unzufriedener mit der Unterstützung durch die Schule, ja, sie empfindet die Schule mitunter als Behinderung. Sie fordert vehement eine konkretere Unterstützung bei der Vereinbarkeit von Universität und Schule.

Einige berichten sogar, dass sie schlechte Noten aufgrund der Abwesenheit im Unterricht bekommen hätten und die Fehlstunden durch das Frühstudium ohne erläuternden Kommentar auf dem Zeugnis eingetragen wurden.

> Sch.: „Was organisatorisch nicht ganz so toll war bei mir, ich hab zwar ne Generalbefreiung, aber die Lehrer wussten davon nichts, also da hat mich dann z.B. einer angesprochen, ob ich keine Lust mehr hab zu Geschichte zu erscheinen und dann habe ich denen das erklärt und dann hat er nachgefragt … das ist halt schon ein bisschen komisch."

Das Frühstudium kann, wie betont, ein besonders wichtiges Instrument für die Motivation derjenigen (hoch)begabten Jugendlichen sein, die sich aufgrund von Langeweile aus dem Schulsystem absentieren. Diese Motivation wiederum bildet eine wichtige Grundlage für die Bereitschaft zu einem angemessenen Lern- und Arbeitsverhalten. Diese sollte durch mangelnde Organisation oder Kommunikationsstrukturen in den Schulen nicht wieder aufs Spiel gesetzt werden.

Angesichts des bisher Beschriebenen verwundert es nicht, dass es in den Schulen kaum systematische Informationen zu den Frühstudierenden gibt. Nur wenige zuständige Lehrkräfte z.B. wissen, ob und welche Schüler das Frühstudium abgebrochen haben. Wenn die „Abbrecher" aber nicht wahrgenommen werden (weder von Schule noch von Universität), so können sich bei diesen Schülerinnen und Schülern, die wegen Überforderung das Frühstudium aufgegeben haben, Misserfolgserlebnisse festsetzen, die unbetreut und unausgesprochen bleiben. Das hat sowohl für den einzelnen Jugendlichen als auch für die Universität möglicherweise vermeidbare Konsequenzen. Überforderte Schülerstudierende könnten (auch aufgrund mangelnder Unterstützung und Beratung) durch das Frühstudium unnötigerweise von einem späteren Studium dieser Fächer abgehalten werden, auch wenn sie prinzipiell für diese Fächer geeignet sind. Zudem besteht die Gefahr, dass hochleistende Schüler und Schülerinnen, die bisher kaum Misserfolge gewöhnt waren, durch das Frühstudium eine Irritation ihres Selbstkonzeptes erfahren, die durchaus auch negativ auf die schulischen Leistungen zurückwirken kann. Dies muss beobachtet und betreut werden.

Die Fachkoordinatoren und -koordinatorinnen an den Universitäten (besonders in den mathematisch-naturwissenschaftlichen Fächern) weisen in der qualitativen Befragung immer wieder auf die Bedeutung einer gelungenen Vorauswahl und einer guten Betreuung durch die Schule hin. Sie fordern insbesondere eine bessere Beratung und Unterstützung der Schülerstudierenden sowie mehr Informationen durch die Schulen. Auch eine bessere fachliche Ausbildung und Förderung speziell der Hochbegabten werden gewünscht. Obwohl die teilnehmenden Schulen zu einem großen Teil angeben, dass sie spezielle Ansprechpartner in den Schulen haben, sind diese nach Auffassung vieler Fachkoordinatoren und -koordinatorinnen nur schwer zu identifizieren bzw. zu erreichen.

Die interviewten Lehrkräfte sehen grundsätzlich die Beratung und Motivation der Schülerstudierenden als ihre Aufgabe an. Sie betonen aber, dass beides nicht besonders intensiv von ihnen wahrgenommen würde.

Von Lehrerseite wird das Projekt also zwar ideell unterstützt, aber die Verantwortung wird den Schülern und Schülerinnen selbst überlassen. Immer mit dem Hinweis, dass es die motivierten, leistungsbereiten und selbstständigen Schüler und Schülerinnen seien, die sich für ein Frühstudium eignen und daher auch dieses begännen. Der konkrete Beratungsbedarf und die anliegenden Schwierigkeiten der Schüler und Schülerinnen werden in den Schulen wenig wahrgenommen und berücksichtigt.

Auffällig ist insgesamt, dass zwischen Schule und Universität nur eine sehr geringe Kooperation und schon gar keine Vernetzung bestehen. Lediglich an wenigen Universitäten gibt es einen Austausch zwischen Schulen und dem zentralen Koordinator bzw. der zentralen Koordinatorin der Universitäten. An manchen Universitäten auch mit einigen Fachkoordinatoren und -koordinatorinnen, besonders dann, wenn diese zuvor aus anderen Kooperationsprojekten bekannt sind.

1.5 Soziale Auslese bestimmt, wer schon als Schüler oder Schülerin studiert

Die Schülerstudierenden, die aktuell an der Universität sind, sind erfreulicherweise aus der Sicht der Schulen und der Universitäten für ein Frühstudium geeignet. Die Vertreter der Universitäten attestieren den Schülerstudierenden ebenso gute Leistungen wie den Normalstudierenden, mitunter sogar bessere.

Fraglich ist dennoch, ob das Frühstudium mit den aktuell praktizierten Auswahlverfahren durch die Schule eine umfassende Begabtenförderung aller in Frage kommenden Schüler und Schülerinnen gewährleistet, da die sorgsame Diagnose und Förderung dort häufig ausbleibt: Von 71,3% der befragten Schüler und Schülerinnen hat einer der Elternteile studiert, bei 58,8% dieser 236 Schüler und Schülerinnen haben beide Elternteile studiert. Von ca. einem Viertel dieser Schüler und Schülerinnen hat mindestens ein Elternteil einen Doktortitel. Der überwiegende Teil der Schüler und Schülerinnen besucht das Gymnasium, ein kleiner Teil eine Gesamtschule oder eine Berufsbildende Schule. Die Schüler und Schülerinnen sind überwiegend deutscher Nationalität (95,5%) und geben zu einem hohen Prozentsatz Deutsch als ihre Muttersprache an (97,9%).

Diese Zahlen sind alarmierend und bestätigen die Ergebnisse der einschlägigen Forschungen zum Thema Bildungsgerechtigkeit. Die Chance von Akademikerkindern, ein Studium zu beginnen, ist mehr als dreimal so hoch (vgl. 18. Sozialerhebung des Deutschen Studentenwerks). Der starke Einfluss, den Elternhaus und soziale Herkunft auf die Bildungschancen haben, lässt sich hier erneut feststellen.

Kinder aus sozial schwächeren oder bildungsfernen Familien werden nachgewiesenermaßen deutlich seltener als begabt oder besonders begabt identifiziert als Kinder aus oberen sozialen Schichten. Mitunter gibt es doppelte Benachteiligungen z.B. aufgrund des Migrationshintergrundes und des Geschlechtes. Gravierend ist z.B. die mangelhafte Identifikation begabter Mädchen und Frauen in bestimmten Bereichen (wie z.B. in den mathematisch-naturwissenschaftlichen Fächern). So konnten auch durch das Frühstudium nicht mehr Mädchen bzw. junge Frauen für die „typisch männlichen" Naturwissenschaften gewonnen werden. Ebenso ist der Migrantenanteil äußerst gering. Das Vorurteil, dass man innerhalb dieser Gruppen keine außerordentlichen Begabungen finden könne, hält sich hartnäckig.

Da die Betreuung des Frühstudiums durch die Schule nur unzureichend vorhanden ist und es weitgehend den Schülern und Schülerinnen überlassen bleibt, das Frühstudium zu organisieren, gibt es besonders für Nichtakademikerkinder und für Kinder aus bildungsfernen Schichten dadurch eine mehrfache Hürde:

– Sie werden von ihren Eltern weniger bestärkt, ein Frühstudium aufzunehmen, da die Eltern nicht mit dem Universitätsbetrieb vertraut sind.
– Sie können durch die Eltern während des Studiums weniger unterstützt und beraten werden.

Eben dies sind fatalerweise auch die Argumente einiger Lehrkräfte, diese Jugendlichen nicht für ein Frühstudium vorzuschlagen. Nicht wenige Lehrkräfte scheinen anzunehmen, dass die Schülerstudierenden selbstständig und ohne besondere Betreuung zurechtkommen sollen (das definieren die Schulen ja gerade für sich als „niedrigschwelliges Angebot"). Ferner gehen sie davon aus, dass sich die Schülerstudierenden bei Problemen selber melden.

> L.: „Ja, also die Schüler sind ja selbständig, die, die das machen wollen. Die haben sich mit der Universität in Verbindung gesetzt, die kommen dann im Grunde nur und sagen, wann ihre Vorlesungen und Übungen sind, dann wird sicherlich geschaut … Ich muss das so hypothetisch sagen, äh, weil es an mir vorbei geht. Also, immer wenn's haken würde kommt's ja bei der Schulleitung an. Und da es nicht ankommt, gibt's wohl auch keine Komplikationen. Das heißt, die Fachlehrer werden informiert, wann der Schüler im Unterricht nicht da ist, die Schüler wissen, dass sie den Stoff nacharbeiten müssen."

In der qualitativen Befragung findet sich auf Seiten der Lehrkräfte häufig die Annahme, dass akademische Eltern ihre Kinder mehr fördern bzw. einen hohen Erwartungsdruck auf ihre Kinder ausüben. Diese Wahrnehmung scheint aber nicht dazu zu führen, dass sich die Schulen erkennbar dafür verantwortlich fühlen, Kinder von Nicht-Akademikern so zu fördern, dass diese ein Frühstudium aufnehmen. Diese Haltung wird bei einigen befragten Lehrern dadurch verstärkt, dass sie annehmen, dass Begabungen genetisch bedingt sind und von den Eltern vererbt werden.

> L.: „Da gibt's sicher `n genetischen Zusammenhang, der zunächst einmal überhaupt den Anlass dafür bietet, dass dieses Kind klug genug ist, um dafür in Frage zu kommen. Dann wird es vielleicht auch eine tatsächliche fachliche Begabung geben, die der Vater oder die Mutter auch hat, wir haben das hier auch bei Mathematikern gelegentlich, dass Vater und Mutter beide glänzende Mathematiker sind, und die Tochter dann auch."

Vergleicht man dies mit den diversen Vorteilen, die ein Frühstudium laut Befragung bietet (Berufsorientierung, Selbstbewusstsein, Verbesserung des Lern- und Arbeitsverhaltens, Lebenslaufrelevanz etc.), so wird deutlich, dass sich diese Benachteiligungen durch die gesamte Bildungsbiografie ziehen.

2 Das Frühstudium ist nicht alleine Aufgabe der Universitäten

Woran mag es bei so viel positivem Feedback der Jugendlichen liegen, dass es dennoch einige Schulen – zumal im näheren Umfeld von Universitäten – gibt, die das Angebot zum Frühstudium nicht nutzen und Schüler und Schüle-

rinnen nicht auf diese Möglichkeiten aufmerksam machen? Die weiten An-
fahrtswege können es nicht sein, denn nicht wenige Jugendliche weiter ent-
fernter Schulen nehmen diese in Kauf. Einige Gründe wurden in unserer
Untersuchung deutlich: Es mangelt, wie die befragten Lehrkräfte immer
wieder betonen, an guter Presse- oder Informationspolitik der Universitäten,
aber auch an Fortbildungen in Fragen der Begabtenförderung. Einige Lehrer
und Lehrerinnen stehen zudem dieser Form von Förderung skeptisch gegenüber, da insgesamt zu viele Schulstunden ausfallen würden. Wie wir aus den
de facto ausfallenden Stundenzahlen wissen, muss dies nicht der Fall sein.
Aus Untersuchungen zur Begabtenförderung an Schulen wissen wir auch,
dass häufig Schulen ihre „Besten", ihre „Zugpferde" nicht abgeben wollen,
z.B. für ein Schulform übergreifendes Drehtürmodell usw. (vgl. Solzbacher
2006).
Lehrkräfte fühlen sich mit der Förderung leistungsstarker oder begabter Kinder und Jugendlicher häufig überfordert. Deutlich wurde in einer Untersuchung zur Begabtenförderung durch Netzwerkbildung, dass Lehrer und Lehrerinnen die Begabtenförderung eher als Sonderthema, wenn nicht gar als
Luxusthema betrachten, also als nicht zum eigentlichen Kerngeschäft gehörend. Selbst wenn Schulen die Notwendigkeit der Förderung erkannt hätten,
so bliebe sie ein Sonderthema, da das „Kerngeschäft" die Ressourcen und
Kapazitäten auffräße: Schulen seien aktuell mit Lernstandserhebungen und
Standardorientierung etc. als Konsequenzen aus PISA beschäftigt, so dass
diese Formen der Individualisierung aus Zeit- und Systemgründen kaum
umzusetzen seien. In einem System, das auf die Beschulung großer Gruppen
ausgerichtet sei, sei die Förderung Einzelner ein Mythos und eine Zumutung
(vgl. Solzbacher 2006).
Oft wird verkannt, dass Schulen Begab*ungs*erkennung und Begab*ungs*förderung leisten müssen (also *alle* Kinder und ihre Begabungen kennen und fördern sollten) und in einem weiteren Schritt dann Begab*ten*förderung (die
Förderung derer, die dann als besonders begabt diagnostiziert wurden). So
schwer sich häufig Schulen mit der Begabungsdiagnostik und -förderung tun,
so schwer tun sie sich auch mit der Begabtenförderung. Dies sieht man u.a.
daran, dass nur relativ wenige der an der Befragung beteiligten Schulen Enrichmentmöglichkeiten innerhalb des Unterrichts anbieten (z.B. verschiedene
Maßnahmen der inneren Differenzierung; lediglich außerschulische werden
häufiger genutzt, z.B. Teilnahme an Wettbewerben), und daran, dass noch
weniger die Möglichkeiten der Akzeleration nutzen (wie z.B. das Überspringen von Klassen oder der Unterrichtsbesuch in höheren Klassen). Deshalb
oder dennoch – je nach Interpretation – beteiligen sich immer mehr Schulen
an Frühstudierendenprogrammen, besonders weil es für sie mit wenig Aufwand verbunden ist.

Das bisher Dargelegte macht jedoch deutlich, dass das Frühstudium nicht alleine Aufgabe der Universitäten ist und sein darf. Die große Relevanz von Lernprozessen wird für die Begabtenförderung allzu häufig übersehen: „Lernen ist der entscheidende Mechanismus bei der Transformation hoher Begabung in exzellente Leistung" (Weinert nach Fischer 2002, 28). Dies trifft auch auf die Vorbereitung für ein Frühstudium zu. Einige Schulen richten hierfür spezielle schulische Arbeitsgruppen für Schülerstudierende ein, die von einem Lehrer bzw. einer Lehrerin, häufig aber auch von bereits erfahrenen Schülerstudierenden durchgeführt werden. Vor Antritt des Frühstudiums werden die Jugendlichen u.a. mit Methoden des wissenschaftlichen Arbeitens vertraut gemacht. Die Schule zeigt so u.a. auch Interesse an den Schülerstudierenden und ihrer außerschulischen Arbeit. Die Schülerstudierenden können das in der Universität Gelernte im späteren Verlauf noch einmal vertiefen und sind keine „Exoten" im System Schule, sondern finden Gleichgesinnte und Ansprechpartner für mögliche Probleme. Zweifellos benötigen Jugendliche, die bereits studieren, auf Dauer aber zudem eine auf Selbsttätigkeit und individuelle Förderung ausgerichtete Unterrichtskultur, die auf ihren jetzt noch deutlicher erweiterten Kenntnis- und Interessensstand eingeht. Schulen müssen sich zudem im Hinblick auf ein Frühstudium ihrer Schüler und Schülerinnen über Fragen der Stundenplanorganisation, über Umgang mit Fehlstunden, das Nachholen des versäumten Stoffes etc. unterhalten und eine gemeinsame Linie verfolgen.

Universität und Schule müssen stärker als bisher den Kontakt miteinander suchen, um die Informationspolitik in Schulen zu verbessern (die Auswahl der Schüler und Schülerinnen und die besonderen Herausforderungen betreffend) und die Entwicklung der Schülerstudierenden und ihre optimale Förderung gemeinsam zu beraten. Sinnvoll wäre es hierfür, z.B. mitwirkende Lehrkräfte in den Universitäten für diesen Bereich fächerbezogen zu gewinnen.

Literatur

Bundesminister für Bildung und Forschung (Hrsg.) (2001): Begabte Kinder finden und fördern. Bonn

Deutsche Telekom Stiftung (Hrsg.) (2006): Dokumentation der Fachtagung „Schüler an die Universität". Bonn 9.11.2005

Fischer, C. (2002): Hochbegabung als schulische Herausforderung: Definition, Identifikation und Förderung von besonderen Begabungen. In: Solzbacher, C./Heinbokel, A. (Hrsg.) (2002): Hochbegabte in der Schule – Identifikation und Förderung. Münster, S. 26–42

Heinbokel, A. (2004): Während der Schulzeit an die Uni?! In: Uhrlau, K. (Hrsg.) (2004): Keine Angst vorm hochbegabten Kind. Oldenburg, S. 157–164

Kunze, I./Solzbacher, C. (Hrsg.) (2008): Individuelle Förderung in der Sekundarstufe I und II. Baltmannsweiler

Mönks, F. u.a. (2003): Wichtige Aspekte der Identifikation von Begabungen. In: Journal für Begabtenförderung 1/2003. S. 4–7

Solzbacher, C./Heinbokel, A. (Hrsg.) (2002): Hochbegabte in der Schule – Identifikation und Förderung. Münster

Solzbacher, C./Rölker, S. (2005): Förderung besonderer Begabungen durch die Werner-Gehring-Stiftung. Evaluation eines außerschulischen Enrichment-Angebots. In: Landesinstitut für Schule/Qualitätsagentur NRW (Hrsg.): Fremdes vertraut machen – mit Sprachen zur Kultur. Bericht über eine Schülerakademie im Rahmen der Begabtenförderung. Soest, S. 69–85

Solzbacher, C. (2006): Begabtenförderung durch Schulentwicklung und Netzwerkbildung. In: Fischer, C./Ludwig, H. (Hrsg.): Begabtenförderung als Aufgabe und Herausforderung für die Pädagogik. Münster, S. 77–98

Weinert, F. E.: Lernen als Brücke zwischen hoher Begabung und exzellenter Leistung, Vortrag Salzburg 13.10.2000 zitiert nach Fischer, C. (2002)

Jahresbericht 2005 der Bund-Länder-Kommission für Bildungsplanung und Forschungsförderung: Kooperative Strukturen an der Schnittstelle Schule/Hochschule zur Studien- und Berufswahlvorbereitung, www.blk-info.de, (Stand März 2007)

18. Sozialerhebung des Deutschen Studentenwerks durchgeführt durch HIS Hochschul-Informations-System: Die wirtschaftliche und soziale Lage der Studierenden in Deutschland 2006 – Ausgewählte Ergebnisse – http://www.bmbf.de/pub/wsldsl_2006_kurzfassung.pdf

Die vollständige Studie von Claudia Solzbacher steht im Internet unter www.telekom-stiftung.de/fruehstudium zum Download zur Verfügung.

Albert Ziegler

Selbstreguliertes Lernen Hochbegabter

1 Effektivität von Maßnahmen der Hochbegabtenförderung

Experten hatten lange Zeit relativ erfolglos das Fehlen systematischer Quali-
tätskontrollen des Bildungssystems beklagt (vgl. Aurin 1990; Degendorfer/
Reisch/Schwarz 2000; Fend 2000). Spätestens seit den TIMS-Studien (vgl.
Baumert et al. 1997) der *International Association for the Evaluation of Educational Achievement* (IEA) und den PISA-Studien (vgl. Baumert/Artelt/
Klieme/Stanat 2001) der *Organisation for Economic Co-operation and Development* (OECD) hat sich dieser pädagogisch unbefriedigende Zustand jedoch erfreulich verbessert. Evaluationen erstrecken sich heute von Einzel-
maßnahmen über Förderprogramme bis hin zu ganzen Schulsystemen. Mittlerweile hat die „Evaluationswelle" (Pädagogische Hochschule Heidelberg,
Institut für Weiterbildung, 2006, 2) auch die Hochbegabtenförderung erfasst
– und ihr national wie international ein denkbar schlechtes Zeugnis ausge-
stellt (vgl. Ziegler 2008; vgl. auch Phillipson/McCann 2007).
Richtungsweisend war die berühmte Meta-Analyse von Lipsey und Wilson
aus dem Jahr 1993, die unter anderem auch tausende Forschungsstudien aus
dem Bereich der Pädagogik umfasste. Unter dieser stattlichen Anzahl an
Forschungsarbeiten beschäftigten sich auch einige mit der Wirksamkeit von
vier Maßnahmen der Hochbegabtenförderung:

- Bei Enrichments wird der im Curriculum vorgesehene Lehrstoff entweder durch zusätzliche Inhalte ergänzt oder vertieft behandelt. Beispielsweise kann das im Rahmen einer Nachmittags-AG erfolgen.
- In Spezialklassen oder Schulen für Hochbegabte erfolgt eine Zu-
  sammenfassung der Schüler entweder nach Leistungen oder Begabungen.
- Im Rahmen von Pull-Out-Programmen verlassen die Schüler zeit-
  weise den regulären Unterricht und erhalten während dieser Zeit eine besondere Beschulung.

- Bei Akzelerationen durchlaufen Schüler das reguläre Curriculum in kürzerer Zeit, weil sie beispielsweise eine Klasse überspringen oder früher eingeschult werden.

Diese vier Fördermaßnahmen umfassen in Deutschland, sieht man einmal von der Vergabe von Stipendien ab, mehr als 90% der Fördermaßnahmen (vgl. Ziegler/Stoeger 2007a). Ihre Evaluation liefert daher einen repräsentativen Querschnitt der Effektivität der Hochbegabtenförderung in Deutschland. Tabelle 1 ist das Ergebnis der Meta-Analyse zu entnehmen. Die Effekte sind nicht nur bescheiden, sie sind sogar dramatisch gering. Die Autoren Lipsey und Wilson weisen darauf hin, dass bei der Würdigung der Ergebnisse zwei Effekte berücksichtigt werden müssen: erstens der Hawthorne-Effekt (der Hawthorne-Effekt ist dem Placeboeffekt vergleichbar: Allein schon das Wissen, an einer Studie teilzunehmen, verbessert das Ergebnis der Versuchspersonen) und zweitens die Verzerrung, dass Autoren vorzugsweise Studien publizieren, in denen positive Effekte nachgewiesen werden. Korrigiert man die Effektstärken um die von Lipsey und Wilson angegebenen Werte, so sind die in Deutschland eingesetzten Maßnahmen der Hochbegabtenförderung nahezu wirkungslos.

Tabelle 1: Wirksamkeit der wichtigsten Maßnahmen der Begabtenförderung nach Lipsey/Wilson (1993)

Maßnahme	Anzahl Studien	*Effektstärke d*	Effekt in Schulnotenstufen
Enrichment	20	.55	ca. 0.3
Spezialklassen und -schulen für Hochbegabte	23	.32	ca. 0.2
Pull-Out-Programme	9	.47	ca. 0.3
Akzeleration	13	.88	ca. 0.5

2 Gründe für die Wirkungslosigkeit der Maßnahmen der Hochbegabtenförderung

Warum sind die Maßnahmen der Hochbegabtenförderung nahezu wirkungslos? Im Gegensatz zu vielen in der Meta-Analyse als effektstark ausgezeichneten Fördermaßnahmen im pädagogischen Bereich sind drei Eigenschaften der in der Hochbegabtenförderung eingesetzten Methoden augenfällig. Erstens sind sie sehr alt und wurden seit fast 100 Jahren kaum weiterentwickelt. Keine Wissenschaft kann es sich jedoch leisten, mit veraltetem Wissen zu agieren. Zweitens werden in diesen Maßnahmen typischerweise Schüler nicht individuell, sondern als Mitglieder einer Gruppe adressiert. Falls sie sich wie die Akzeleration an einzelne Schüler richten, sind sie nicht genügend an individuelle Lernvoraussetzungen angepasst. So kann ein springender Schüler in Mathematik ein halbes Jahr voraus sein, in Deutsch nur ein viertel Jahr, in den Naturwissenschaften vielleicht sogar zwei Jahre. Er wird aber in allen Fächern exakt ein Jahr versetzt, ohne dass der zwischenzeitlich versäumte Stoff individuell mit ihm durchgearbeitet worden wäre. Drittens wird zu wenig berücksichtigt, Hochbegabte kontextuell zu fördern, sodass sich die Förderwirkung sozusagen in ihre persönliche Lebenswelt hinein erstreckt und ihr gesamtes Aktiotop umfasst (für den Begriff des Aktiotops vgl. Ziegler 2005, 2009a). Beispielsweise werden im Rahmen von Enrichments kurzzeitig gute Förderbedingungen zur Verfügung gestellt. Diese führen aber nicht zu einer nachhaltigen Verbesserung der Lernumgebung des Hochbegabten, sodass sie allenfalls zeitlich begrenzt wirksam sind.

3 Effektives Lernen: Die *Big Four* und der typische Weg zu Leistungsexzellenz

Was ist die Alternative zu veralteten gruppenfokussierten Fördermaßnahmen für Hochbegabte? Die Antwort kann auf zweierlei Wegen gesucht werden: einem prozessorientierten und einem entwicklungsorientierten. Aus einer prozessorientierten Perspektive stellt sich die Frage, ob erfolgreiche Lernprozesse Gemeinsamkeiten aufweisen, die bei der Hochbegabtenförderung bislang vernachlässigt wurden. Konkret werden wir uns mit der Frage beschäftigen, inwieweit in der Hochbegabtenförderung die so genannten *Big Four* erfolgreicher Lernprozesse umgesetzt werden können. Aus der entwicklungsorientierten Perspektive sind Talente und Hochbegabte dadurch definiert, dass sie im Vergleich zu durchschnittlich Begabten mit einer (viel) höheren Wahrscheinlichkeit Leistungsexzellenz erreichen können. Es bietet sich daher an, die Biografien leistungsexzellenter Personen daraufhin zu untersuchen, ob die von ihnen erfahrenen Entwicklungsbedingungen den in der Hochbegabtenförderung geschaffenen ähneln.

Die Bezeichnung *Big Four* rührt daher, dass alle Lernprozesse, die zu substantiellen Wissens- und Kompetenzzuwächsen führen, diese vier Faktoren aufweisen (vgl. Ziegler 2007):

- Verbesserungsorientiertes Lernen,
- Individualisierung,
- Feedback,
- Einübung und Festigung.

Negativ gewendet ist impliziert, dass Lernen, in dem einer der *Big Four*-Faktoren nicht optimal realisiert ist, an Effektivität verliert.

Verbesserungsorientiertes Lernen meint, dass die einfache Beschäftigung mit Sachverhalten in der Regel keine entscheidenden Lernzuwächse zulässt. Spielerische Zugänge sind deshalb hinsichtlich der Lerngewinne bei weitem nicht so effektiv wie bewusst auf Zuwächse fokussiertes Lernen (für weiterführende Informationen siehe beispielsweise Ericsson/Charness/Feltovich/ Hoffman 2006; Ericsson/Nandagopal/Roring 2009). Tatsächlich pendeln sich im (Lern)Alltag Leistungs- und Anstrengungsniveaus recht schnell ein. Schüler bauen recht stabile Selbstbilder auf, die mit ihrem Lernen in Einklang stehen. Beispielsweise betreibt ein Schüler, der mit der Note Drei zufrieden ist, meist keinen größeren Lernaufwand, als er für notwendig erachtet, die Drei zu sichern. Oft jedoch betreibt er weniger Lernaufwand, in der Hoffnung, dass es dennoch reicht. Hochbegabtenförderung muss daher auch Zielförderung sein, sodass die Lernenden nicht auf halbem Wege stehen bleiben und ihre Entwicklung auf suboptimalem Niveau zu Ende ist, obwohl sie noch beträchtliche Lernzuwächse hätten erzielen können.

Optimales Lernen basiert auf dem Prinzip der *Individualisierung*. Bloom (1984) hat deshalb die 1:1-Lehr-Lern-Situation zum Goldstandard der Pädagogik und des Lernens erhoben, an dem sich alle anderen Erziehungstechniken messen lassen müssen (vgl. auch Walberg 1984). Ihre Überlegenheit beruht darauf, dass die Konzentration auf den Einzelnen vielfältige Optimierungen des Lernprozesses zulässt. Der Lehrende initiiert Lernprozesse, hilft bei der Auswahl und Formulierung funktionaler Lernziele, plant und überwacht das Lernen, supervidiert die Fortschritte, gibt individuelles Feedback, setzt, falls notwendig, remediale Lernphasen an, motiviert sich während einer Durststrecke etc. Jeder einzelne Lernschritt ist somit präzise auf den Lernenden zugeschnitten. Leerläufe durch Überforderungen oder Unterforderungen werden vermieden und jederzeit optimale Lernanreize gesetzt. Ist ein Lernziel gemeistert, kann zu einem anspruchsvolleren, individuell herausfordernden Lernziel fortgeschritten werden.

Lernepisoden müssen durch fachkundiges *Feedback* begleitet werden. Beim unangeleiteten Lernen schleichen sich sehr schnell Routinen ein, Lernende geben sich mit raschen Anfangserfolgen zufrieden, erkennen oft nicht, wo sie noch Lernbedarf haben und übersehen geeignetere Wege zum Lernziel (vgl. Bracken/Timmereck/Church 2001; Nicol/MacFarlane-Dick 2006; Zimmerman/Schunk 2001). Regelmäßige Leistungsrückmeldungen, konstruktive Hinweise auf Optimierungsmöglichkeiten des Lernens, Einbettungen des Gelernten in bedeutungshaltige Kontexte sind daher eine der wichtigsten Funktionen von Lehrenden.

Ein erfolgreicher Lernschritt bedarf der anschließenden *Einübung und Festigung* (vgl. Smith/Ragan 1999; van Merriënboer/Kirschner 2007; Reigeluth/ Carr-Chellman 2009). Dabei sind jedoch vielfältige didaktische Überlegungen anzustellen. Beispielsweise muss die Anzahl, zeitliche Verteilung, Dauer und Sequenzierung der Übungsaufgaben entschieden werden. Auch deren genaue Gestaltung wirft verschiedene Probleme auf. Beispielsweise dürfen sie nur minimale Transferleistungen erfordern (das heißt, sie müssen ohne weitergehende Verständnisschritte lösbar sein). Selbst wenn in einer Domäne ein reichhaltiger Fundus an Übungsaufgaben verfügbar ist, wie beispielsweise in der Mathematik, verschiedenen Sportarten oder dem Musikinstrumentalunterricht, ist normalerweise eine fachkundige Unterstützung notwendig. Fehlt diese, wirkt sich dies beispielsweise negativ auf das Behalten, Transferleistungen oder Vernetzung des Wissens aus.

Aus der entwicklungsorientierten Perspektive ist von Interesse, ob sich Gemeinsamkeiten in der Leistungsgenese von Exzellenz identifizieren lassen. Betrachten wir zunächst die typische Förderung, die ein späterer Fußballbundesligaspieler während seiner sportlichen Ausbildung erhalten hat (vgl. auch Hodges/Starkes/MacMahon 2006; Ward/Hodges/Williams/Starkes 2009, im Druck). Sein Einstiegsalter ist unter sechs Jahren. Pro Tag spielt er bis ins Erwachsenenalter durchschnittlich mehr als 3 Stunden Fußball. Seine Grundausbildung umfasst ca. 10 000 Stunden, davon alleine 2 000 Stunden Techniktraining. Er besucht während dieser Zeit mehr als 30 Lehrgänge und hat minimal fünf Trainer gehabt. Die Anzahl seiner Trainingspartner liegt über 1 500. Er hat insgesamt mehr als 1 000 000 (!) individueller Feedbacks erhalten. Eine derart intensive Förderpraxis wird in der Hochbegabtenförderung auf längere Zeit illusorisch sein. Eine erste nüchterne Erkenntnis lautet, dass Fußballtalente in unserer Gesellschaft besser gefördert werden als beispielsweise Mathematiktalente.

Analoge Beobachtungen lassen sich auch in anderen Domänen machen. Sie sind vereinfacht in Abb. 1 (s. folgende Seite) wiedergegeben. Auffällig ist, dass in allen bislang untersuchten Domänen die Faustregel gilt, dass etwa 10 000 Stunden intensiver Lernpraxis notwendig sind, bevor Leistungsexzellenz erreicht werden kann (vgl. Gobet/Campitelli 2007). Allerdings bezieht sich diese Zeitangabe ausschließlich auf qualitativ hochwertiges, systematisches Lernen. Spielerische Betätigungen, die nicht mit dem Ziel des Lernzuwachses durchgeführt werden, sind dagegen fast wirkungslos und nicht in die 10 000 Stunden eingerechnet. Die enormen Praxiszeiten, die anzusammeln sind, machen es verständlich, dass ein frühes Einstiegsalter notwendig ist (vgl. Gobet/Chassy 2008). In vorliegendem Zusammenhang sind zwei weitere Gesichtspunkte äußerst wichtig. Zum einen ist dies die professionelle, individuelle Gestaltung des Lernprozesses, in dem unter anderem hochwertiges Feedback eine überragende Rolle spielt (vgl. Charness/Tuffiash/Krampe/Reingold/Vasyukova 2005; Ericsson/Lehmann 1996). Zum anderen entwickeln spätere Hochleistende ihre Expertise in einer qualitativ hochwertigen Lernumwelt. In vielen Domänen wird dazu ein professionellerer Apparat aufgebaut mit Scoutsystemen, Lehrgangspraxis, spezialisierter und zertifizierter Trainerausbildung etc. (vgl. Ziegler 2008).

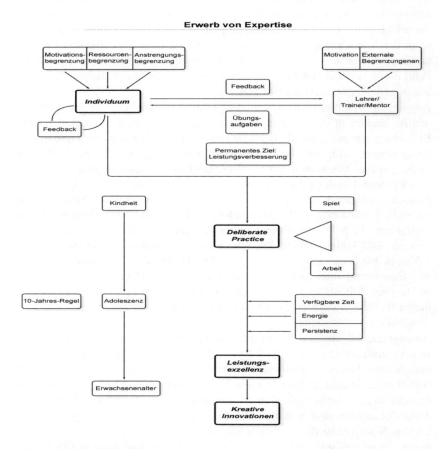

Abb. 1: Rekonstruktion des Expertisierungsprozesses

Im Rahmen der Hochbegabtenförderung werden die Big Four und die aus Expertisestudien ermittelten Lernbedingungen vor allen Dingen im Rahmen einer pädagogischen Maßnahme realisiert: Mentoring. Eine Definition könnte folgendermaßen lauten: „Mentoring ist eine zeitlich relativ stabile dyadische Beziehung zwischen einem erfahrenen Mentor und seinem weniger erfahrenen Mentee. Sie ist durch gegenseitiges Vertrauen und Wohlwollen geprägt, ihr Ziel ist die Förderung des Lernens und der Entwicklung sowie das Vorankommen des Mentee." (vgl. Ziegler, 2009b)

Im *Mentoring* supervidiert eine kompetente Person das Lernen, diagnostiziert die Fortschritte, erteilt individuelles Feedback und plant remediale Lernphasen (vgl. Ericsson/Krampe/Tesch-Römer 1993). Idealerweise entwirft sie Lernsequenzen und entscheidet anhand ihrer Diagnose, wann zu anspruchsvollerem und komplexerem Lernmaterial fortgeschritten werden kann.

Hält man sich ein solches Lernen vor Augen, wird sofort ersichtlich, warum beispielsweise die Unterrichtung Hochbegabter in Hochbegabtenklassen dieser Form der individuellen Betreuung unterlegen ist. Zwar mögen in Ausnahmefällen einzelne Teile individueller Betreuung auch in Kleingruppen erfolgen können, doch werden sie nie ausreichend sein, um die gleichen Fördererträge wie vollständig individualisierte Instruktion und individuell zugeschnittene Lernpläne zu erzielen.

Forschungsstudien belegen eindrucksvoll die überlegene Wirksamkeit individuellen Mentorings. Nach Bloom (1984; vgl. auch Bloom 1985a, 1985b; Walberg 1984) beträgt der Unterschied im Lernertrag zwischen konventionellem Unterricht und einer individuellen Unterrichtung ungefähr zwei Standardabweichungen. Konkret bedeutet das, dass ein Durchschnittsschüler, der individualisierten Unterricht genießt, nach einer Förderung ungefähr auf dem 98sten Perzentil liegt (98stes Perzentil bedeutet, dass er leistungsmäßig zu den besten 2 Prozent der konventionell unterrichteten Schüler zählen würde).

Während lange Zeit nur anekdotische Evidenz bezüglich der Bedeutung von Mentoren für die Entwicklung von Leistungsexzellenz vorlag, wurden in den 70er und 80er Jahren des letzten Jahrhunderts systematische biografische Analysen durchgeführt. Beispielsweise konnte Vaillant (1977) in einer Zusammenschau zeigen, dass die erfolgreichsten Amerikaner der letzten Jahrhunderte in ihrer Jugend meist einen Mentor hatten. Roche (1979) untermauerte diesen Befund mit aktuellerem Datenmaterial. Er konnte bei ca. 4.000 der in den *Who´s News* des *Wall Street Journal* gelisteten erfolgreichsten Wirtschaftsführer der Vereinigten Staaten belegen, dass sie einen Mentor hatten. In seiner richtungsweisenden Studie befragte Bloom (1985a) 120 Personen, die in verschiedenen Domänen Leistungsexzellenz erzielt hatten (Schwimmen, Tennis, Bildhauerei, Klavierspiel, Mathematik und Molekulargenetik). Er konnte aufzeigen, dass die Mentoren ihren Mentees qualitativ hochwertige Lernumgebungen geboten hatten (1985b). Er zog daraus den Schluss, dass individuelle Mentoren notwendig seien, um Leistungsexzellenz erreichen zu können (vgl. auch Sosniak 2006).

Insbesondere wenn klare Ziele gesetzt sind, beispielsweise die Verbesserung von Noten, Arbeitsverhalten oder Selbstsicherheit, sind Mentorings hoch effektiv (vgl. Slavin/Karweit/Madden 1989; McArthur/Stasz/Zmuidzinas 1990; Hock/Schumaker/Deshler 1995; Merrill et al. 1995; Walberg 1984). Tatsächlich kann man davon ausgehen, dass der Wirkungsgrad eines gut gemachten Mentorings bei ca. zwei Standardabweichungen liegt. Dies bedeutet beispielsweise, dass ein beliebiger Schüler oder Mitarbeiter nach einem Mentoring zu den zwei Prozent Besten seiner Vergleichsgruppe gehören sollte. Anders ausgedrückt: Ein gutes Mentoring verhilft vom durchschnittlichen Prozentrang 50 zum Prozentrang 98.

Natürlich ist eine flächendeckende individuelle Lernförderung Hochbegabter, wie sie das Mentoring bietet, zwar wünschenswert, doch kaum realistisch. Es ist unmöglich, jedem hochbegabten Schüler individuell einen Mentoren zur Seite zu stellen, der folgende Teilprozesse des Lernens von Begabten steuert: Einschätzung des Leistungszustands sowie der individuellen Stärken und Schwächen

- Setzen von Lern- und Trainingszielen
- Auswahl geeigneter Lernstrategien zur Erreichung dieser Ziele
- Überwachung des Lern- und Trainingsprozesses
- Feedback, Korrekturhilfen
- Überwachung und Abschätzung des Lern- beziehungsweise Trainingsertrags.

Wenn diese Funktionen nicht von einem Mentoren ausgeführt werden können, stellt sich die Frage, ob sie dann nicht vielleicht der Hochbegabte selbst übernehmen könnte. Natürlich ist er kein Pädagoge und hat keine Trainerausbildung genossen. Trotzdem gibt es viele Hinweise darauf, dass dies möglich ist. Allerdings bedarf es dazu hoher Kompetenzen im selbstregulierten Lernen, die aber in Trainings erlernbar sind (vgl. Stöger/Ziegler 2008; Ziegler/Stöger 2005).

4 Theoretischer Hintergrund von Trainings selbstregulierten Lernens

Trainings selbstregulierten Lernens basieren auf einer dynamischen Konzeption des Lernens, bei der Lernende zielgerichtet ihr Wissen und ihre Kompetenzen in einem Bereich (z.B. Mathematik) erweitern und dabei gleichzeitig ihre Lernkompetenzen verbessern. Lernen wird nicht als eine Sequenz aus

Input → Verarbeitung/Speicherung → Output

aufgefasst, sondern als ein zyklischer Prozess (vgl. Pintrich/Zeidner 2000), bei dem folgende Schritte immer wieder durchlaufen werden (s. Abb. 2, folgende Seite).

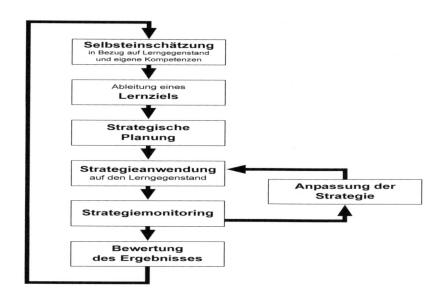

Abb. 2: Der Zyklus selbstregulierten Lernens, in Anlehnung an
Zimmerman, Bonner/Kovach (1996)

Im ersten Schritt kommt es zu einer *Einschätzung der Lernanforderungen, der Besonderheiten des Lerngegenstands und der eigenen Kompetenzen.* Die Schüler setzen dabei vor dem Hintergrund früherer Lernerfahrungen die gegenwärtigen Lern- und Aufgabenanforderungen zu ihrem derzeitigen Kenntnis- und Kompetenzniveau in Beziehung.

Auf der Basis der Selbsteinschätzung kann im zweiten Schritt des Zyklus die *Ableitung eines Lernziels* erfolgen. In Trainings selbstregulierten Lernens wird beispielsweise die Fähigkeit vermittelt, sich selbstständig funktionale Ziele zu setzen, die sich auf einen überschaubaren Zeitraum erstrecken, spezifisch formuliert sind und eine subjektive Herausforderung darstellen.

Im dritten Schritt des Zyklus wird die *strategische Planung* des Lernprozesses durchgeführt. Die Schüler lernen unter anderem, welche Lernstrategien sie einsetzen können, um das in der zweiten Stufe gesetzte Lernziel zu erreichen.

Im vierten Zyklusschritt wird die strategische Planung praktisch umgesetzt, wobei es zur *Strategieanwendung* kommt. Dies entspricht annäherungsweise dem eigentlichen Lernprozess, wie er in klassischen Lerntheorien thematisiert wird. Allerdings wird Lernen nun viel stärker als bewusst geplantes, strategisches Lernen verstanden.

Im fünften Zyklusschritt, dem *Strategiemonitoring*, wird der eigene Lernprozess systematisch überwacht. Dies ist vor allem dann unerlässlich, wenn eine neue Strategie angewandt wird. So muss insbesondere geprüft werden, ob sie tatsächlich funktioniert.

Falls ein Schüler feststellt, dass er eine Strategie noch nicht optimal anwendet, muss er im sechsten Zyklusschritt eine *Strategieanpassung* vornehmen. In Trainings selbstregulierten Lernens werden die Schüler deshalb durch verschiedene Maßnahmen zu einem kontinuierlichen Strategiemonitoring und permanenten Strategieanpassungen angehalten.

Im letzten, siebten Zyklusschritt erfolgt die *Bewertung des Lernergebnisses*. Es wird überprüft, wie gut das im zweiten Zyklusschritt gesetzte Lernziel mit Hilfe des lernstrategischen Vorgehens erreicht wurde. Die Ergebnisbewertung dient als Basis der Selbsteinschätzung (Stufe 1 des Zyklus), wenn der Zyklus erneut durchlaufen wird.

5 Kann eine Förderung selbstregulierten Lernens eine wirksame pädagogische Maßnahme bei Hochbegabten darstellen?

Der kursorische Literaturüberblick hat gezeigt, dass selbstreguliertes Lernen den Big Four gerecht werden kann. Es ist erstens ein verbesserungsorientiertes Lernen, bei dem sich die selbstreguliert Lernenden eigene Lernziele setzen, die individuell auf ihren Lernstand und ihr Lernvermögen abgestimmt sind. Feedback erhalten sie während des Lernens in zweierlei Form: erstens in den Zyklusschritten 5 und 7 hinsichtlich ihres Lernens, zweitens im Zyklusschritt 7 hinsichtlich des Lernergebnisses. Die größte Schwierigkeit wird allerdings die Auswahl der Übungsaufgaben mit minimaler Transferleistung bilden. Hier sehen wir vor allem die Einsatzfelder von Mentoren, Coaches, Trainern, Lehrkräften oder auch engagierten Eltern. Im Gegensatz zu dem oben geschilderten immens aufwändigen Mentoring handelt es sich dabei allerdings um eine zeitlich überschaubare Aktivität, da die eigentliche Aufsicht beim Lernen immer stärker von den Lernenden selbst übernommen werden kann. Ist diese Einschätzung zu optimistisch?

Obwohl selbstreguliertes Lernen erst seit etwa zwei Jahrzehnten intensiv erforscht wird, gehört es mittlerweile zu den am besten untersuchten Lernformen. Die wichtigsten Forschungsbefunde lassen sich bündig zusammenfassen (vgl. Pintrich/Zeidner 2000; Stoeger/Ziegler 2005a):

- Trainings selbstregulierten Lernens sind bezüglich Wissens- und Leistungszuwächsen sehr effektiv.
- Selbstreguliertes Lernen hat zudem einige hoch erwünschte positive

Nebeneffekte wie beispielsweise eine gesteigerte Motivation, höhere Selbstwirksamkeitsüberzeugungen, bessere Metakognitionen und eine reduzierte Prüfungsangst.
- Ein Training selbstregulierten Lernens sollte recht früh einsetzen, am besten ab etwa der dritten oder vierten Jahrgangsstufe.

Einschränkend muss jedoch hinzugefügt werden, dass es derzeit außer unseren eigenen Studien weltweit leider kaum Trainingsstudien selbstregulierten Lernens Hochbegabter gibt und unsere Ergebnisse sich noch ausschließlich auf die von uns selbst entwickelten Trainings stützen (vgl. Ziegler/Stoeger 2005a; Stoeger/Ziegler 2007, 2009). Doch vor dem Hintergrund der eigenen erfolgreichen Trainingsstudien mit hochbegabten Schülern und den weltweit durchgängig positiven Erfahrungen mit Trainings selbstregulierten Lernens sind wir optimistisch, dass sie auch bei Hochbegabten erfolgreich eingesetzt werden können. Die drei bislang verfolgten Fragestellungen der Evaluationsstudien im Hochbegabtenbereich werden im Folgenden geschildert.

6 Evaluationen

In eigenen Forschungsstudien haben wir gezeigt, dass die Befunde auch auf Hochbegabte übertragbar sind und Trainings selbstregulierten Lernens mit ihnen erfolgreich durchgeführt werden können (vgl. z.B. Stoeger/Ziegler 2005a,b, 2008; Ziegler/Stoeger 2007b). Im Folgenden werden drei Evaluationsansätze geschildert. Zunächst wird gezeigt, wie in unserer Landesweiten Beratungs- und Forschungsstelle für Hochbegabung (LBFH) an der Universität Ulm die geschilderte Konzeption im Rahmen einer Individualförderung pädagogisch umgesetzt wird. Anschließend werden zwei im regulären Klassenunterricht durchgeführte Studien beschrieben. In der ersten Studie geht es um die Frage, ob alle Schüler gleichermaßen von einem Training selbstregulierten Lernens profitieren, das von der Lehrkraft geleitet wird. Implizit zielt die Studie damit auch auf das Problem, ob diese Art der Förderung Hochbegabter auf Kosten der übrigen Schüler geht (vgl. Ziegler 2008). In einer weiteren Studie wird erfasst, ob das im Klassenrahmen durchgeführte Training selbstregulierten Lernens ebenfalls geeignet ist, Underachiever zu fördern.
An der Landesweiten Beratungs- und Forschungsstelle für Hochbegabung (LBFH) wird selbstreguliertes Lernen im Rahmen eines Mentoring gefördert (für Details der Evaluation vgl. Grassinger 2009). Im ersten Schritt der Beratung wird die Fähigkeit zum selbstregulierten Lernen auf jeder Zyklusstufe untersucht. Dabei werden drei Lerntypen unterschieden:
Selbstreguliert Lernende weisen im Vergleich zu Gleichaltrigen bereits ein sehr reifes Lernverhalten auf. Sie schätzen ihren eigenen Lernstand, ihre Stärken und Schwächen im Lernen besser ein, setzen sich adäquatere Lernziele und verfügen über ein breiteres Repertoire an Lernstrategien, aus dem

sie in der Regel eine passende auswählen. Falls die Lernstrategie wider Erwarten doch nicht zum Ziel führt, geben sie nicht sofort auf, sondern versuchen, ihr Lernen anzupassen. Schließlich setzen sie den Lernertrag mit der Güte ihres Lernens in Verbindung. Dieses Fähigkeitsbündel versetzt sie in die Lage, vielfältige Entscheidungen bezüglich des eigenen Lernens selbstständig zu treffen. Falls solche Schüler motiviert sind, können sie außergewöhnliche Leistungsergebnisse erzielen.

External Lernende ergreifen kaum die Initiative beim Lernen. Sie orientieren sich genau an den Instruktionen und verlassen sich – sofern sie diese erhalten – auf die Unterstützung von Bezugspersonen. Wenn sie lernen, sind sie sehr unsicher, ob sie es richtig machen. Diese Unsicherheit erstreckt sich über alle Facetten des Lernprozesses. Tatsächlich weist ihr Lernverhalten sehr viele Defizite auf.

Unreflektiert-impulsiv Lernende gehen sprunghaft, wenig geplant und unsystematisch vor. Kurzen motivierten Phasen, in denen sie durchaus beträchtliche Lernzeiten anhäufen können, folgen oft längere Phasen der Lustlosigkeit. Dies liegt auch daran, dass es ihnen an der Kompetenz mangelt, richtig zu lernen. Aufgrund ihres unreflektiert-impulsiven Lernstils schaffen sie es normalerweise nicht ohne fachkundige Unterstützung, ihr Lernverhalten substantiell zu verbessern.

Anhand eines Fragebogens wird entlang der Zyklusstufen selbstregulierten Lernens ein individuelles Profil erstellt. Dabei werden so genannte horizontale Verschiebungen einkalkuliert. Konkret heißt das beispielsweise, dass ein Beratungssuchender auf einigen Zyklusstufen bereits selbstreguliert, auf anderen dagegen external oder unreflektiert-impulsiv lernt. In Abb. 3 (s. folgende Seite) ist zur Veranschaulichung ein ausgefüllter Profilbogen wiedergegeben.

| Lernprofil von Andrea Muster | | | | | | Testdatum: 12-03-2009 |

Facette selbstregu-lierten Lernens	Ausprägung der Selbstregulation					Charakterisierung
	0	1	2	3	4	
Fähigkeit zur Einschätzung des eigenen Lernstands					▨	Selbstreguliert
Fähigkeit, adäquate Lernziele zu setzen				▨		Überwiegend selbstreguliert
Wahl einer geeigneten Lernstrategie			▨			Mischtyp selbstreguliert /external reguliert
Anwendungsgüte der Lernstrategie			▨			Mischtyp selbstreguliert /external reguliert
Fähigkeit zur Feststellung des eigenen Lernfortschritts				▨		Überwiegend selbstreguliert
Fähigkeit zur Anpassung des eigenen Lernens		▨				Überwiegend external reguliert
Überprüfung und Feststellung des Lernergebnisses	▨					External reguliert

Abb. 3: Ausgefüllter Profilbogen selbstregulierten Lernens

Das Lernprofil ist im zweiten Schritt Ausgangspunkt eines individuell zugeschnittenen und in der Regel von einem Mentoren geleiteten Trainings. Der Vorzug wird dabei stets domänenspezifischen Kompetenzen gegeben. So wird mit einer mathematisch begabten Schülerin selbstreguliertes Lernen im Bereich der Mathematik eingeübt, das heißt, es werden beispielsweise mathematiktypische Lernstrategien erworben. Das Training selbst besteht im Kern aus der geleiteten Einübung der Zyklusstufen anhand domänenspezifischer Aufgaben. Die Wirksamkeitskontrolle erfolgte auf der Basis des ENTER-Modells (vgl. Ziegler/Stoeger 2004, 2008) beziehungsweise von ENTER-Triple L (vgl. Grassinger 2009). Insgesamt erweist sich eine individuelle Unterweisung als sehr erfolgreich. Wichtigste Wirkungen sind dabei eine Verbesserung selbstregulierten Lernens sowie substantielle Leistungszuwächse und eine deutliche Motivationssteigerung.

Neben der individualistischen Betrachtung wurde das Training selbstregulierten Lernens wie erwähnt auch im regulären Schulunterricht überprüft. Im Zentrum der Studie von Stoeger und Ziegler (2006) stand die Frage, ob es bei Schülern mit unterschiedlichen kognitiven Fähigkeiten in gleicher Weise wirksam ist. An dieser Untersuchung nahmen insgesamt 201 Schüler der vierten Jahrgangsstufe aus sechzehn Grundschulklassen teil. Sie wurden zufällig einer Trainings- oder Kontrollgruppe zugeteilt. Vor dem Training bearbeiteten alle Schüler einen kognitiven Fähigkeitstest, aufgrund dessen sie für die Auswertungen in vier Begabungsgruppen eingeteilt wurden. In einem Prä-Posttest-Design zeigten sich unter anderem positive Trainingswirkungen auf das Hausaufgabenverhalten (Vermeidung von Ablenkung, Organisation bei den Hausaufgaben etc.), das Selbstwirksamkeitserleben, die Metakognition, verschiedene motivationale Variablen sowie schulische Leistungen. Die Befürchtung, dass eine der vier Begabungsgruppen benachteiligt würde, bestätigte sich nicht. Das Training selbstregulierten Lernens scheint also eine ausgezeichnete Möglichkeit zu sein, alle Schüler einer Klasse, ungeachtet ihres Begabungsniveaus, gleichermaßen zu fördern.

In einer weiteren Evaluationsstudie (vgl. Stoeger/Ziegler 2005a) wurde geprüft, ob hochbegabte Minderleister (Underachiever) von einem Training selbstregulierten Lernens profitieren. Dies wäre durchaus plausibel, da das Training auf *mehrere* zentrale Ursachen von Underachievement (z.B. mangelnde Motivation, ungünstiges Lernverhalten, ungünstiges Selbstkonzept eigener Fähigkeiten) zielt. Insgesamt nahmen 36 hochbegabte Underachiever an der Untersuchung teil, die in einer Stichprobe von ca. 1 200 Schülern identifiziert wurden. Sie wurden zufällig einer Trainings- oder einer Kontrollgruppe zugeteilt. Zielsetzung des Trainings waren Verbesserungen strategischen Lernens und der Selbstregulation. Hinsichtlich dieser Faktoren konnten jeweils sehr deutliche Trainingszuwächse erzielt werden. Zwei weitere, eher indirekte Trainingsziele konnten ebenfalls erreicht werden. Sowohl eine Steigerung des Selbstwirksamkeits- als auch eine Reduzierung des persönlichen Hilflosigkeitserlebens angesichts von Leistungsanforderungen waren zu verzeichnen. Schließlich konnte mit dem Training auch die Motivation der Schüler, eine weitere von vielen Forschern als zentral erachtete Ursache von Underachievement, sowie die Leistungen verbessert werden. Insgesamt erlaubt Evaluationsstudie 4 jedoch, ebenso wie die Evaluationsstudien 1 bis 3, ein optimistisches Resümee der Trainingseffekte.

7 Schlussbemerkung

Das Bild des mühelos lernenden Hochbegabten, dem alles zufliegt, wenn man ihm nur eine anregende Lernumwelt zur Verfügung stellt, ist schon lange obsolet. Erstens sind die zum Erreichen von Leistungsexzellenz notwendigen Lernprozesse sehr viel langwieriger, als man sich das vorstellte. Zweitens ist die Qualität der Lernprozesse von entscheidender Bedeutung. Diese ist bei den Begabten keineswegs automatisch höher. Im Gegenteil, sie müssen effektives Lernen genauso lernen wie alle anderen Schüler. Dies gilt selbst für den Fall, dass sie unter enger Anleitung lernen. Drittens ist es nicht nur wichtig, den einzelnen Lernprozess effektiv zu gestalten, sondern eine sinnvolle Sequenz von Lernepisoden zu entwerfen. Dies wird unter anderem durch effektive Zielsetzungen, informatives sowie konstruktives Feedback und wohl geplante Phasen der Einübung gewährleistet. Hier kann ein Lehrer, Mentor, Trainer etc. zwar wertvolle Hilfestellungen anbieten. Da aber nicht jedem Begabten ein Vollzeitmentor zur Seite gestellt werden kann, muss ein (substantieller) Teil vom Begabten selbst übernommen werden.

Wie schon erwähnt, nutzt die Begabungsförderung in Deutschland seit 100 Jahren fast unverändert die gleichen Methoden. Man kann zwar nicht erwarten, dass sich eine Professionalisierung des Lernens Begabter in kürzester Zeit bewerkstelligen ließe, zumindest ist jedoch ein sanfter Umbau möglich. So wäre es durchaus vorstellbar, eine Förderung selbstregulierten Lernens mit den traditionellen Fördermethoden zu kombinieren. In der Tat lässt sich sogar erwarten, dass diese wesentlich an Effektivität hinzugewinnen könnten. Beispielsweise müssen Schüler, die eine Klasse überspringen, den versäumten Lernstoff selbstständig nachlernen. Eine Förderung ihrer Fähigkeiten selbstregulierten Lernens könnte dies wirkungsvoll unterstützen. Gleichermaßen können Enrichments oder Pull-Outs mit Trainings selbstregulierten Lernens kombiniert werden, was die Aneignung der jeweils bei diesen Maßnahmen konkret angestrebten Lerninhalte (z.B. Astronomie in einer AG) erleichtern würde.

Literatur

Aurin, K. (Hrsg.) (1990): Gute Schulen – worauf beruht ihre Wirksamkeit. Bad Heilbrunn

Baumert, J./Artelt, C./Klieme, E./Stanat, P. (2001): PISA – Programme for International Student Assessment. Zielsetzung, theoretische Konzeption und Entwicklung von Messverfahren. In: Weinert, F. E. (Hrsg.): Leistungsmessungen in Schulen. Weinheim, S. 285–310

Baumert, J./Lehmann, R./Lehrke, M./Schmitz, B./Clausen, M./Hosenfeld, I./Köller, O./ Neubrand, J. (1997): TIMMS – Mathematisch-naturwissenschaftlicher Unterricht im internationalen Vergleich. Deskriptive Befunde. Opladen

Bloom, B.S. (1984): The 2 sigma problem. The search for methods of group instruction as effective as one-to-one tutoring. In: Educational Researcher, 13, pp. 3–16

Bloom, B. S. (Ed.) (1985a): Developing talent in young people. New York

Bloom, B. S. (1985b): Generalizations about talent development. In: Bloom, B.S. (Ed.), Developing talent in young people. New York, pp. 507–549

Bracken, D. W./Timmereck, C. W./Church, A. H. (2001): The handbook of multisource feedback. San Francisco

Charness, N./Tuffiash, M./Krampe, R./Reingold, E./Vasyukova, E. (2005): The role of deliberate practice in chess expertise. In: Applied Cognitive Psychology, 19, pp. 151–165

Degendorfer, W./Reisch, R./Schwarz, G. (2000): Qualitätsmanagement und Schulentwicklung. Wien

Ericsson, K. A./Charness, N./Feltovich, P./Hoffman, R. R. (Eds.) (2006): Cambridge handbook on expertise and expert performance. Cambridge

Ericsson, K. A./Krampe, R. T./Tesch-Römer, C. (1993): The role of deliberate practice in the acquisition of expert performance. In: Psychological Review, 100, pp. 363–406

Ericsson, K. A./Lehmann, A. C. (1996): Expert and exceptional performance: Evidence on maximal adaptations on task constraints. In: Annual Review of Psychology, 47, pp. 273–305

Ericsson, K. A./Nandagopal, K./Roring, R. W. (2009): An expert-performance approach to the study of giftedness. In: Shavinina, L. (Ed.): Handbook on giftedness. New York (in press)

Fend, H. (2000): Qualität und Qualitätssicherung im Bildungswesen. In: Helmke, A. /Hornstein, W. /Terhart, E. (Hrsg.): Qualität und Qualitätssicherung im Bildungsbereich: Schule, Sozialpädagogik, Hochschule. Beiheft der Zeitschrift für Pädagogik, 41, Weinheim , S. 55–72

Gobet, F. /Campitelli, G. (2007): The role of domain-specific practice, handedness and starting age in chess. In: Developmental Psychology, 43, pp. 159–172

Gobet. F./Chassy, P. (2008): Season of birth and chess expertise. In: Journal of Biosocial Science, 40, pp. 313–316

Grassinger, R. (2009): Beratung hochbegabter Kinder und Jugendlicher. Reihe Talentförderung-Expertiseentwicklung-Leistungsexzellenz, Bd.IV, Münster

Hock, M. F./Schumaker, J. B./Deshler, D. D. (1995): Training strategic tutors to enhance learner independence. In: Journal of Developmental Education, 19, pp. 18–26

Hodges, N. J./Starkes, J. L./MacMahon, C. (2006) : Expert performance in sport: A cognitive perspective. In: Ericsson, K. A./Charness, P. J./Feltovich, P. J./Hoffmann, R. R. (Eds.): Handbook on expertise and expert performance. Cambridge, pp. 471–488

Lipsey, M. W./Wilson, D. B. (1993): The efficacy of psychological, educational, and behavioral treatment: Confirmation from meta-analysis. In: American Psychologist, 48, pp. 1181–1209

McArthur, D./Stasz, S./Zmuidzinas, M. (1990): Tutoring techniques in algebra. In: Cognition and Instruction, 7, pp. 197–244

Merrill, D. C./Reiser, B. J./Merrill, S. K./Landes, S. (1995): Tutoring: Guides learning by doing. In: Cognition and Instruction, 13, pp. 315–372

Nicol, D. J./MacFarlane-Dick, D. (2006): Formative assessment and self-regulated learning: A model and seven principles of good feedback practice. In: Studies in Higher Education, 31, pp. 199–218

Pädagogische Hochschule Heidelberg, Institut für Weiterbildung (Hrsg.) (2006): Evaluation von Schule und Unterricht. Perspektiven zur pädagogischen Professionalisierung [Themenheft], 72

Phillipson, S. N./McCann, M. (Eds.) (2007): What does it mean to be gifted? Socio-cultural perspectices. Hillsdale, NJ

Pintrich, P. R./Zeidner, M. (Eds.) (2000): Handbook of Self-Regulation. San Diego

Reigeluth, C. M./Carr-Chellman, A. (Eds.) (2009): Instructional-Design Theories and Models, Volume III: Building a Common Knowledge Base. New York

Slavin, R. E./Karweit, N. L./Madden, N. A. (1989): Effective programs for students at risk. Boston

Smith, P. /Ragan, T. (1999): Instructional design, 2. Aufl., New York

Sosniak, L. A. (2006): Retrospective interviews in the study of expertise and expert performance. In: Ericsson, K. A./Charness, N./Feltovich, P. J./Hoffmann, R. R. (Eds.): The Cambridge Handbook on expertise and expert performance. Cambridge, pp. 287–301

Stoeger, H./Ziegler, A. (2005a): Evaluation of an elementary classroom self-regulated learning program for gifted math underachievers. In: International Education Journal, 6, pp. 261–271

Stoeger, H./Ziegler, A. (2005b): Individual promotion of gifted students in the classroom through self-regulated learning: Results of a training study on homework behavior. In: Gifted and Talented International, 20 (2), pp. 7–19

Stoeger, H./Ziegler, A. (2006): On the influence of motivational orientations on a training to enhance self-regulated learning skills. In: Education Sciences and Psychology, 9, pp. 13–27

Stöger, H./Ziegler, A. (2007): Trainingsprogramm zur Verbesserung lernökologischer Strategien im schulischen und häuslichen Lernkontext. In: Schmitz, B./Landmann, M. (Hrsg.): Selbstregulation erfolgreich fördern. Praxisnahe Trainingsprogramme für effektives Lernen. Berlin, S. 89–111

Stoeger, H. /Ziegler, A. (2008): Evaluation of a classroom based training to improve selfregulation in time management tasks during homework activities with fourth graders. In: Metacognition and Learning, 3, S. 207–230

Stöger, H./Ziegler, A. (2009): Trainingshandbuch selbstreguliertes Lernen II: Grundlegende Textverständnisstrategien für Schüler der 4. bis 8. Jahrgangsstufe. Lengerich

Van Merriënboer, J. J. G. /Kirschner, P. A. (2007): Ten steps to complex learning. Mahwah, NJ

Walberg, H.J. (1984): Improving productivity of America's schools. In: Educational Leadership, 41, pp. 19–27

Ward, P./Dodges, N. J./Williams, A. M./Starkes, J. L. (2009): The road to excellence in soccer: A developmental look at deliberate practice. In: High Ability Studies (in press).

Ziegler, A. (2005): The Actiotope Model of Giftedness. In: Sternberg, R. J./Davidson, J. E. (Eds.): Conceptions of giftedness. New York , pp. 411–436

Ziegler, A. (2007): Förderung von Leistungsexzellenz. In: Heller, K. A./Ziegler, A. (Hrsg.): Begabt sein in Deutschland. Münster, S. 113–138

Ziegler, A. (2008): Hochbegabung. München

Ziegler, A. (2009a): Ganzheitliche Förderung" umfasst mehr als nur die Person: Aktiotop- und Soziotopförderung. In: Heilpädagogik Online, 8, S. 5–34

Ziegler, A. (2009b): Mentoring: Konzeptuelle Grundlagen und Wirksamkeitsanalyse. In: Stöger, H./Ziegler, A./Schimke, D. (Hrsg.): Mentoring: Theoretische Hintergründe, empirische Befunde und praktische Anwendungen. Lengerich (im Druck)

Ziegler, A./Stoeger, H. (2004): Identification based on ENTER within the conceptual frame of the Actiotope Model of Giftedness. In: Psychology Science, 46, pp. 324–342

Ziegler, A. /Stöger, H.. (2005): Trainingshandbuch selbstreguliertes Lernen I: Lernökologische Strategien für Schüler der 4. Jahrgangsstufe zur Verbesserung mathematischer Kompetenzen. Lengerich

Ziegler, A./Stoeger, H. (2007a): The Germanic view of giftedness. In: Phillipson N. S./ McCann, M. (Eds.): Conceptions of giftedness: Socio-cultural perspectives. Amsterdam, pp. 65–98

Ziegler, A./Stoeger, H. (2007b): The Role of Counseling in the Development of Gifted Students' Actiotopes: Theoretical background and exemplary application of the 11-SCC. In: Mendaglio, S./Peterson, J. S. (Eds.): Models of Counseling Gifted Children, Adolescents, and Young Adults). Austin , TX, pp. 253–283

Ziegler, A./Stoeger, H. (2008) (Eds.): High Ability Assessment [Special Issue]. Psychology Science Quarterly, 50

Zimmerman, B. J./Bonner, S./Kovach, R. (1996): Developing self-regulated learners: Beyond achievement to self-efficacy. Washington, DC

Zimmerman, B. J./Schunk, D. H. (2001): Self-regulated learning and academic achievement: theoretical perspectives. Hillsdale, NJ

Kurt A. Heller

Lernzuwachs als kumulatives Prinzip und einige Implikationen für die schulische Begabtenförderung

„Nichts ist ungerechter als die gleiche Behandlung Ungleicher" (so das bekannte Statement des nordamerikanischen Psychologen Paul F. Brandwein). Ähnlich äußerte sich kürzlich der Yale-Professor Dr. James Comer mit Blick auf die US-Erfahrungen mit dem Gesamtschulsystem: „While desegregation was good social policy, it was not good educational policy. The implementation was flawed and fragmented and ignored what children need to be sucessful" (Septemberheft 2004 von APA-Monitor on Psychology, Vol. 35, No. 8, 67). Die Debatte um den „richtigen" Umgang mit Heterogenität im Bildungswesen sollte damit eigentlich beendet sein. Tatsächlich existieren aber immer noch zahlreiche Mythen und Irrtümer über den Zusammenhang von Begabungs- bzw. Leistungsgruppierungen und Schulerfolg (vgl. Heller 2004). Darauf wird noch detaillierter eingegangen.

Das Thema „Chancengerechtigkeit" im Bildungsgang wird in der öffentlichen Diskussion oft mit der *Forderung nach gleichen Lernangeboten für alle* verknüpft. Die daraus resultierende, pädagogisch durchaus verständliche Hoffnung auf eine Optimierung individueller Bildungschancen hat sich in der Empirie (leider) nicht bestätigen lassen. Vielmehr erfordert die Sicherung bzw. Maximierung von Bildungschancen angesichts unübersehbarer individueller Begabungsunterschiede eine Nuancierung des Gleichheitsbegriffs.

So bedeutet einerseits Gleichheit im Sinne des Art. 3 GG, dass prinzipiell allen Kindern und Jugendlichen individuell optimale Bildungs- und somit Entwicklungschancen ermöglicht werden müssen. Während dieses Postulat für Kinder und Jugendliche mit sonderpädagogischem Förderbedarf heutzutage – zu Recht – unbestritten ist, ist es für Hochbegabte noch keineswegs eine selbstverständliche Handlungsmaxime. Andererseits impliziert die Sozialstaatsklausel des Grundgesetzes (Art. 20 Abs. 1, in Verbindung mit Art. 2 Abs. 1 und Art. 3) eine dynamische Komponente des Gleichheitsbegriffs, die die unterschiedliche Situation jedes Einzelnen einbezieht.

Daraus folgt, dass die aus unterschiedlichen Begabungs- und Leistungsvoraussetzungen erwachsenden individuellen Lernbedürfnisse schulisch angemessen zu berücksichtigen sind. Eine Optimierung individueller Entwicklungschancen erfordert also ausreichende Differenzierungsmaßnahmen.

1 Begabung und Schulerfolg

Schulische Lernleistungen sind zunächst von kognitiven Fähigkeitspotentialen einschließlich fachspezifischer Vorkenntnisse der Schüler abhängig. Diese sind erfahrungsgemäß in einer Lerngruppe unterschiedlich verteilt. Genetisch bedingte Begabungsunterschiede begründen auch die empirisch sehr gut belegte psychologische *Hypothese der interindividuellen Differenzen* sowie zahlreiche *Alltagserfahrungen*, wie sie etwa in dem Bonmot der Rheinländer „Jede Jeck is(t) anders" treffend zum Ausdruck kommen. Die Verschiedenheit der Menschen widerspricht nicht der Statusgleichheit vor dem Gesetz (vgl. Kirchhof 1996). Im Fokus der folgenden Ausführungen soll jedoch die Relevanz der Differenzhypothese im Hinblick auf die vielberufene Chancengerechtigkeit im Bildungswesen stehen und damit korrelierte lern- und schulleistungsbezogene Voraussetzungen untersucht werden.

Lernleistungen resultieren nicht nur aus (unterschiedlichen) Fähigkeitsvoraussetzungen, sondern auch aus nicht-kognitiven Persönlichkeitsmerkmalen wie (unterschiedlichen) Interessen, leistungsrelevanten Emotionen, Lernmotiven oder Anstrengungsbereitschaft usw. Ein vollständiges Bedingungsmodell schulischer Lernleistungen muss darüber hinaus noch soziale Lernumweltbedingungen berücksichtigen, insbesondere familiäre, schulische und Peergroup-Sozialisationsfaktoren (s. Abb. 1, folgende Seite).

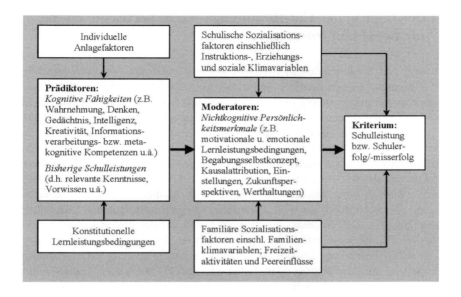

Abb. 1: Allgemeines Bedingungsmodell der Schulleistung bzw. des Schulerfolgs
(n. Heller 2000, 220)

In der Schulerfolgsprognose dienen die kognitiven Variablenausprägungen als sog. *Prädiktoren* und die nichtkognitiven sowie sozialen Lernleistungsbedingungen als sog. *Moderatoren*. Moderatorvariablen unterstreichen die Bedeutung nichtkognitiver Persönlichkeitsmerkmale und sozialer Einflussfaktoren für die Erklärung schulischer Lernleistungen. Die theoretische Annahme, dass der Zusammenhang von kognitiven Fähigkeiten bzw. Kompetenzen (Prädiktorvariablen) und Schulleistungen (Kriteriumsvariablen) durch unterschiedliche Moderatorausprägungen moderiert, d.h. variiert wird, konnte in vielen Studien (zum Überblick vgl. Heller 1997 oder Köller/Baumert 2008) bestätigt werden und dürfte jedem schulpädagogischen Praktiker ohne weiteres plausibel erscheinen. Schulleistungen sind somit stets multikausale Interaktionsprodukte. Nach den Metaanalyse-Befunden von Wang, Haertel und Walberg (1993) kommt dabei *proximalen* Merkmalen – in unserem Bedingungsmodell (s. Abb. 1) den Prädiktor- und Moderatorvariablen – ein größerer Einfluss zu als *distalen* Merkmalen wie sozioökonomischem Familienstatus oder schulorganisatorischen Rahmenbedingungen.

2 Der Beitrag der Hochbegabungs- vs. Expertiseforschung zur Begabtenförderung

Lange Zeit konkurrierten in der (Hoch-)Begabungsforschung zwei konträre Paradigmen, die aus heutiger Sicht eher als sich ergänzende Ansätze (etwa bei sogenannten *synthetic approaches*) betrachtet werden. Beispielhaft dafür sei die neueste Version des Münchner Begabungsmodells, das MDAAM (Munich Dynamic Ability-Achievement Model), wiedergegeben (s. Abb. 2, folgende Seite). Während der *Begabungs*begriff, etwa im Kontext der Begabtenförderung, auf das individuelle *Fähigkeitspotential* für Leistungsexzellenz fokussiert ist, bezieht sich der *Expertise*begriff vor allem auf den Kompetenzerwerb in einer bestimmten Domäne (z.B. Mathematik, Musik, Schachspiel). Entsprechend ist die „klassische" Begabungsforschung prospektiv angelegt, d.h. ihr Hauptaugenmerk richtet sich auf die Identifikation individueller Fähigkeitspotentiale bzw. die Prognose der Begabungsentwicklung und deren Förderung. Im Gegensatz dazu vergleicht die Expertiseforschung Experten mit Anfängern oder Laien (Experten-Novizen-Paradigma), um retrospektiv die Bedingungen der Entwicklung von Expertise bzw. Leistungsexzellenz zu erfassen. Im Fokus der Begabungsforschung interessiert somit die Frage „Wohin gehen die Begabten?", während die Expertiseforschung primär mit der Fragestellung „Woher kommen die Experten?" beschäftigt ist (vgl. Gruber/Ziegler 1996, 7f.; Ziegler/Perleth 1997, 8ff.).

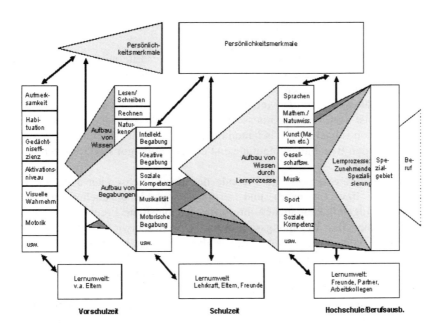

Abb. 2: Das Münchner Dynamische Begabungs-Leistungs-Modell MDAAM
(n. Perleth 2001, 367)

Entwicklungsprozesse werden in Abb. 2 durch Dreiecke symbolisiert. Ausgangspunkt sowie Rahmenbedingungen der individuellen Begabungsentwicklung sind angeborene Merkmale der Informationsverarbeitung (s. linke Spalte). Bereits im Vorschulalter werden entscheidende Weichen für die Begabungsentwicklung gestellt, wobei der Elterneinfluss besonders bedeutsam ist. Die Aktivitäten der Kinder sind von Anfang an als Interaktionsprozesse in Abhängigkeit von individuellen Anlagefaktoren und sozialen Anregungsbedingungen zu verstehen. Individuelle Begabungsschwerpunkte sind somit Interaktionsprodukte.

In diesem frühen Lebensabschnitt werden also die Grundlagen für die gesamte Persönlichkeitsentwicklung gelegt (s. helles Dreieck in der Abb. links oben). Vielfältige Beschäftigungen der Kinder bewirken – zusammen mit Durchhaltevermögen und motivationalen sowie leistungsemotionalen (nichtkognitiven) Persönlichkeitsmerkmalen – den Aufbau von Fertigkeiten und Wissen bzw. elementaren Kenntnissen im Zählen und (vor allem in den ersten Grundschuljahren) in Lesen/Schreiben sowie Mathematik und Grundlagen der Naturlehre (s. dunkles Dreieck links im Bild). Die Begabungsentwicklung wird bereits hier durch eine gute Passung von Anlagefaktoren und

Umweltanregungen befördert (ausführlicher vgl. Abschnitt 4 in diesem Kapitel).

Im Grundschulalter schwindet dann zunehmend der Elterneinfluss zugunsten der schulischen Sozialisationseinflüsse. Der zielgerichtete Aufbau von Wissen und Fachkompetenzen (s. helles Dreieck in der Mitte von Abb. 2) wird dann grundlegend für die weitere Begabungs- und Leistungsentwicklung. Begabung ist zum einen Voraussetzung für den Wissenserwerb (begabtere Kinder lernen schneller und behalten neue Informationen nachhaltiger). Zum andern werden Begabungspotentiale erst auf der Folie gut strukturierten Wissens fruchtbar.

Im Jugendalter gewinnen die Freunde der Heranwachsenden auch auf die Begabungs- bzw. Interessen- und Leistungsentwicklung zunehmenden Einfluss. Die Jugendlichen suchen ihrerseits gleichgesinnte Freunde, mit denen sie zusammen ihre Begabungsschwerpunkte weiterentwickeln. Hier werden vor allem selbstinitiierte, interessengeleitete Freizeitaktivitäten bedeutsam. Zentrale Aufgabe im Erwachsenenalter ist die berufliche Spezialisierung (s. helles Dreieck rechts in Abb. 2). Diese gelingt umso besser und schneller, je günstiger die Begabungskonstellation im Hinblick auf das jeweilige Fachgebiet ausgebildet ist und je solider die in der Schulzeit erworbenen Fertigkeiten, Kenntnisse und Wissensbestände gegründet sind. Bei manchen Personen setzt diese Spezialisierung allerdings schon in der Schul- oder gar Vorschulzeit ein, was durch die langen (mittel- und dunkelgrauen) Dreiecke symbolisiert wird, die von diesen Lebensabschnitten zur Spezialisierung reichen. Dies sind zum Beispiel Schachspieler, Musiker oder Sportler, die schon früh mit Training und Übungen beginnen müssen, um bereits im Alter von 15 bis 25 Jahren Spitzenleistungen erzielen zu können (ausführlicher vgl. Perleth 2001; Heller/Perleth/Lim 2005; Heller/Perleth 2007b).

Aus der Modelldarstellung (MDAAM) wird ersichtlich, dass mit zunehmendem Expertisierungsgrad aktive Lern- und Übungsprozesse den Erwerb von Kompetenzen bzw. Leistungsexzellenz (in unterschiedlichen Domänen) maßgeblich fördern bzw. überhaupt erst ermöglichen. Dies bedeutet, dass nichtkognitive Persönlichkeitsmerkmale wie Interessen oder Motivationen, Arbeitsqualität („deliberate practice") und andere Moderatorausprägungen (s. Abb. 1, S. 101) ihr relatives Einflussgewicht gegenüber Begabungspotentialen mit fortschreitender Expertisierung erhöhen. Ob allerdings ausschließlich die aktive Übungszeit, wie im „deliberate-practice" Konstrukt von Ericsson, Krampe und Tesch-Römer (1993) unterstellt, bzw. die „Zehn-Jahres-Regel" der Expertiseforschung für außergewöhnliche Leistungen verantwortlich zu machen sind, muss bezweifelt werden. Jedenfalls fehlt bislang der überzeugende empirische Nachweis, dass Kinder und Jugendliche in zufällig ausgewählten Domänen – unabhängig von individuellen Begabungsvoraussetzungen – den gleichen Expertisegrad zu erreichen imstande sind wie Hochbegabte (ausführlicher vgl. Gardner 1995). Sternberg nimmt dazu wie folgt Stellung:

> „The truth is that deliberate practice is only part of the picture. No matter how hard psychologists work, they will not attain the eminence of a Herbert Simon. Most physicists will not become Einstein. And most composers will wonder why they can never be Mozart. We will be doing future generations no favor if we lead them to believe that, like John Watson, they can make children into whatever they want those children to be. The age of behaviorism has passed. Let us move beyond, not back to it." (Sternberg 1996, 352f.)

Mit der Formulierung von Schwellenhypothesen, z.B. von Bloom (1985) oder Schneider (1992, 1993), versuchte man, die dem Expertiseparadigma inhärenten Annahmen zu „retten", ohne die in der Hochbegabungsforschung bestätigte Bedeutung individueller Fähigkeitspotentiale als Voraussetzung von Leistungsexzellenz negieren zu müssen. Unabhängig davon bleibt es das Verdienst der Experteforscher, wichtige Aufschlüsse darüber zutage gefördert zu haben, *wie* individuelle Ressourcen optimal für die Leistungsförderung auf hohem bzw. höchstem Niveau genutzt werden können. Darüber hinaus sind diese Erkenntnisse für die gesamte Persönlichkeitsentwicklung Jugendlicher bedeutsam, zumal darin ein Hauptanliegen der Begabtenförderung aus pädagogischer Sicht begründet ist.

3 Der sogenannte Matthäus-Effekt und seine Relevanz für Schule und Unterricht

Obwohl die Effektivität schulischer Lernprozesse unbestritten auch von Qualitätsmerkmalen des Unterrichts (zur Übersicht vgl. Helmke 2006) abhängt, soll im Folgenden auf einen zentralen Aspekt individueller Lernprozesse fokussiert werden, der in der Fachliteratur als *Matthäus-Effekt* bezeichnet wird. Dieser von Merton (1968) in Anlehnung an die neutestamentliche Parabel bei Mt 13, 12–13 („Wer hat, dem wird – noch mehr – gegeben") in die Wissenschaft eingeführte Begriff bezeichnet eine uralte Menschheitserfahrung in unterschiedlichen Domänen (z.B. „Die erste Million ist am schwersten zu verdienen" oder „Das zweite Haus bzw. weitere Häuser zu erwerben fällt leichter als das erste"). Dies soll hier am Beispiel „Musikexpertise" illustriert werden.

Im Vergleich zu Amateuren oder „Kinderexperten" weisen Erwachsenenexperten auf sehr hohem Niveau einen enormen Lern- bzw. Übungs- oder Trainingsvorsprung auf. Dies wird in den Abb. 3 und 4 (s. folgende Seite) für den Expertiseaufbau bei Pianisten veranschaulicht.

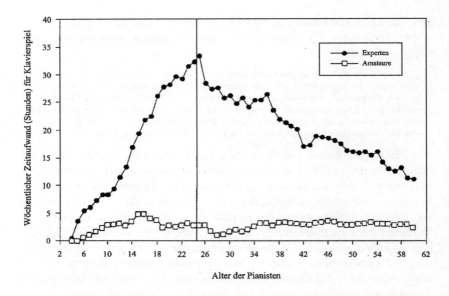

Abb. 3: Wöchentlicher Deliberate Practice-Aufwand (in Stunden) als Funktion des Lebensalters (n. Krampe 1994, 95)

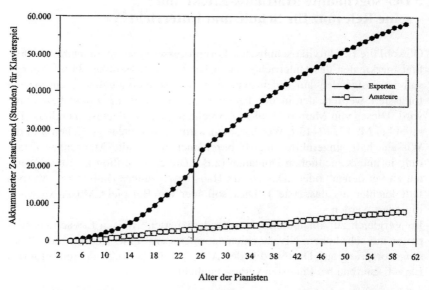

Abb. 4: Akkumulierter Deliberate Practice-Aufwand (in Stunden) als Funktion des Lebensalters (n. Krampe 1994, 96)

In Abb. 3 ist zunächst der wöchentliche Zeitaufwand für Klavierspiel bei Experten vs. Laienspielern oder Amateuren dargestellt, der ab Mitte des dritten Lebensjahrzehnts bei den Experten kontinuierlich abfällt, im Vergleich zu Laienspielern sich aber immer noch auf hohem Niveau bewegt. Diese Altersfunktionskurve der *deliberate practice* erklärt jedoch die Expertenüberlegenheit nur unzulänglich. Augenfälliger wird der *Matthäus-Effekt* in der in Abb. 4 wiedergegebenen *akkumulierten* Zeitaufwandskurve (derselben Pianisten), die bei den Experten einen kontinuierlichen Expertiseanstieg bis ins 60. Lebensjahr aufweist. Bei den Amateuren oder Hobbymusikern ist immerhin noch ein leichter Akkumulierungseffekt zu beobachten.

Übertragen auf den Wissenserwerb in der Schule bedeutet dies, dass Schulleistungen (vor allem im Sekundarstufenalter) mehr und mehr durch *kumulative* – nicht additive – Lernzuwächse gekennzeichnet sind. Da diese an begabungs- und lernabhängige Vorkenntnisse, insbesondere in den sprachlichen sowie mathematisch-naturwissenschaftlichen Fächern, anknüpfen, werden die Chancen „aufzuholen" in undifferenzierten Lerngruppen für Begabungsschwache zunehmend geringer, d.h. auch Vorkenntnisdefizite unterliegen dem Kumulierungseffekt (vgl. Helmke/Weinert 1997). Dies hat weitreichende Konsequenzen. So liegt die Hauptursache für die häufiger beobachtete „Durchlässigkeit nach unten" (z.B. Klassenwiederholung) im Vergleich zur selteneren „Durchlässigkeit nach oben" (z.B. Klassenüberspringen) nicht, wie oft behauptet, im dreigliedrigen Schulsystem, das ja inzwischen zahlreiche formale Übergangs- bzw. Durchlässigkeitsregelungen aufweist; in (leistungsdifferenzierten) Gesamtschulen zeichnen sich analoge Trends ab.

Die plausibelste Erklärung hierfür bietet der Matthäus-Effekt. Solche Kumulierungseffekte treten vor allem in leistungsheterogenen Lerngruppen in Erscheinung, d.h. die leistungsstärkeren Schüler werden immer besser und gleichzeitig die leistungsschwächeren immer schwächer, sofern Vorkenntnisbzw. Wissensdefizite nicht rechtzeitig beseitigt werden. Dem ist jedoch angesichts der interindividuellen Fähigkeits- und Leistungsunterschiede in heterogenen Lerngruppen schulpädagogisch nur mit einem enormen – in der Realität kaum finanzierbaren – personellen und organisatorischen Aufwand wirksam zu begegnen. Zwangsläufig werden dann zumeist das obere und das untere Leistungsviertel oder -drittel einer Lerngruppe, etwa in der Gesamtschule, vernachlässigt. Die fortwährend von Gesamtschuladvokaten aufgewärmte These, wonach in begabungs- und leistungsheterogenen Schulklassen eine Divergenzminderung bei gleichzeitig optimaler Schulleistungsförderung aller möglich sei (eine pädagogisch durchaus verständliche, wenn auch illusionäre Hoffnung), wurde bereits von Treiber und Weinert (1982, 1985) bei Hauptschülern und von Baumert et al. (1986) bei Gymnasiasten widerlegt. Ähnliche Ergebnisse finden sich in neueren Schulstudien, z.B. in den Hamburger LAU-Studien (vgl. Lehmann et al. 1997, 1999, 2002), der PISA-

Studie (vgl. Baumert/Schümer 2002; Köller/Baumert 2008, bes. 742f. u. 749ff.) oder der jüngsten Hessen-Studie LifE von Fend et al. (2009) und der Berliner ELEMENT-Studie von Lehmann und Nikolova (2005a/b) bzw. Lehmann und Lenkeit (2008).

Eine andauernde Überforderung bzw. häufige schulische Misserfolge wirken sich nicht nur auf die kognitive Lern- und Leistungsentwicklung negativ aus. Sie beeinträchtigen auch in zunehmendem Maße das schulische Selbstvertrauen und die Anstrengungsbereitschaft (vgl. Marsh et al. 2000; Köller 2004). Wenn dieser Teufelskreis nicht rechtzeitig gestoppt wird, verstärkt dies zusätzlich noch die Kumulierung von Wissensdefiziten und gefährdet schließlich den Klassenerhalt. Wie die PISA-E-Studie gezeigt hat, liegen die Durchlässigkeitsquoten zwischen den Bundesländern weit auseinander und stehen entgegen häufig geäußerter Vermutungen in keinem direkten Zusammenhang mit dem jeweils favorisierten Gesamt- vs. gegliederten Schulsystem. „In Niedersachsen und Baden-Württemberg sind ‚nur' 11 bzw. 12 Prozent der Schüler aus Gymnasien in weniger anspruchsvolle Schulformen abgestiegen, dagegen haben im Saarland und in Bayern fast 19 bzw. fast 21 Prozent das Gymnasium wieder verlassen müssen. Auch bei den Absteigern aus der Realschule erreicht Schleswig-Holstein mit fast 24% den Spitzenwert, während die bayerischen und die baden-württembergischen Anteile nur zwischen 5 und 6 Prozent betragen ... Bemerkenswert ist, dass Schleswig-Holstein und der Stadtstaat Bremen, die bereits durch hohe Wiederholungsquoten auffielen, auch relativ hohe Anteile an Absteigern aufweisen ... In beiden Ländern sind mehr als die Hälfte der 15-Jährigen im Verlauf ihrer Schulzeit einmal ausgegliedert worden" (Schümer et al. 2002, 209f.). Eine Lockerung der „Durchlässigkeitsbestimmungen" – egal in welchem Schulsystem – ist demnach keine wirksame bildungspolitische bzw. schulpädagogische Maßnahme für den Umgang mit Heterogenität, es sei denn auf Kosten der Lernleistungseffizienz.

4 Das Postulat der Passung zwischen individuellen Lernvoraussetzungen und schulischen Lernleistungsanforderungen

Einen Erklärungs- und Lösungsansatz für die skizzierten Zusammenhänge bietet das Postulat der Passung zwischen den individuellen (kognitiven und motivationalen) Leistungsvoraussetzungen bzw. Lernbedürfnissen einerseits und den sozialen Lernumweltbedingungen, z.B. auf die individuellen Erfordernisse abgestimmten Schulcurricula andererseits. Die Wirksamkeit unterrichtlicher bzw. schulischer Differenzierungsmaßnahmen hängt vor allem von dieser Passung ab (vgl. u.a. Schick 2008). Insoweit impliziert das ATI

(*A*ptitude-*T*reatment-*I*nteraction)-Modell (vgl. Cronbach/Snow 1977; Corno/Snow 1986; Snow/Swanson 1992; Heller 1999) nach wie vor berechtigte Forderungen an einen effektiven Unterricht. Dieser lässt sich in einer differenzierten schulischen Lernumgebung, auf der Sekundarstufe z.b. im gegliederten Schulwesen, offensichtlich leichter realisieren als in Einheitsschulen. Dieses Postulat gilt nicht nur im nationalen, sondern auch im internationalen Maßstab, zumindest für die schulische Begabtenförderung (vgl. u.a. Lehmann/Nikolova 2005a/b; Lehmann/Lenkeit 2008; Zimmer et al. 2007). Demnach wird die PISA-Spitzengruppe in Mathematik in Ländern mit gegliederten Schulsystemen (z.B. Bayern, Sachsen, Baden-Württemberg und Thüringen) oder in Ländern mit stark kompetitiven Gesamtschulsystemen (z.B. Japan und Südkorea) bzw. gegliederten Sekundarschulen (z.B. Hongkong oder Singapur) – in Übereinstimmung mit den deutschen Erfahrungen – deutlich besser gefördert als in den übrigen Ländern, die nur Gesamtschulen aufweisen (und somit auch keine direkten Vergleichsmöglichkeiten zwischen beiden Schulsystemen bieten). Mit seinen 5% PISA-Testbesten in Mathematik rangiert etwa Bayern im internationalen Ranking noch vor Finnland, Kanada und Australien auf dem 3. Platz (nach Belgien sowie den punktgleichen Ländern Japan und Südkorea), punktgleich mit der Schweiz (s. Tabelle 1, nachfolgende Seite, rechte Spalte). Ähnliche Befunde zeichnen sich in der PISA-E-Stichprobe in allen drei Kompetenzbereichen (Lesen, Mathematik, Naturwissenschaften) ab, wo wiederum Bayern mit 6% (PISA 2000) bzw. 5,4% (PISA 2003) vielseitig Hochkompetenter die höchsten und Brandenburg mit 0,6% (PISA 2000) bzw. 1,6% (PISA 2003) die niedrigsten Quoten im Bundesländervergleich aufweist (vgl. Zimmer et al. 2007, 197).
Somit sind die Bildungschancen deutscher Jugendlicher an Gesamtschulen eklatant schlechter als im gegliederten Schulwesen. Dies sollten die Verfechter von Gesamtschulen, die die guten PISA-Befunde einzelner Länder in Skandinavien oder Ostasien reklamieren, bedenken – zumal dabei gern die unterdurchschnittlichen PISA-Befunde zahlreicher Länder mit Gesamtschulen unerwähnt bleiben (s. die untere Hälfte von Tabelle 1). In den Gesamtmittelwert Deutschlands gehen auch die 12 Bundesländer mit (überwiegend oder einer größeren Zahl von) Gesamtschulen ein, was natürlich den Bundes-Mittelwert drückt.
In der öffentlichen Diskussion der PISA-Befunde wird sehr oft ein gewichtiges Methodenproblem übersehen (oder absichtlich unterschlagen). So sind Schulsystemvergleiche nur im gleichen oder zumindest sehr ähnlichen Sozialisationskontext aussagekräftig, etwa in Bundesländern mit konkurrierenden Gesamtschulen *und* dreigliedrigen Sekundarschulen bzw. in Ländern mit beiden Schulsystemen wie Deutschland und Österreich. Dabei schneiden Gesamtschulen (trotz besserer finanzieller und personeller Ausstattung) fast immer schlechter ab als das gegliederte Schulsystem. Diese Aussage konnte

auch testpsychologisch untermauert werden (vgl. Heller 2008a, 19f.), was auf ausgeprägtere differentielle Fördereffekte im Sinne des ATI-Modells bei Gymnasiasten, Real- und Hauptschülern zurückzuführen sein dürfte (vgl. Heller 2008b, 199ff., 249ff., 259ff. oder Baumert/Lehmann et al. 1997, 129ff.).

Tabelle 1: Verteilungsquoten für die mathematische Kompetenz im nationalen und internationalen PISA-Vergleich (n. Zimmer et al. 2007, 197)

OECD-Staaten und Länder der Bundesrepublik	M	SD	Perzentile					
			5%	10%	25%	75%	90%	95%
Finnland	544	84	406	438	488	603	652	680
Korea	542	92	388	423	479	606	659	690
Niederlande	538	93	385	415	471	608	657	683
Japan	534	101	361	402	467	605	660	690
Bayern	533	107	357	401	470	601	654	684
Kanada	532	87	386	419	474	593	644	673
Belgien	529	110	334	381	456	611	664	693
Schweiz	527	98	359	396	461	595	652	684
Australien	524	95	364	399	460	592	645	676
Sachsen	523	101	351	396	462	593	640	669
Neuseeland	523	98	358	394	455	593	650	682
Tschechische Republik	516	96	358	392	449	584	641	672
Island	515	90	362	396	454	578	629	658
Dänemark	514	91	361	396	453	578	632	662
Baden-Württemberg	512	101	339	380	445	583	636	664
Frankreich	511	92	352	389	449	575	628	656
Thüringen	510	97	341	384	450	575	631	660
Schweden	509	95	353	387	446	576	630	662
Österreich	506	93	353	384	439	571	626	658
Deutschland	503	103	324	363	432	578	632	662
Irland	503	85	360	393	445	562	614	641
Sachsen-Anhalt	502	97	330	372	439	571	626	653
Saarland	498	91	339	377	439	562	613	642
Slowakische Republik	498	93	342	379	436	565	619	648
Schleswig-Holstein	497	102	322	361	425	572	626	655
Hessen	497	105	318	355	423	573	631	662
Norwegen	495	92	343	376	433	560	614	645
Niedersachsen	494	97	326	362	428	565	617	645
Mecklenburg-Vorpommern	493	98	325	366	430	561	619	651
Rheinland-Pfalz	493	97	327	365	426	562	619	649
Brandenburg	492	92	332	372	432	556	608	637
Luxemburg	493	92	338	373	430	557	611	641
Polen	490	90	343	376	428	553	607	640
Ungarn	490	94	335	370	426	556	611	644
Berlin	488	103	315	350	416	564	617	648
Nordrhein-Westfalen	486	100	312	350	415	559	613	642
Spanien	485	88	335	369	426	546	597	626
Vereinigte Staaten	483	95	323	356	418	550	607	638
Hamburg	481	102	313	345	407	556	613	647
Bremen	471	101	305	339	399	544	605	636
Italien	466	96	307	342	400	530	589	623
Portugal	466	88	321	352	406	526	580	610
Griechenland	445	94	288	324	382	508	566	598
Türkei	423	105	270	300	351	485	560	614
Mexiko	385	85	247	276	327	444	497	527
OECD-Durchschnitt	500	100	332	369	432	571	628	660

M bezeichnet den Mittelwert, SD die Standardabweichung.

5 Zur Chancengerechtigkeit im Gesamtschul- vs. gegliederten (Sekundar-)Schulsystem

Auch die erhofften Sozialisationsvorteile in Bezug auf mehr soziale Gerechtigkeit von Gesamtschulen gegenüber dem gegliederten Sekundarschulsystem haben sich nach den Befunden von PISA nicht erfüllt (vgl. Deutsches PISA-Konsortium 2001, 2002, 2003; PISA-Konsortium Deutschland 2004, 2007). Eher trifft das Gegenteil zu, was jedoch in den Medien kaum zur Kenntnis genommen oder absichtlich verschwiegen wird. Die Befunde der hessischen Langzeitstudie von Fend et al. (2009) bestätigen die PISA-Daten bezüglich der Chancengerechtigkeit im Bildungsgang erneut. So resümiert der Projektleiter der LifE-Studie Helmut Fend in der ZEIT ONLINE, 2/2008, 57:

> „Selten hat mich das Ergebnis meiner Forschungen so überrascht und enttäuscht wie diesmal: Die Gesamtschule schafft unterm Strich nicht mehr Bildungsgerechtigkeit als die Schulen des gegliederten Schulsystems entgegen ihrem Anspruch und entgegen den Hoffnungen vieler Schulreformer, denen ich mich verbunden fühle. Die soziale Herkunft, so die bittere Erkenntnis der neuen Studie, entscheidet hierzulande noch langfristiger über den Bildungserfolg der Kinder als bislang angenommen."

Die Beweislast immer wieder behaupteter Vorteile von Gesamt- gegenüber gegliederten Schulen liegt somit bis auf Weiteres bei den Advokaten der Gesamtschule. Bis dahin sollte man nicht leichtfertig immer wieder empirisch bestätigte bzw. wissenschaftlich kontrollierte Erfahrungen negieren nach dem Motto „Es kann nicht sein, was nicht sein darf!", was letztlich stets zu Lasten der betroffenen Jugendlichen geht. Wer kann und will dies ernsthaft verantworten? Pseudowissenschaftliche Kommentare in den Medien und ideologisch gefärbte Reaktionen auf die ELEMENT-Studie (z.B. in ZEIT ONLINE, 4/2008 oder 17/2008) belasten allerdings einen bildungspolitischen Konsens über schulpolitisch notwendige Entscheidungen erheblich. À la longue wird sich jedoch, wie auch die jüngste deutsche Geschichte zeigt, die Realität gegenüber ideologischer Verblendung und sozialromantischen Illusionen behaupten. Die junge Generation muss und wird – dieser appellative Optimismus sei zum Schluss erlaubt – hierzu ihren Beitrag leisten.

6 Resümee

„Zusammenfassend zeigt sich zumindest für das deutsche Schulsystem, dass bezogen auf die Fachleistungsentwicklung leistungsstarke Schüler von der Differenzierung im Sekundarbereich profitieren" (vgl. Köller/Baumert 2008, 751). Die Autoren führen dies in erster Linie auf die „Instruktionskultur am Gymnasium", also eine stimulierende, die Schüler herausfordernde soziale Lernumwelt, zurück. Mit anderen Worten: Im Vergleich zu Einheitsschulsystemen gelingt die „Passung" im Sinne des ATI-Modells im gegliederten Sekundarschulsystem nachweislich besser. Diese Schlussfolgerung ist nicht nur durch „systematische Effekte der Schulform" (Köller/Baumert 2008, 742), sondern auch durch den „*Matthäus-Effekt* auf Individualebene" (Köller/Baumert 2008, 749) vielfach belegt (vgl. zusammenfassend neben Köller/Baumert 2008 die Publikationen des Deutschen PISA-Konsortiums 2001–2007 sowie Heller 1999, 2002, 2008b). Dem Prinzip des systematischen, kumulativen Wissensaufbaus in komplexen, anspruchsvollen Lerndomänen kommt hierbei eine Schlüsselrolle zu.

Dass die Umsetzung dieses Prinzips die individuellen Bildungschancen offensichtlich auch im Grundschulalter befördert, sei abschließend noch mit einem kurzen Interview-Zitat von Wilfried Bos in Spiegel-online belegt. Bos ist Leiter der *I*nternationalen *G*rundschul-*L*ese-*U*ntersuchung (IGLU), der deutschen Teilstudie von IEA-PIRLS (vgl. Bos et al., 2003, 2004, 2005, 2008). In SPIEGEL ONLINE (18.12.2008) äußerte sich Bos zu den jüngsten IGLU-Befunden: „... wie sich bisher gezeigt hat, ist der Einfluss des Eltern-Status auf den Bildungserfolg der Kinder nirgendwo so groß wie in Berlin, Rumänien und Hamburg – und am geringsten in Bayern." Dazu der SPIEGEL-Interviewer: „Ausgerechnet da, wo Kinder schon nach der vierten Klasse aufgeteilt werden und es am meisten Hauptschüler gibt?" – Bos: „Ja. Man denkt zwar, es müsste anders sein, aber man kann die Daten nicht ignorieren. Warum Bayern das besser hinbekommt, weiß ich auch nicht."

Vielleicht liegt es ja schlicht an der Erziehungskultur im Elternhaus bzw. den Lernanforderungen im Grundschulunterricht. In einem Interview in der *Zeitschrift für Pädagogik* (Heft 9/1995, 37) hat dies Hartmut von Hentig treffend so formuliert: „Wo Kindheit Glück ist, ist sie es durch Anspruch, nicht durch everything goes." Es gibt eben im Leben unumstößliche „Wahrheiten" bzw. bewährte Sozialisationserfahrungen früherer Generationen, die auch im 21. Jahrhundert ihre Gültigkeit behalten.

Literatur

Baumert, J./Lehmann, R. et al. (1997): TIMSS – Mathematisch-naturwissenschaftlicher Unterricht im internationalen Vergleich. Deskriptive Befunde. Opladen

Baumert, J./Schümer, G. (2002): Familiäre Lebensverhältnisse, Bildungsbeteiligung und Kompetenzerwerb im nationalen Vergleich. In: Deutsches PISA-Konsortium (Hrsg.) PISA 2000 – Die Länder der Bundesrepublik Deutschland im Vergleich. Opladen, S. 159–202

Baumert, J./Roeder, P. M./Dang, F./Schmitz, B. (1986): Leistungsentwicklung und Ausgleich von Leistungsunterschieden in Gymnasialklassen. In: Zeitschrift für Pädagogik, 32, S. 639–660

Bloom, B. S. (Ed.) (1985): Developing talent in young people. New York

Bock, G./Ackrill (Eds.) (1993): The Origins and Development of High Ability. Ciba Foundation Symposium 178. Chichester

Bos, W./Lankes, E.-M./Prenzel, M./Schwippert, K./Walther, G./Valtin, R. (Hrsg.) (2003): Erste Ergebnisse aus IGLU. Schülerleistungen am Ende der vierten Jahrgangsstufe im internationalen Vergleich. Münster

Bos, W./Lankes, E.-M./Prenzel, M./Schwippert, K./Valtin, R./Walther, G. (Hrsg.) (2004): IGLU. Einige Länder der Bundesrepublik Deutschland im nationalen und internationalen Vergleich. Münster

Bos, W./Lankes, E.-M./Prenzel, M./Schwippert, K./Valtin, R./Walther, G. (Hrsg.) (2005): IGLU. Vertiefende Analysen zu Leseverständnis, Rahmenbedingungen und Zusatzstudien. Münster

Bos, W./Bonsen, M./Baumert, J./Prenzel, M./Selter, Ch./Walther, G. (Hrsg.) (2008): TIMSS 2007. Mathematische und naturwissenschaftliche Kompetenzen von Grundschulkindern in Deutschland im internationalen Vergleich. Münster

Corno, L./Snow, R. E. (1986): Adapting Teaching to Individual Differences Among Learners. In: Wittrock, M.C. (Ed.): Handbook of Research in Teaching. New York, 3rd ed., pp. 605–629

Cronbach, L. J./Snow, R. W. (1977): Aptitudes and Instructional Methods: A Handbook for Research on Interactions. New York

Deutsches PISA-Konsortium (Hrsg.) (2001): PISA 2000 – Basiskompetenzen von Schülerinnen und Schülern im internationalen Vergleich. Opladen

Deutsches PISA-Konsortium (Hrsg.) (2002): PISA 2000 – Die Länder der Bundesrepublik Deutschland im Vergleich. Opladen

Deutsches PISA-Konsortium (Hrsg.) (2003): PISA 2000 – Ein differenzierter Blick auf die Länder der Bundesrepublik Deutschland. Opladen

Ericsson, K. A./Krampe, R. Th./Tesch-Römer, C. (1993): The role of deliberate practice in the acquisition of expert performance. In: Psychological Review, 100, pp. 363–406

Fend, H./Berger, F./Grob, U. (Hrsg.) (2009): Lebensverläufe, Lebensbewältigung, Lebensglück. Die Ergebnisse der LifE-Studie. Wiesbaden

Gardner, H. (1995): Expert performance: Its structure and acquisition. Comment. In: American Psychologist, 50, pp. 802–803

Gruber, H./Ziegler, A. (Hrsg.) (1996): Expertiseforschung. Opladen

Heller, K. A. (1997) : Individuelle Bedingungsfaktoren der Schulleistung: Literaturüberblick. In: Weinert, F. E./Helmke, A. (Hrsg.): Entwicklung im Grundschulalter. Weinheim, S. 181–201

Heller, K. A. (1999): Individual (Learning and Motivational) Needs versus Instructional Conditions of Gifted Education. In: High Ability Studies, 9, pp. 9–21

Heller, K. A. (Hrsg.) (2000): Lehrbuch der Begabungsdiagnostik in der Schul- und Erziehungsberatung. 2. Auflage, Bern

Heller, K. A. (Hrsg.) (2002): Begabtenförderung im Gymnasium. Ergebnisse einer zehnjährigen Längsschnittstudie. Opladen

Heller, K. A. (2004): Schullaufbahnentscheidung und Bildungserfolg: Mythen und Fakten. In: Profil. Das Magazin für Gymnasium und Gesellschaft, 12/2004, S. 16–22.

114

Heller, K. A. (2008a): Umgang mit Heterogenität im Gesamtschul- versus dreigliedrigen Sekundarschulsystem. In: Realschule in Deutschland, 116, Nr. 5, S. 16–21

Heller, K. A. (2008b): Von der Aktivierung der Begabungsreserven zur Hochbegabtenförderung. Berlin

Heller, K. A./Perleth, Ch. (2007a): Münchner Hochbegabungstestbatterie für die Sekundarstufe (MHBT-S). Göttingen

Heller, K. A./Perleth, Ch. (2007b): Talentförderung und Hochbegabtenberatung in Deutschland. In:. Heller, K. A /Ziegler, A. (Hrsg.): Begabt sein in Deutschland. Berlin, S. 139–170

Heller, K. A./Perleth, Ch./Lim, T. K. (2005): The Munich Model of Giftedness designed to identify and promote gifted students. In: Sternberg, R .J./Davidson, J. E. (Eds.): Conceptions of Giftedness. New York, 2nd ed., pp. 147–170

Helmke, A. (2006): Unterrichtsqualität. In: Rost, D. H (Hrsg.): Handwörterbuch Pädagogische Psychologie. Weinheim, 3. Aufl., S. 812–820

Helmke, A./Weinert, F. E. (1997): Bedingungsfaktoren schulischer Leistungen. In:. Weinert, F. E. (Hrsg.): Psychologie des Unterrichts und der Schule. Bd. III der Pädagogischen Psychologie (Enzyklopädie der Psychologie). Göttingen, S. 71–176

Kirchhof, P. (1996): Die Verschiedenheit der Menschen und die Gleichheit vor dem Gesetz. München, Carl-Friedrich von Siemens Stiftung (Reihe „Themen", Bd. LXII)

Köller, O. (2004): Konsequenzen von Leistungsgruppierungen. Münster

Köller, O./Baumert, J. (2008): Entwicklung schulischer Leistungen. In: Oerter, R./Montada, L. (Hrsg.): Entwicklungspsychologie. Weinheim, 6. Aufl., S. 735–768

Krampe, R. Th. (1994): Maintaining excellence. Cognitive-motor performance in pianists differing in age and skill level. Studien und Berichte des Max-Planck-Instituts für Bildungsforschung, 58, Berlin

Lehmann, R. H./Lenkeit, J. (2008): ELEMENT. Erhebung zum Lese- und Mathematikverständnis: Entwicklungen in den Jahrgangsstufen 4 bis 6 in Berlin. Abschlussbericht. Berlin

Lehmann, R. H./Nikolova, R. (2005a): Erhebung zum Lese- und Mathematikverständnis: Entwicklungen in den Jahrgangsstufen 4 bis 6 in Berlin. Bericht über die Untersuchung 2003 an den Berliner Grundschulen und grundständigen Gymnasien. Berlin: Senatsverwaltung für Bildung, Jugend und Sport

Lehmann, R. H./Nikolova, R. (2005b): Lese- und Mathematikverständnis von Grundschülerinnen und Grundschülern am Ende der Klassenstufe 5. Befunde aus dem zweiten Erhebungszeitraum der ELEMENT-Untersuchung im Schuljahr 2003/2004. Berlin: Senatsverwaltung für Bildung, Jugend und Sport

Lehmann, R. H./Peek, R./Gänsfuß, R. (1997): Aspekte der Lernausgangslage von Schülerinnen und Schülern der fünften Klassen an Hamburger Schulen. Hamburg: Behörde für Schule, Jugend und Berufsbildung, Amt für Schule

Lehmann, R. H./Gänsfuß, R./Peek, R. (1999): Aspekte der Lernausgangslage und der Lernentwicklung von Schülerinnen und Schülern an Hamburger Schulen – Klassenstufe 7. Hamburg: Behörde für Schule, Jugend und Berufsbildung, Amt für Schule

Lehmann, R. H./Peek, R./Gänsfuß, R./Husfeldt, B. (2002): Aspekte der Lernausgangslage und der Lernentwicklung – Klassenstufe 9. Ergebnisse einer Längsschnittuntersuchung in Hamburg. Hamburg: Behörde für Bildung und Sport, Amt für Schule

Marsh, H. W./Kong, C.-K./Hau, K. T. (2000): Longitudinal multilevel model of the big-fish-little-pond effect on academic self-concept: Counter-balancing contrast and reflected-glory effects in Hong Kong schools. In: Journal of Personality and Social Psychology, 78, S. 337–349

Merton, R. K. (1968): The Matthew effect in science. In: Science, 159, S. 56–63

Perleth, Ch. (2001): Follow-up-Untersuchungen zur Münchner Hochbegabungsstudie. In: Heller, K. A. (Hrsg.): Hochbegabung im Kindes- und Jugendalter. Göttingen, 2. Aufl., S. 357–446

PISA-Konsortium Deutschland (Hrsg.) (2004): *PISA 2003*. Der Bildungsstand der Jugendlichen in Deutschland – Ergebnisse des zweiten internationalen Vergleichs. Münster

PISA-Konsortium Deutschland (Hrsg.) (2007): PISA '06 – Ergebnisse der dritten internationalen Vergleichsstudie. Münster

Schick, H. (2008): Hochbegabung und Schule. Berlin

Schneider, W. (1992): Erwerb von Expertise. Zur Relevanz kognitiver und nichtkognitiver Voraussetzungen. In: Hany, E. A./Nickel, H. (Hrsg.): Begabung und Hochbegabung. Bern, S. 105–122

Schneider, W. (1993): Acquiring Expertise: Determinants of Exceptional Performance. In: Heller, K. A./Mönks, F. J/ Passow, A. H. (Eds.): International Handbook of Research and Development of Giftedness and Talent. Oxford, pp. 311–324

Schümer, G./Tillmann, K.-J./Weiß, M. (2002): Institutionelle und soziale Bedingungen schulischen Lernens. In: Deutsches PISA-Konsortium (Hrsg.): PISA 2000 – Die Länder der Bundesrepublik Deutschland im Vergleich. Opladen, S. 203–218

Snow, R. E./Swanson, J. (1992): Instructional Psychology: Aptitude, Adaptation, and Assessment. In: Annual Review of Psychology, *43*, pp. 583–626

Sternberg, R. J. (1996): Costs of Expertise. In: Ericsson, K.A (Ed.): The Road to Excellence. Mahwah, pp. 347–354

Treiber, B./Weinert, F. E. (Hrsg.) (1982): Lehr-Lernforschung. Ein Überblick in Einzeldarstellungen. München

Treiber, B./Weinert, F. E. (1985): Gute Schulleistungen für alle? Psychologische Studien zu einer pädagogischen Hoffnung. Münster

Wang, M. C./Haertel, G. D./Walberg, H. J. (1993): Toward a Knowledge Base for School Learning. In: Review of Educational Research, *63*, pp. 249–294

Ziegler, A./Perleth, Ch. (1997): Begabungs- und Erfahrungsansätze in der Berufspsychologie: Konkurrenz oder Komplementarität? In: Kusch, W. (Hrsg.): Begabtenförderung in der beruflichen Erstaus- und Weiterbildung. Münster, S. 7–20

Zimmer, K./Brunner, M./Lüdtke, O./Prenzel, M./Baumert, J. (2007): Die PISA-Spitzengruppe in Deutschland: Eine Charakterisierung hochkompetenter Jugendlicher. In: Heller, K. A./Ziegler, A. (Hrsg.): Begabt sein in Deutschland. Berlin, S. 193–208

Die „Identifikation" Hochbegabter

Richard Olechowski

Probleme der Identifikation von Hochbegabten

„Quidquid agis prudenter agas et respice finem."

1 Begriffsbestimmung von „Hochbegabung"

Es ist von vornherein klar, dass von der Betitelung dieses Beitrags her die konkrete Beantwortung einer Reihe von Fragen zu den Verfahrensweisen der „Identifikation" von Hochbegabten erwartet wird: Zunächst ist eine Bestimmung des Begriffs „Hochbegabung" zu geben, ferner eine Antwort auf die Frage, welche Messinstrumente für das Vorhaben zur Verfügung stehen, Hochbegabte ausfindig zu machen. Auch die Frage, wozu oder wieso es eigentlich sinnvoll erscheine, Schüler und Schülerinnen ausfindig zu machen, die hochbegabt sind, harrt einer Beantwortung. Und noch eine ganze Reihe weiterer Fragen gäbe es (vgl. Heller 2008, Bd. II, 112 ff.). – Viele dieser Fragen sind allerdings nicht in eindeutiger Weise zu beantworten, weil sie wissenschaftlich vielleicht (noch) nicht beantwortet werden können oder weil sie von einer Mehrheit der Menschen von bestimmten bildungspolitischen Voreinstellungen aus beantwortet werden und viele Menschen Überlegungen, die ihren Vorstellungen nicht entsprechen, gar nicht zur Kenntnis nehmen. Auf solche Schwierigkeiten weist der im Titel dieses Beitrags verwendete Begriff „Probleme" hin. Dieser Aspekt wird durch einen häufig zitierten Spruch (aus einer griechischen Äsop-Fabel), der an die Spitze dieses Beitrags gestellt ist, noch verstärkt: „Was auch immer du tust, tu es klug und bedenke die Folgen!" (etwas freier übersetzt).

Anders ausgedrückt: Es wird im Folgenden nicht „rezeptartig" eine „Anleitung" gegeben werden, wie bei der „Identifikation von Hochbegabten" vorzugehen ist, sondern bei jedem Schritt, der zum Aufbau eines solchen Verfahrens führt, wird auf die dabei oft unüberlegten bzw. nicht explizit angeführten Prämissen und auch auf die oft unbeachteten Folgen einer bestimmten Vorgehensweise hingewiesen. In diesem Sinne soll zum Beispiel gleich an dieser Stelle auf das Faktum hingewiesen werden, dass die Kategorisierung „hochbegabte Kinder/Jugendliche" für eine verhältnismäßig kleine Gruppe von Kindern oder Jugendlichen und das (automatisch bewirkte) Verwehren einer solchen „Auszeichnung" – dem bei weitem größeren Teil der Kinder bzw. Jugendlichen gegenüber – nicht ein „Akt" ist, der als eine nicht nennenswerte alltägliche Selbstverständlichkeit abgetan werden könnte. Für manche Kinder oder Jugendliche ist diese Kategorisierung – die explizit gemachte Zugehörigkeit zu der Gruppe der „Hochbegabten" wie auch der (implizite) Ausschluss aus der „Elitegruppe" – ein Akt von großer Bedeutung.

In diesem Beitrag kann nicht auf Spezialbegabungen aus dem künstlerischen und sportlichen Bereich eingegangen werden, sondern der Fokus wurde auf Schüler/innen bzw. Jugendliche gerichtet, die *nicht* von vornherein Schulen besuchen, die speziell auf ihre möglichen Hochbegabungen ausgerichtet sind. Wenn man für solche Schüler/innen Hochbegabung zu definieren versucht, dann dürfte es zutreffend sein, wenn man feststellt, dass eine mögliche Hochbegabung deutlich mit einer *hohen intellektuellen Leistungsfähigkeit* zusammenhängt. Voraussetzungen für eine solche Hochbegabung sind eine außergewöhnlich gute Fähigkeit sowohl zur Information*saufnahme* als auch zur Information*sverarbeitung*. Diese Voraussetzungen sind nur dann gegeben, wenn die betreffende Person einen *hohen Intelligenzgrad* aufweist. Folgerichtig spricht man bei Vorliegen einer solchen Begabung von *kognitiver Hochbegabung* (vgl. Rost 2000, 14 ff.).

Der Wiener Psychologe Hubert Rohracher, einer der wichtigsten Mitbegründer der europäischen „Erlebnispsychologie", teilte die psychischen Phänomene in zwei Gruppen ein, in die *psychischen Funktionen* und in die *psychischen Kräfte*. Zu den psychischen Funktionen zählte Rohracher die *Wahrnehmung*, das *Denken* und das *Gedächtnis*. Sie sind adynamisch und haben gegenüber den psychischen Kräften dienenden Charakter. Den Impuls, aktiv zu werden, erhalten die psychischen Funktionen von den psychischen Kräften. Zu den psychischen Kräften zählte Rohracher die *Gefühle*, die *Triebe* (alle Triebe – die vitalen Triebe, Hunger und Sexualität, wie auch die geistigen Interessen) und das *Wollen*.

Auf der Basis dieser Auffassung des Psychischen als zusätzliche *Sicherung der Lebenserhaltung* des einzelnen Menschen wie auch der Menschheit und von der Überzeugung getragen, dass in der kurz skizzierten Ordnung des gesamten psychischen Erlebens eine biologische Zweckmäßigkeit (die der Lebenssicherung – des einzelnen Individuums und der ganzen Menschheit) zu erkennen sei, sowie auf der Grundlage einer klaren Begrifflichkeit gelangte Rohracher zu der folgenden Definition von „Intelligenz": „Intelligenz ist der Leistungsgrad der psychischen Funktionen bei der Lösung neuer Probleme" (Rohracher 1971, 385). – Völlig offen bleibt bei dieser Definition der Intelligenz allerdings die Frage, welcher Art die (in der eben wiedergegebenen Definition) erwähnten „neuen Probleme" sein sollten. Anders formuliert: Die obige Definition hat den schwerwiegenden Mangel, dass sie in keiner Weise auf die Frage eingeht, welche *Subtests* – im Rahmen der Testkonstruktion –

in einen Intelligenztest aufgenommen werden sollen. – Die Vielfältigkeit der Subtests eines Intelligenztests ist bekanntlich die Basis für die Testentwicklung (Normierung bzw. Eichung des Tests) und die hernach durchzuführende Testanalyse mittels einer der möglichen Methoden der Faktorenanalyse (vgl. die Probleme der Extraktion der Faktoren bzw. die Möglichkeiten der „orthogonalen Rotationstechniken").

2 Der faktorenanalytische Ansatz – als Voraussetzung für Diagnosen über „spezifische Hochbegabungen"

2.1 Raymond Cattell

Ein wesentlicher Fortschritt in der Entwicklung einer Theorie der Intelligenz konnte durch die Methode(n) der Faktorenanalyse erzielt werden. Cattell hat auf der Basis der Faktorenanalyse die Unterscheidung zwischen der „kristallinen Intelligenz" („crystallized intelligence") und der „fluiden Intelligenz" („fluid intelligence") getroffen. Unter der kristallinen Intelligenz versteht Cattell das „akkumulierte Wissen", das eine Person im Laufe ihres Lebens (bis zum Zeitpunkt der Testung) erworben hat. Für Personen, die auf dem Gebiete der Kultur- und Geisteswissenschaften tätig sind, ist es wichtig, dass sie sich im Laufe ihres Lebens ein reiches Wissen aneignen, Allgemeinwissen wie Spezialwissen, einen reichen (preziösen) Wortschatz erwerben und auch über einen hohen Grad an Wissensdisponibilität verfügen (d.h., dass sie auf das von ihnen angeeignete reiche Wissen gezielt zugreifen und neue, originäre Beziehungen herstellen können). Alles Schaffen auf dem Gebiete der Kultur- und Geisteswissenschaften wird durch Höchstleistungen *kristalliner Intelligenz*, im Sinne Cattells, ermöglicht. (Für Personen anderer Berufe könnte als inhaltliche Umschreibung der kristallinen Intelligenz auch die Aufzählung folgender Sachverhalte gelten: der Wortschatz einer Person, ihr Allgemeinwissen und ihre Fähigkeit, Zusammenhänge zu erkennen.) (vgl. Cattel 1963, 1–22)

Der Amerikaner D. R. Lehman untersuchte die Frage, in welchem Alter Wissenschaftler den Höhepunkt ihres Schaffens erreichen, und konnte feststellen, dass Vertreter der Geisteswissenschaften, z.B. Philosophen und Historiker, erst relativ spät, ca. um das bzw. nach ihrem 50. Lebensjahr, ihre Hauptwerke publizieren. Immanuel Kant (geb. 1724) publizierte seine „Kritik der reinen Vernunft" 1781 (mit 57 Jahren), seine „Kritik der praktischen Vernunft" 1788 (mit 64 Jahren) und seine „Kritik der Urtheilskraft" 1790 (mit 66 Jahren) – Theodor Mommsen (geb. 1817) publizierte die Bände 1–3 seiner „Römischen Geschichte" schon 1854/55 (mit 37/38 Jahren), Band 5 publizierte er 1885 (mit 68 Jahren), das Manuskript des Bandes 4 wurde 1891 aufgefunden. Für dieses Gesamtwerk erhielt Mommsen 1902 den Nobelpreis für Literatur (mit 85 Jahren). Das „Römische Staatsrecht", 3 Bände, publizierte Mommsen 1871–88 (zwischen seinem 54. und seinem 71. Lebensjahr) und das „Römische Strafrecht" 1899 (mit 82 Jahren). Naturwissenschaftler hingegen haben eine gute Ausstattung hinsichtlich fluider Intelligenz („fluid intelligence"), d.i. vor allem eine gute intellektuelle Ausstattung für schlussfolgerndes Denken, die Fähigkeit, komplexe Zusammenhänge zu erkennen und Probleme zu lösen. (Bei Personen, die nicht wissenschaftlich tätig, aber mit fluider Intelligenz gut ausgestattet sind, bedeutet dies: ein gutes Zurechtkommen mit den wiederkehrenden und konkreten Herausforderungen des Alltags.) Naturwissenschaftler erreichen in einem wesentlich jüngeren Alter als Geisteswissenschaftler ihre Höchstleistung, z.B. Albert Einstein (geb. 1879) erhielt den Nobelpreis für Physik mit 42 Jahren (1921) für seine „Erklärung des äußeren Photoeffekts"; er entwickelte um 1905 (mit 26 Jahren) die spezielle Relativitätstheorie, 1915 (mit 36 Jahren) die allgemeine Relativitätstheorie. – Thomas A. Edison (geb. 1847) leistete auf den verschiedensten Gebieten der Technik Pionierarbeit und meldete mehr als 1000 Patente an, z.B. Kohlekörnermikrophon 1877 (mit 30 Jahren), Phonograph 1878 (mit 31 Jahren), Kohlefadenglühlampe 1879 (mit 32 Jahren), Verbundmaschine 1881 (mit 34 Jahren), Kinetograph 1891 (mit 44 Jahren).

2.2 Howard Gardner

In diesem Zusammenhang besonders erwähnenswert ist das Beispiel eines Intelligenzmodells, das für neuere Begabungstheorien sehr fruchtbar geworden ist. Es ist dies das von H. Gardner entwickelte Modell der „Multiplen Intelligenzen und der emotionalen Intelligenz". Gardner fand durch seine Studien acht „Intelligenztypen". In der folgenden Aufzählung der von Gardner erstellten Typen sind in Klammern jeweils zwei Berufe genannt (von Gardner übernommen) – anstelle einer näheren Charakterisierung der von Gardner beschriebenen Intelligenztypen: (1) der logisch-mathematische Typ (Wissenschaftler, Mathematiker), (2) der linguistische Typ (Dichter, Journalist), (3) der naturalistische Typ (Biologe, Umweltforscher), (4) der musikalische Typ (Komponist, Geiger), (5) der räumliche Typ (Steuermann, Bildhauer), (6) der kinästhetische Typ (Tänzer, Athlet), (7) der interpersonale Typ (Therapeut, Verkäufer) und (8) der intrapersonale Typ (Person mit detailliertem und zutreffendem Wissen über sich selbst) (vgl. Gardner 1983). Der Titel des ins Deutsche übersetzten Werkes von Gardner, *„Abschied vom IQ"*, trifft genau den Punkt, welcher die Wende in der Begabungsforschung verursacht hat: *Es ist die faktorenanalytisch geleitete Intelligenzforschung.*

Exkurs

Zunächst ist eine sozusagen „historische" Bemerkung nötig, um keine Missverständnisse aufkommen zu lassen:

Der „Intelligenzquotient" – das Ergebnis einer Division – gehört schon seit beinahe 70 Jahren in das Fachgebiet der „Geschichte der Psychologie". Auf diese Art wird heutzutage die Intelligenz (auch wenn sie manchmal noch in der Form einer einzigen Zahl dargestellt wird) nicht mehr berechnet. Die seinerzeitige Berechnung war höchst einfach;

$$\text{Intelligenzquotient} = \frac{\text{Intelligenzalter} \cdot 100}{\text{Lebensalter}}$$

Einerseits brachte der IQ – gegenüber der Berechnung eines „Intelligenzrückstands" oder „Intelligenzvorsprungs" (als *Differenzbetrag* zwischen „Intelligenzalter" und Lebensalter; dies war die von Alfred Binet und Jules Simon angewendete Berechnung des „Intelligenzwertes" eines Kindes zu Beginn des 20. Jahrhunderts) – eine Verbesserung gegenüber der Angabe eines *Differenz*wertes. Ein Beispiel: Ein Rückstand von einem Jahr ist bei einem Kind im Lebensalter von z.B. 5 Jahren sachlich viel schwerwiegender als in einem Alter von 14 Jahren. – Dieser Mangel, der bei der Berechnung eines Differenzwertes aufgetreten war, wurde dann durch die Berechnung eines „Quotienten" beseitigt. (Den „Intelligenzquotienten" – als Angabe der Intelligenzhöhe eines Kindes – hat der deutsche Psychologe William Stern im Jahre 1912 eingeführt.)

Andererseits – als Kritik am „Intelligenzquotienten" – muss bedacht werden, dass sich die Entwicklung der Intelligenz im Verlauf der Kindheit und erst recht im Laufe der Jugendjahre verlangsamt: Bis ungefähr zur Zeit der Pubertät ist es vielleicht noch einigermaßen vertretbar, von „Intelligenzjahren" – als Kennzeichnung der entwicklungsbedingten Zunahme – zu sprechen. Im Alter zwischen 15 und 20 Jahren wird es schon problematisch, die Entwicklung der Intelligenz weiterhin als „einheitlich", von Jahr zu Jahr gleichmäßig voranschreitend zu sehen. Spätestens ab den ersten Zwanzigerjahren ist ein solcher Standpunkt überhaupt unhaltbar. Ein junger Mensch von z.B. 23 Jahren hat – entwicklungsbedingt – keine höhere oder niedrigere Intelligenz als ein Jahr später mit 24 Jahren. Er ist aber ein Jahr älter geworden, daher ist – in die Formel für den IQ – im Nenner statt „23" die Zahl „24" einzusetzen. Der junge Mensch, der hier als Beispiel genommen wurde, würde somit rein rechnerisch in seiner Intelligenz abnehmen – ohne dass dies eine reale Entsprechung hätte.

Neben diesem ins Auge springenden Aspekt gibt es noch weitere Gründe, weshalb statt des Intelligenzquotienten seit David Wechsler – im Rahmen der „Gaußschen Normalverteilung" – ein *„Abweichungskoeffizient"* berechnet wird (vgl. Wechsler 1939 und 1949). Es ist nicht möglich, hier im Detail auf die Ermittlung dieses Abweichungskoeffizienten einzugehen. Es muss genügen, hier festzustellen, dass für die einzelnen Proband/inn/en zunächst jeweils der „Gesamtrohscore", den jeder/jede Proband/in im Test erreicht hat, ermittelt wird. Im Rahmen der Eichung des Tests wird – auf der Basis der Funktion einer standardisierten Gaußschen Normalverteilung – für jede Altersgruppe ermittelt, wie der für jeden „*Gesamtrohwert*" entsprechende „*Gesamtstandardscore*" lautet; die Gesamtrohscores und die entsprechenden Gesamtstandardscores jeder Altersgruppe werden im Verlauf des Eichungsverfahrens tabellarisch dargestellt, so dass die Umwandlung eines Gesamtrohscores in den entsprechenden Gesamtstandardscore mit Hilfe von Tabellen einfach zu bewerkstelligen ist.

Um es hiermit klar zu sagen: Der „Intelligenzquotient" wird heute nicht mehr, wie dies seinerzeit W. Stern vorgeschlagen hat (Intelligenzalter dividiert durch das Lebensalter, mal 100), berechnet, sondern im Sinne von D. Wechsler als „Abweichungskoeffizient" (im Rahmen einer standardisierten Gaußschen Normalverteilung) angegeben, wobei in der Testpraxis durchaus unterschiedliche Skalen verwendet werden (z.B. „Centilwerte"; bei diesen lautet der Mittelwert 5 und die Streuungseinheit 2). Aber aus Gründen der „Reminiszenz" an die Anfänge der Intelligenzmessung und an William Stern, den Erfinder des IQ, verwendet man noch oft eine Skala, die den Mittelwert von 100 und eine Standardabweichung von 15 hat. Der von Wechsler zusammengestellte HAWIK (für Kinder) und der HAWIE (für Erwachsene) haben einen Mittelwert von 100 und eine Standardabweichung von 15 (s. Abb. 1, folgende Seite).

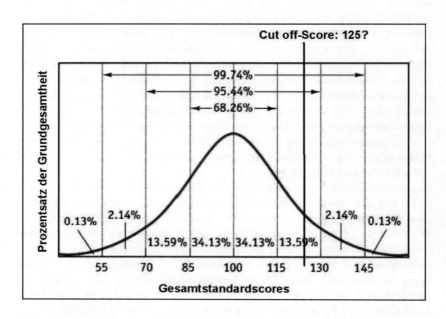

Abb. 1: Standardisierte Normalverteilung Skala: Mittelwert = 100, Streuung = 15

Man spricht aber heute noch – in alter Gewohnheit – von einem „IQ". Es handelt sich aber nicht mehr um einen „Quotienten", sondern um einen „Testgesamtwert", einen „Gesamtstandardscore".

Als Illustration, wie wenig aussagekräftig ein Gesamtstandardscore ist, den ein Proband/eine Probandin in einem Intelligenztest erzielt hat, darf noch kurz eine empirische Erhebung vorgestellt werden, die der Verfasser des vorliegenden Beitrags vor längerer Zeit durchgeführt hat:

Zwei Versuchsgruppen, die zur Zeit der Untersuchung Ausbildungskurse absolvierten (Entwicklungshelfer-Kandidaten und Polizeischüler) sowie eine Kontrollgruppe, die zum Zeitpunkt der Untersuchung keinem systematischen Lerntraining unterworfen war (inhaftierte Strafgefangene), wurden im Abstand von vier Monaten jeweils mit dem „Intelligenz-Struktur-Test" von R. Amthauer und mit dem „Leistungsprüfsystem" von W. Horn getestet. Es war dies, wie eben dargelegt, eine Längsschnittuntersuchung über einen Zeitraum von vier Monaten. Der Hauptzweck der Untersuchung war der Nachweis, dass selbst ein so kurzer Zeitraum von vier Monaten genügt, um statistisch signifikante Unterschiede hinsichtlich der Wirksamkeit eines Lerntrainings (die Strafgefangenen hatten kein Lerntraining) zwischen den drei genannten

Gruppen feststellen zu können. Ein Nebenergebnis der Untersuchung ist aber hier in diesem Zusammenhang von besonderem Interesse: Zwischen den genannten Gruppen konnten signifikante Unterschiede in den Gesamtstandardscores in den beiden genannten Verfahren (IST-Test und LPS-Test) nachgewiesen werden und dies noch dazu trotz sehr kleiner Stichproben: df = 18 (vgl. Olechowski 1976).

Abschied vom IQ? – Abschied vom Cut off-Score?

Der Gesichtspunkt, dass die besondere Hervorhebung des Gesamttestwerts (des „Gesamtstandardscores") problematisch ist, muss hier besonders deutlich herausgestellt werden. Es handelt sich um einen der wesentlichen Punkte des vorliegenden Beitrags.

In der eben kurz skizzierten Untersuchung war wiederholt von den beiden Tests, dem „Intelligenz-Struktur-Test" – „IST" (vgl. Amthauer 1955) und dem „Leistungsprüfsystem" – „LPS" (vgl. Horn 1983) die Rede. Im LPS gibt es keinen Subtest mit Aufgaben, die dem Faktor „verbal" (Sprachgefühl) zugeordnet werden könnten, umgekehrt gibt es im IST sehr wohl solche Aufgaben, d.h.: im IST wird der Faktor „verbal" getestet, jedoch nicht der Faktor „wordfluency" (Wortflüssigkeit). Einen solchen Faktor gibt es aber im LPS. – Hingegen gibt es im LPS keine Subtests, welche die Faktoren „closure" (Gestalterfassung) und „memory" (Gedächtnis) erfassen.

Es darf daher nicht verwundern, dass bei Testungen einer Personengruppe, wo jede einzelne Versuchsperson sowohl im LPS als auch im IST getestet wird, viele der Versuchspersonen (einerseits im IST und andererseits im LPS) unterschiedliche Gesamtstandardscores erzielen!

Die Ermittlung des Gesamtstandardscores (sowohl im LPS als auch im IST): Es werden jeweils die von der Versuchsperson in den Subtests erzielten *Rohscores addiert*. Der Gesamtrohscore wird dann – durch Ablesen in einer Tabelle – *in den „Gesamtstandardscore" umgewandelt*. – Es sei hier wiederholt: Diese Vorgangsweise gilt für beide Tests, sowohl für den IST als auch für das LPS.

Die Erklärung der Diskrepanzen (für viele der Versuchspersonen) zwischen LPS und IST: Wenn man Unterschiedliches (sc.: die in den Subtests erzielten Rohwerte im IST einerseits und im LPS andererseits) addiert, erhält man auch unterschiedliche Summen (für *ein und dieselbe Person!*) – als Umwandlungsbasis für den „Gesamtstandardscore". Die Ermittlung des jeweiligen Gesamtstandardscores erfolgt im Prinzip bei jedem der beiden Tests in derselben Weise (so wie – im vorhergehenden Absatz – beschrieben).

Wenn somit jetzt ein dritter Intelligenztest kurz beschrieben wird, brauchte man sich nicht zu wundern, wenn eine Testung mit jenem Test wiederum ziemlich andere Ergebnisse hinsichtlich des Gesamtstandardscores erbringen würde.

Als dritter, hier kurz zu beschreibender Test wird der „Hamburg-Wechsler-Intelligenztest 1 – für Erwachsene", Revision 1991 (HAWIE-R), (vgl. Tewes 1991) ausgewählt.

Dieser Test ist ebenso wie die beiden eben erwähnten Tests, IST und LPS, ein Test, der an vielen Orten und Situationen, an Ambulatorien, bei diversen Psychologischen Diensten (der Gemeinden, der Länder oder des Bundes) oder in Privatpraxen sehr beliebt ist und häufig verwendet wird.

Zwei seiner Merkmale sind gänzlich anders als bei den anderen, vorhin vorgestellten Tests:

1.) Der HAWIE-R ist ein Test, der prinzipiell für Einzeltestungen vorgesehen ist. (Die beiden anderen hier vorgestellten Tests, IST und LPS, können sowohl für Gruppen- als auch Einzeltestungen herangezogen werden.)

2.) Der Test hat einen „Verbal-" und einen „Handlungsteil" (Beispiele aus dem Handlungsteil: „Bilderordnen", „Mosaik-Test", „Figurenlegen".)

Im „Brickenkamp Handbuch", dem zweibändigen Standardwerk, wird über das Grundkonzept des Tests berichtet: „Dem HAWIE-R liegt ebenso wie allen anderen Wechsler-Tests das Konzept der allgemeinen Intelligenz zugrunde. Implizit wird von einer Hierarchie ausgegangen: An der Spitze steht die allgemeine Intelligenz, die sich in eine ‚Verbal'- und eine ‚Handlungs'-Intelligenz unterteilt. Die Handlungs-Intelligenz soll auch die nichtintellektuellen Faktoren intelligenten Verhaltens erfassen." (Brähler/Holling/Leutner/Petermann 2002, 142)

In diesem Zusammenhang ist es besonders interessant, was eine durchgeführte Faktorenanalyse ergeben hat: „Eine Faktorenanalyse der Korrelationsmatrix für die Gesamtstichprobe (N = 2000) ergab zwei Faktoren, die zusammen knapp 56% der Gesamtvarianz aufklären. Die 6 Untertests des Verbalteils haben ihre höchsten Ladungen auf dem ersten Faktor, der einen Varianzanteil von 45,6% aufweist. Die 5 Untertests des Handlungsteils laden am höchsten auf dem zweiten Faktor, der einen Varianzanteil von 10,7% besitzt. Dieses Ergebnis entspricht dem Konzept von D. Wechsler, Handlungs- und Verbalteil separat auszuwerten; allerdings haben die Untertests „Zahlennachsprechen" und „Rechnerisches Denken" nicht unerhebliche Ladungen auf beiden Faktoren." (Brähler/Holling/Leutner/Petermann 2002, 144)

Schon diese kurze Beschreibung des Tests zeigt klar, dass das von Haus aus gänzlich andere Intelligenz-Konzept des HAWIE-R (Wechsler-Test für Erwachsene) weder mit dem IST von Amthauer noch mit dem LPS von Horn zu vergleichen ist. Es fehlen in diesem Test auch viele Subtests, die in den anderen Tests vorhanden sind, so dass gesagt werden muss, dass viele Bereiche der Intelligenz durch diesen Test allein – ohne Zuhilfenahme anderer Verfahren – nicht abgedeckt werden.

Für die hier interessierende Frage: Was sagt eine Gesamtzahl der Intelligenz („IQ") über die Intelligenz eines Menschen aus? zeigt sich: Eine solche Gesamtzahl („Gesamttestwert", „Gesamtstandardscore") ist nicht wirklich hilf-reich. Viel anschaulicher und brauchbarer wäre eine Feststellung eines Bega-bungsschwerpunkts, allenfalls mehrerer Begabungsschwerpunkte.

Jetzt aber wieder zurück, zu der von H. Gardner entwickelten Theorie der Intelligenz und zu der durch seine Forschungen eingeleiteten *Wende der Hochbegabtenforschung*, welche durch die *faktorenanalytische Intelligenz-forschung* ermöglicht wurde:
Die „Identifikation" von Hochbegabten ist seit den faktorenanalytisch ge-stützten Forschungsarbeiten im Rahmen der Intelligenztheorien um Vieles schwieriger geworden. War es vor der faktorenanalytisch beeinflussten Intel-ligenzforschung noch möglich, einen „Gesamttestscore" (nach wie vor als „Intelligenzquotient" bezeichnet) als „Cut off-Score" zu definieren (d.i. die Festlegung, dass z.B. alle Testpersonen mit einem Gesamttestscore von 130 oder höher als „hochbegabt" gelten, während die Testpersonen mit einem niedrigeren Gesamtscore als 130 *wegfallen*; daher: „Cut off-Score"), ist ein so einfaches Verfahren – sofern die Testpersonen keine Kinder, sondern Ju-gendliche oder Erwachsene sind – mittlerweile nicht mehr sinnvoll.
Heute ist es aber nötig festzustellen, ob bzw. welche *Begabungsschwerpunkte* vorliegen. Für die „Identifikation" von „Hochbegabten" sollte allerdings – zwecks einer einheitlichen Vorgehensweise – zusätzlich zur Feststellung ei-nes Begabungsschwerpunktes vielleicht doch auch ein Cut off-Score definiert werden – jedoch möglichst durch *drei* Tests abgesichert! Dieser Cut off-Score könnte allerdings in Anbetracht des Vorliegens eines oder mehrerer Begabungsschwerpunkte möglicherweise etwas niedriger angesetzt werden, vielleicht nicht bei einem Punktwert von 130, sondern schon bei 125. – Selbstverständlich sollte auch klar – durch eine „operationale Definition" – festgelegt werden, bei welchen Gegebenheiten von einem „Begabungs-schwerpunkt" gesprochen werden kann.
Die Festlegung der Kriterien (sowohl für den Schwerpunkt als auch für den Cut off-Score) müssten in den zuständigen schulischen Gremien, gemeinsam mit dem Schulerhalter (bzw. mit den Repräsentanten des Schulerhalters) und mit allfälligen Sponsoren von Einrichtungen der Hochbegabtenförderung im Detail besprochen werden. – Jedenfalls sollte der provozierende Buchtitel von Howard Gardner ernst genommen werden: „*Abschied vom IQ*". Ernst genommen in dem Sinn, dass der von einem/einer Schüler/in erreichte Ge-samttestscore *nicht als alleiniges Kriterium* für die Klassifikation als „Hoch-begabter/Hochbegabte" erachtet werden kann. *Begabungsschwerpunkte sind mindestens ebenso wichtig wie eine allgemeine hohe kognitive Hochbega-bung.*

2.3 P.J. Guilford

Ein weiterer Meilenstein in der Intelligenzforschung war die Entdeckung von P.J. Guilford, dass es neben den bis dorthin üblichen Aufgaben, aus denen Intelligenztests aufgebaut waren und die ein *„konvergentes Denken"* erfordern, auch Aufgaben ganz anderer Art gibt. Diese Aufgaben erfordern ein *„divergentes Denken"*, auch *„Kreativität"* genannt (vgl. Guilford 1956).

Ein Beispiel für konvergentes Denken:
2   5   3   6   4   7   5   8   ?
Wie heißt die nächste Zahl?
Lösung: 6.

Ein solcher Test kann mit Hilfe einer Schablone ausgewertet werden.
Zwei Beispiele für divergentes Denken:
1.) Was alles kann ich mit einem „Ziegelstein" (= „Backstein") machen?
2.) Die Versuchsperson hört in der Testsituation den Anfang einer Erzählung.
Die Aufgaben der Versuchsperson: a) einen traurigen Schluss, b) einen lustigen Schluss, c) einen unerwarteten Schluss zu der begonnenen Erzählung schreiben.
Eine Untersuchung von J. W. Getzels und Ph. W. Jackson (1962) zeigte Folgendes:
Gruppe A: Die Versuchspersonen gehörten zu den 25% Besten im konvergenten Denken, nicht aber zu den 25% Besten im divergenten Denken.
Gruppe B: Die Versuchspersonen gehörten zu den 25% Besten im divergenten Denken, nicht aber zu den 25% Besten im konvergenten Denken.
Die Untersuchung von Getzels und Jackson ist mit dieser Aufstellung der beiden Gruppen beendet. Zweck der Untersuchung war es, konkret zu zeigen, dass es zwei solcher Extremgruppen tatsächlich gibt.

Schlussfolgerung: Hätte man bei der Gruppe B den Test für das divergente Denken nicht angewendet, wäre diese Gruppe von Versuchspersonen nicht in eine „Hochbegabtengruppe" genommen worden. Es hätte sich in diesem Fall um eine Gruppe „Hochbegabter" gehandelt, die mit Hilfe des Tests (der nur Aufgaben für konvergentes Denken enthalten hätte) nicht „identifiziert" worden wäre. Diese Hochbegabten, die in manchen Tests (z.B. in Tests, die das konvergente Denken prüfen) nicht gut abschneiden, können in der Praxis oft nicht als kognitiv hochbegabt erkannt werden. Eine solche Gruppe von Personen nennt man *„Underachievers".*
Allerdings sollte man die Unterschiede zwischen „konvergentem" und „divergentem Denken" auch nicht in übertriebener Weise betonen. Es wird in der einschlägigen Fachliteratur darauf hingewiesen, dass es oft hohe Korrelationen zwischen Tests gibt, wovon einer das „konvergente Denken" erfordert

und der andere Test dem „divergenten Denken" zuzurechnen ist; solche Korrelationen sind oft höher als Interkorrelationen zwischen Tests, die ausschließlich das „konvergente Denken" oder Interkorrelationen zwischen Tests, die ausschließlich das „divergente" Denken prüfen. (Ausgedrückt in einem Bild: Familie A (= Interkorrelationsmatrix von Subtests zum konvergenten Denken), Familie B (= Interkorrelationsmatrix von Subtests zum divergenten Denken). Die Ähnlichkeiten zweier Personen, von denen die eine aus der Familie A stammt, die andere aus der Familie B, sind oft größer als die Ähnlichkeiten zweier Personen, die entweder beide aus der Familie A oder beide aus der Familie B stammen (s. Abb. 2).

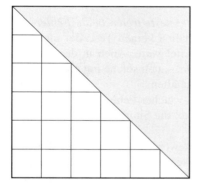

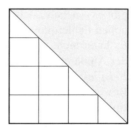

divergentes Denken   konvergentes Denken

Abb. 2: Interkorrelationen

Lehrer und Lehrerinnen könnten möglicherweise erwarten, dass Schüler/innen mit hoher Kreativität beim Unterricht in der Schulklasse immer die angenehmsten Schüler/innen sind. Bei einer solchen Vermutung wird übersehen, dass Personen mit einer deutlichen Tendenz zum divergenten Denken bei der Erarbeitung eines Problems in der Schulklasse oft „eigene Wege", andere Wege gehen, als der/die Lehrer/in es im Augenblick beabsichtigt. – Dies führt dann oft zu Schwierigkeiten zwischen dem/der Lehrer/in und den divergent denkenden und handelnden Schüler/inne/n.

Es ist zwar geradezu eine Selbstverständlichkeit, dass eine Addition von jeweils „Unterschiedlichem" (bei dem hier vorliegenden Problem: die Addition aus Ergebnissen in jeweils unterschiedlichen Subtests) auch jeweils unterschiedliche Summen erbringt, aber die geradezu blind machende Faszination eines „IQ" bzw. eines „Gesamt-Standardscores" zwingt umso mehr zu einer eindringlichen Mahnung zur Unterlassung eines solchen Unfugs.

3 Eignungstests und Auslesetests

3.1 Alpha- und Beta-Fehler

Im Folgenden werden vier Begriffe verwendet:

1: „Testsituation",

2: „Ernstsituation".

3: „Alpha-Fehler": In der Testsituation wird ein/e Proband/in als „geeignet" bezeichnet, in der Ernstsituation stellt sich heraus, dass er/sie ungeeignet ist.

4: „Beta-Fehler": In der Testsituation wird ein/e Proband/in (nach einem hier nicht zu erörternden Kriterium) als „nicht geeignet" bezeichnet, es sei angenommen, dass er/sie dennoch in die „Ernstsituation" gelangt, dort zeigt es sich, dass er/sie „geeignet" ist.

Sowohl bei Eignungstests als auch bei Auslesetests treten beide Fehler auf. Es gibt in den empirischen Sozialwissenschaften keinen Test, der nicht mit einer diesbezüglich hohen Fehlerquote behaftet wäre. Auch in der Medizin gibt es – neben „sicheren" Diagnosemethoden – auch solche mit einer ähnlich hohen Fehlerquote wie in den Sozialwissenschaften.

Es kann nicht von Haus aus gesagt werden, welcher Fehler gravierender ist, der Alpha- oder der Beta-Fehler. Es kommt auf die Situation an.

Beispiel: Alpha-Fehler

Bewerber für den Beruf eines „Flugpiloten" werden üblicherweise diversen (medizinischen und psychologischen) Untersuchungen und Prüfungen unterzogen. Unter den psychologischen Untersuchungen finden sich Tests aus dem Bereich der Intelligenz, der Konzentrations*fähigkeit* und des Konzentrations*verlaufs,* Testungen, wie der Betreffende in Stress-Situationen reagiert usw.

„Alpha-Fehler" bedeutet in diesem Fall die Vorhersage (aufgrund der Testung), dass der Betreffende in der „Ernstsituation" richtig (d.h. zweckmäßig) reagieren wird. Daher wird der Betreffende für den Beruf des Flugpiloten als „geeignet" bezeichnet. Der Bewerber wird zum Beruf des Flugpiloten zuglassen. In einer heiklen „Ernstsituation" kommt es dann jedoch zur Katastrophe.

Vermeidung eines Alpha-Fehlers

Was kann man tun, um solche Fehler künftighin zu vermeiden?

Zwei Möglichkeiten bestehen:

Erstens, man wechselt den Test aus, an dem es lag, dass der Fall zu einem „Alpha-Fehler" wurde. Es tritt allerdings dabei sehr oft die Frage auf, ob ein solcher Test tatsächlich verfügbar ist bzw. ob aus irgendwelchen Gründen jener Test, der zunächst verwendet worden war, nicht auch bestimmte Vorzüge habe, weshalb man ihn nicht gern gegen einen anderen Test austauscht.

Zweitens, man verändert das Kriterium in jenem Test, an dem der Fehler lag. Das Ändern des Kriteriums bedeutet, dass man den „Cut off-Score" des betreffenden Tests in jene Richtung verändert, dass der Test „schwieriger" wird, d.h., dass künftighin weniger Personen als bisher den Test bestehen

werden. In diesem Fall sollte man sich aber dessen bewusst sein, dass Alpha-
und Beta-Fehler zueinander in einem Verhältnis der Komplementarität stehen. Graphisch veranschaulicht, bedeutet dies: In einen Halbkreis zeichnet
man an einer beliebigen Stelle den Radius ein, den einen der beiden Kreis-
sektoren (die durch das Einzeichnen des Radius entstehen) bezeichnet man
mit „Alpha", den anderen mit „Beta". Wenn man das Kriterium des Tests in
einer Weise verändert, dass der Test „schwieriger" wird, bedeutet dies, dass
man den in den Halbkreis eingezeichneten Radius so verändert hat, dass der
Kreissektor „Alpha" *kleiner wird,* gleichzeitig wird der Kreissektor „Beta"
größer. Dies bedeutet: *Es werden künftighin die Alpha-Fehler verringert, die
Beta-Fehler hingegen werden häufiger werden.* Im Beispiel mit einem Flugpiloten wird man vermutlich allgemeine Zustimmung erhalten, dass die Ver-
ringerung des Alpha-Fehlers die in diesem Fall zu erstrebende Lösung des
Problems ist.

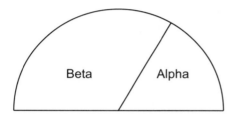

Abb. 3: Alpha- und Beta-Fehler

Vermeidung eines Beta-Fehlers
Im Falle, dass für den Besuch eines bestimmten Schultyps eine Aufnahme-
prüfung erforderlich ist, empfiehlt es sich ganz allgemein danach zu trachten,
dass die Prüfung nicht allzu schwierig ist, d.h., es sollten Alpha-Fehler in
Kauf genommen und somit – zugleich – Beta-Fehler möglichst vermieden
werden. Diese Empfehlung kann folgendermaßen begründet werden:
Wenn ein Schüler/eine Schülerin durch eine Testung in einen Ausbildungs-
gang eingeteilt wurde, der weniger Anstrengung von ihm/ihr erfordert, vollzieht sich dann oft die aus der Sozialpsychologie bekannte Gesetzmäßigkeit,
dass derjenige/diejenige, der/die irrtümlich in die weniger Anstrengung erfordernde Gruppe eingeteilt wurde, seine/ihre Leistungen *von sich aus* ab-
senkt. *Der/die Schüler/in wächst nur allzu rasch in die ihm/ihr zudiktierte
Rolle, die zugleich weniger Anstrengung kostet, hinein.*

3.2 In Ausleseuntersuchungen Abgewiesene

Angenommen, ein Absolvent der Allgemeinbildenden Pflichtschule sei – nach Erfüllung seiner „Schulpflicht" – unschlüssig, welchen handwerklichen Beruf er erlernen solle und er begebe sich daher zu einer Stelle, welche eine Berufsberatung (inkl. *„eignungspsychologischer Testung"*) durchführt. Er hätte ein gewisses Interesse, den Beruf eines Kfz-Mechanikers zu erlernen, aber auch der Beruf eines „technischen Zeichners" würde ihn interessieren. – Diese Situation ist gänzlich anders, als wenn man zum Beispiel annimmt, dass ein 30-jähriger Mann, der mitten im Berufsleben steht, jedoch aus finanziellen Gründen, aber vielleicht auch aus einem echten Interesse seinen Beruf wechseln und Flugpilot werden möchte. Angenommen, er wendet sich daher an eine Fluggesellschaft, bei der dieser junge Mann eine entsprechende Stelle anstrebt, und er unterzieht sich einer *Ausleseuntersuchung*, welche diese Fluggesellschaft als Aufnahmebedingung vorschreibt. Bei dieser Ausleseuntersuchung (dies sei zusätzlich bei diesem Beispiel angenommen) hätten sich noch weitere Interessenten gemeldet und zu einem bestimmten Termin würden sich alle – angenommen acht Bewerber – der Ausleseuntersuchung unterziehen. Die Fluggesellschaft benötigt jedoch nicht alle acht Bewerber, sondern nur drei. Diese Situation sei der Fluggesellschaft jedoch sehr recht, denn das Verhältnis von „Eignung" und „Neigung" sei erfahrungsgemäß ohnehin so, dass etwa jeweils nur ein Drittel der jeweiligen Bewerber den gegebenen Anforderungen entspricht. (Der Einfachheit halber sei angenommen, dass diese Gruppe von acht Bewerbern keine atypische Gruppe sei, sondern dass auch in diesem Fall nur ca. ein Drittel der Bewerber geeignet sei.)

Die Situation ist insofern zu der oben skizzierten anders, als der Absolvent der Pflichtschule *Rat* sucht, der 30-jährige Mann sich jedoch bei seinem präsumtiven Dienstgeber bewirbt und dort *aufgenommen* oder *abgewiesen* wird. Der Absolvent der Pflichtschule ist nicht auf der Suche nach einem Dienstverhältnis, sondern er möchte – ganz allgemein – seine Eignung feststellen lassen. Im schlechtesten Fall könnte ihm mitgeteilt werden, dass er weder für den einen noch für den anderen der beiden von ihm angestrebten Berufe geeignet sei. Wenn die eignungspsychologische Untersuchung und die anschließende Beratung auf ihn „fachlich kompetent" wirken und er rationalen Argumenten zugänglich ist, dann ist auch er – analog dem 30-jährigen Mann, der bei der Ausleseuntersuchung vielleicht nicht entspricht – von der Verwirklichung seiner beruflichen Wünsche – de facto – ausgeschlossen. Dennoch ist die Situation bei ihm, verglichen mit der Situation des 30-jährigen Mannes, insofern eine andere, als es in der Situation des Jugendlichen an ihm liegt, ob er den ihm erteilten Rat in den Wind schlägt oder nicht.

Im Falle einer für den Ratsuchenden/die Ratsuchende unerfreulichen Mitteilung über die Ergebnisse der durchgeführten Eignungsuntersuchung entscheidet der/Ratsuchende/die Ratsuchende selbst über die Konsequenzen. Ungleich schwieriger ist die Situation für den Bewerber/die Bewerberin nach einer Ausleseuntersuchung, die das Ergebnis erbracht hat, dass ihm/ihr die begehrte Aufnahme an die Ausbildungsstätte – z.B. an die Schule für Hochbegabte – oder das von ihm/ihr erstrebte Dienstverhältnis bei einem präsumtiven Dienstgeber nicht bewilligt wird bzw. nicht zustande kommt. Besonders tragisch ist es, wenn ein solches Ergebnis im Auswahlverfahren durch einen Beta-Fehler zustande kommt!

4 „Intelligenz" und „Schulleistungen" – im Spannungsfeld von Aktivität und Inaktivität

Bei jedem psychologischen Test wie auch bei jeder Klausurarbeit in der Schule – gleichgültig für welches Fach – erhalten wir die „effektiven Leistungen" des Probanden/der Probandin. Pointiert ausgedrückt: gerade diese effektiven Leistungen interessieren uns nicht, sondern wir möchten – über diesen Test oder die entsprechende Prüfungsarbeit hinaus – wissen, wie der Schüler/die Schülerin, die Testperson „eigentlich" ist.

4.1 Effektive Testleistung

In der „klassischen Testtheorie" heißt es einfach: Im Test erhalten wir von einer Gruppe von Testpersonen die „wahre Varianz" plus „Fehlervarianz". Vielleicht lässt sich aber das Problem auch etwas anders sehen, was dann, wie zu hoffen, in der Begabungsdiagnostik auch weiterhilft.

Als These lässt sich formulieren: Die effektive Testleistung ist – prinzipiell – geringer als das (fiktive) Leistungspotential. Mögliche Ursachen für die Diskrepanz zwischen den effektiven Leistungen und dem Leistungspotential:

subjektiv (durch die Testperson bedingt), durch
– Ermüdung der Testperson
– Prüfungsangst
– „neurotisch bedingte" Denkhemmung
– Schwankungen in der Gesundheit (z.B. eine geringfügige Erkältung)

objektiv (durch die Gestaltung der Testsituation), durch
– ungünstiges verbales Verhalten des Testleiters/der Testleiterin Ermüdung der Testperson
– ein unerwartetes Ereignis: Nicht der Kursleiter – wie vielleicht vorher angekündigt – führt den Test durch, sondern ein völlig fremder „Testleiter"
– die Raumtemperatur (zu kalt oder zu warm)

134

4.2 Leistungspotential

Als These lässt sich formulieren: Das Leistungspotential ist – prinzipiell – höher als die effektiven Leistungen. Es handelt sich um die fiktiven Leistungen einer Testperson, die sie unter optimalen Prüfungsbedingungen erbringen könnte.

– subjektiv optimale Prüfungsbedingungen (hoch motiviert, zugleich nicht gehemmt durch Prüfungsangst oder andere Leistungshemmnisse, die in der Testperson selbst begründet sind; keinerlei gesundheitliche Beeinträchtigungen)
– objektiv optimale Prüfungsbedingungen (Gestaltung des Tests, Verhalten des Testleiters/der Testleiterin)

Bei den Überlegungen für die Benotung in einem Jahreszeugnis werden die Noten, welche der/die Schüler/innen während des Jahres auf die Klausurarbeiten erhalten haben, meistens so eingeschätzt, als wäre keines der (oben angeführten, fiktiven) Probleme auch tatsächlich relevant gewesen. Es werden die Klassifikationsnoten, welche der/die Schüler/in auf die Klausurarbeiten erhalten hat, so gewertet, als wären die Leistungen des Schülers/der Schülerin durch die oben angedeuteten Umstände oder ähnliche in keiner Weise beeinträchtigt worden.

Dieselben Probleme, die hier für den Fall von Klausurarbeiten diskutiert werden, wären – mutata mutandis – auch bei allfälligen Testungen anzuführen, die zu Zwecken der „Identifikation" von Hochbegabten durchgeführt werden.

4.3 Kapazität

Als These lässt sich formulieren: Die Kapazität einer Testperson ist – prinzipiell – höher als das Leistungspotential. Man versteht darunter die optimalen (fiktiven) Leistungsmöglichkeiten einer Testperson unter der (fiktiven) Voraussetzung, dass die Testperson maximal – bis an die Grenzen ihrer erblich gegebenen Möglichkeiten – trainiert wäre.

Als Ursachen für die Diskrepanz zwischen „Leistungspotential" und „Kapazität" können mangelndes geistiges Training („Lorbeereffekt", davon betroffen: höhergestellte Persönlichkeiten, die durch Repräsentationsaufgaben überlastet sind) oder Lernverwahrlosung gelten.

5 Konklusionen

Was erhält man bei einer (oder mehreren) Testungen, die mit der Absicht der „Identifikation" von Hochbegabten durchgeführt werden? Sicherlich die „effektiven Leistungen". Sie als identisch mit dem Begriff des „Leistungspotentials" oder gar der „Kapazität" anzunehmen, hieße, alle hier aufgezeigten Probleme bewusst außer Acht zu lassen.

Was ist das Ziel einer Testung zum Zwecke der Identifikation von Hochbegabten? Zweifellos durch die Testung eine – zumindest ungefähre – Vorstellung von der Kapazität der Getesteten zu erhalten. Dazu bedarf es allerdings
– mehr Aufwand, als mit Hilfe einer Testschablone festzustellen, welche bzw. wie viele der Testaufgaben richtig gelöst worden sind,
– mehr Aufwand, als die Rohscores des Probanden/der Probandin für jeden Subtest in altersspezifische Standardscores umzuwandeln und
– mehr Aufwand, als eine Zahl für den „Testgesamtwert" (bzw. einen „Gesamtstandardscore") und somit einen Cut off-Score – für Ausleseuntersuchungen – zu ermitteln.

Wie sind die oben genannten Forderungen zu realisieren?

– Es sollte unbedingt bewirkt werden, dass alle Betroffenen (Psychologen/inn/en, Lehrer, Eltern – und auch die in Rede stehenden Schüler/innen) wissen, dass der Gesamtstandardscore („IQ") eines Intelligenztests nichts sagend bis irreführend sein kann. Aussagekräftiger, wichtiger und weniger missverständlich als ein Gesamtstandardscore in einem Intelligenztest ist die Darlegung, ob und welcher Begabungsschwerpunkt/welche Begabungsschwerpunkte ein konkreter Schüler/eine konkrete Schülerin hat.
– Ferner ist es wichtig, dass alle Betroffenen wissen, dass es unrichtig wäre, „Intelligenz" als unwandelbare, von Geburt an als eine in unabänderlicher Weise mitgegebene Größe zu erachten. Die „aktualisierte Intelligenz" kann – durch entsprechendes intellektuelles Training – nahe der „Kapazität", kann aber auch – durch mangelnde Geübtheit – von der „Kapazität" weit entfernt sein. In dieser Hinsicht ist auch die (leider allgemein gebräuchliche) Formulierung „Identifikation" von Hochbegabten irreführend: Der wichtige Gesichtspunkt der *Entwicklung der Intelligenz* durch das Ausmaß des intellektuellen Trainings wird durch die Formulierung „Identifikation" verwischt bzw. geradezu negiert.
– Zweifellos ist es gerechtfertigt, wenn man von Problemen der „kognitiven Hochbegabungen" spricht, das Hauptaugenmerk auf Fragen der objektiven, reliablen (= „zuverlässigen") und validen (= „gültigen") Ermittlung der Intelligenz durch eine Intelligenztestung (inkl. Erhebung der Kreativität) zu richten. Es ist jedoch ebenso wichtig, an dieser Stelle klar zu sagen, dass es zu wenig wäre, bei einer „Identifikation" von Hochbegabten sich nur auf die Erfassung der intellektuellen Leistungen der Schüler und Schülerinnen zu beschränken. Es sind auch andere Dimensionen wichtig: Die *Konzentrationsstärke*, der *Konzentrationsverlauf*, die *Interessen* der Schüler/innen sowie ihre Motivation (vgl. Heller/Perleth 2000) und nicht zuletzt: der Grad ihrer *„Soziabilität"* (d.h. die Fähigkeit der Schüler/innen zu sozialer Einordnung und Anpassung, ihre Tragbarkeit innerhalb einer sozialen

Gruppe) (vgl. Peters 2004) und ihre Bereitschaft, in der Gruppe zu arbeiten, mit ihren Mitschüler/inne/n zu kooperieren.

Die meisten dieser Forderungen nach Umsetzung der im vorliegenden Beitrag gewonnenen Erkenntnisse sind heute allgemeiner Standard der Hochbegabtendiagnostik. Klarerweise finden sie sich auch in dem von K. A. Heller herausgegebenen Lehrbuch der Hochbegabtendiagnostik (vgl. Heller 2000).

- Es wären *mehrere Testungen und Beratungsgespräche* zwischen Schulpsycholog/inn/en und Anwärter/inn/en zur Hochbegabtenförderung zu empfehlen – die in einem nicht zu geringen zeitlichen Abstand aufeinanderfolgen sollten. Nach Möglichkeit sollten bei solchen wiederholten Testungen einerseits Parallelformen zu den schon bei vorhergehenden Terminen angewendeten Tests, andererseits aber – ganz bewusst – auch *unterschiedliche* Tests herangezogen werden (zum Vergleich von früher erhobenen Werten in derselben psychischen Dimension).
- In Einzelfällen wären auch Tests in Erwägung zu ziehen, die nicht als Gruppentests vorgegeben werden können, sondern von Haus aus als Tests für *Einzeluntersuchungen* konzipiert sind. (Dem Verfasser des vorliegenden Beitrags ist es bewusst, dass besonders die zuletzt genannte Forderung in der Praxis sehr schwer durchführbar sein wird. Trotzdem darf man solche Forderungen nicht verschweigen, sondern sollte mit den Bemühungen zur Durchsetzung solcher Forderungen möglichst bald beginnen.)
- Das Testen allein wäre aber nicht zielführend. Psycholog/inn/en müssten sich ebenso bemühen, in *ausführlichen Explorationen* (pro Schüler/Schülerin mindestens zwei ausführliche Explorationen) jeden einzelnen Schüler/ jede einzelne Schülerin wirklich gut kennenzulernen.

Bei den Auswahluntersuchungen dürfen nicht nur die Gesichtspunkte des „Intellekts" und der „Begabungen" der Schüler/innen eine Rolle spielen. Es muss jeweils der ganze Mensch erfasst werden.

Literatur

Amthauer, R. (1955): Intelligenz-Stuktur-Test (IST). Göttingen

Brähler, E./Holling, H./Leutner, D./Petermann, F. (Hrsg) (2002): Brickenkamp Handbuch psychologischer und pädagogischer Tests. 2 Bde., Göttingen

Cattell, R. B. (1963): Theory of fluid and crystallized intelligence: A critical experiment. In: Journal of Psychology 54, pp. 1–22

Gardner, H. (1983): Frames of mind. The theory of multiple intelligences. New York, dt.(1991): Abschied vom IQ. Die Rahmentheorie der vielfachen Intelligenzen. Stuttgart

Getzels, J. W./Jackson, Ph. W. (1962) : Creativity and intelligence. New York

Guilford, J.P. (1956): The structure of intellect. In: Psychological Bulletin 53, S. 267–293

Heller, K. A. (Hrsg.) (2000): Begabungsdiagnostik in der Schul- und Erziehungsberatung. Bern

Heller, K.A./Perleth, Ch. (2000): Informationsquellen und Messinstrumente. In: Heller, K.A. (Hrsg.): Begabungsdiagnostik in der Schul- und Erziehungsberatung. Bern, S. 96–216

Heller, K. A. (2008): Von der Aktivierung der Begabungsreserven zur Hochbegabtenförderung. Bd. II, Berlin

Horn , W. (1983): Leistungsprüfsystem (LPS). Göttingen

Olechowski, R. (1976): Experimente zur Theorie der Inaktivitätsatrophie intellektueller Funktionen, In: Zeitschrift für Gerontologie 9, S. 18–24

Peters, U. H. (2004): Lexikon – Psychiatrie, Psychotherapie, Medizinische Psychologie. München

Rohracher, H. (1971): Einführung in die Psychologie. Wien-München-Berlin

Rost, D. H. (2000): Hochbegabte und hochleistende Jugendliche. Neue Ergebnisse aus dem Marburger Hochbegabtenprojekt. Münster

Tewes, U. (1991): Hamburg-Wechsler-Intelligenztest 1 für Erwachsene, Revision 1991 (HAWIE-R). Bern

Wechsler, D. (1939): Wechsler Bellevue Adult Scale (WAIS). New York

Wechsler, D. (1949): Wechsler Intelligence Scale for Children (WISC). New York

Detlef H. Rost & Jörn R. Sparfeldt

Hochbegabt und niedrig leistend – Underachievement aus psychologischer und pädagogischer Sicht

1 Erwartungsgemäße und erwartungswidrige Schulleistungen

„Bei seiner Begabung könnte Fritz doch eigentlich mehr leisten" oder „Lisa sollte eigentlich bessere Schulleistungen haben, sie ist doch ein kluges Mädchen" – solche oder ähnliche Aussagen bekommen Mütter und Väter immer wieder von den Lehrkräften ihrer Kinder zu hören. Offensichtlich bilden viele Eltern und Lehrkräfte erstens eine Erwartung über das Leistungsvermögen ihrer Kinder bzw. Schülerinnen und Schüler aus (beispielsweise im Sinne einer intuitiven Begabungseinschätzung) und vergleichen zweitens die tatsächlich gezeigten schulischen Leistungen mit dieser Erwartung. Nun können sich erwartete Schulleistungen und tatsächlich gezeigte Schulleistungen entsprechen („erwartungsgemäße Schulleistungen"; sogenannte „Achiever"); sie können aber auch voneinander abweichen („erwartungswidrige Schulleistungen").

Liegt die gezeigte Leistung, wie in den Eingangszitaten angedeutet, deutlich unterhalb der erwarteten Leistung, wird ein Phänomen angesprochen, das in unserem Sprachraum häufig etwas unglücklich „(erwartungswidrige) Minderleistung" genannt wird. In der Pädagogischen Psychologie und Erziehungswissenschaft hat sich dafür die aus dem angloamerikanischen Raum stammende Bezeichnung „Underachievement" eingebürgert. Schülerinnen und Schüler mit (erwartungswidrigen) Minderleistungen sind „Underachiever". Verwendet man im pädagogischen Zusammenhang den Begriff „Underachievement" korrekt, meint man eigentlich eine „in Relation zur Intelligenz erwartungswidrig schlechte (Schul-)Leistung".

Ebenfalls „erwartungswidrig" sind die schulischen Leistungen derjenigen Schülerinnen und Schüler, die deutlich bessere Leistungen erbringen, als man ihnen (beispielsweise aufgrund ihrer intellektuellen Ausstattung) zutraut.

Diese Kinder und Jugendlichen werden in der Fachliteratur als „Overachie-ver" bezeichnet (manchmal auch, ebenfalls etwas unglücklich, „Besser-leister" genannt; korrekt wäre die Bezeichnung „Schülerin bzw. Schüler mit erwartungswidrig guter [Schul-]Leistung"). „Overachiever" werden – anders als „Underachiever" – weder von ihren Lehrkräften noch von ihren Eltern als „Sorgenkinder" angesehen; naheliegenderweise wird bei ihnen kein besonde-rer Handlungsbedarf gesehen. Overachiever sind bislang nur selten Gegen-stand der Forschung in Pädagogischer Psychologie und Erziehungswissen-schaft gewesen, so dass nur sehr wenige belastbare Befunde zu diesem Phä-nomen existieren. Daher gehen wir in diesem Beitrag auf Overachievement und Overachiever nicht weiter ein.

2 Das Konzept „Underachievement"

Nur über die recht allgemeine Fassung von „Underachievement" als „erwar-tungswidrige Minderleistung" herrscht in der Literatur Einigkeit, Undera-chievement beschreibt eine Diskrepanz: Ein Leistungs-Potential (*Kompetenz*) wird nicht in entsprechende schulische Leistungen (*Performanz*) umgesetzt – die Leistung bleibt also deutlich hinter dem Potential zurück (vgl. Butler-Por 1993; McCall/Evahn/Kratzer 1992). Das Leistungspotential wird hierbei in der Regel als „Begabung", „kognitive Leistungsfähigkeit" oder „Intelligenz" gefasst und mit entsprechenden psychologischen Testverfahren gemessen. Bei kaum einem Konzept im Bereich der (Hoch-)Begabungsforschung und (Hoch-)Begabtenförderung gibt es so viele Unsicherheiten, Mutmaßungen und Meinungen wie bei Underachievement. Und bei kaum einem anderen psychologischen Konzept finden sich in der Beratungsliteratur für Eltern und Lehrkräfte, aber auch in der wissenschaftlichen Fachliteratur derart viele pro-blematische Aussagen – insbesondere auch, was die Definition und die Auf-tretenshäufigkeit von „Underachievern" betrifft. Deshalb gehen wir an dieser Stelle etwas genauer auf einige methodische Grundlagen und Befunde ein.

Die Beziehung (Korrelation) von Begabung bzw. Intelligenz und Leistung ist stets positiv, und zwar mittelhoch (im Durchschnitt liegt sie etwa um $r = .50$; vgl. Gustafsson/Undheim 1996; Helmke/Weinert 1997; Helmke/Schrader 2006; Rost 2009a). Das entspricht nicht nur unserer Alltagserfahrung, son-dern ist auch ein besonders gut gesichertes Ergebnis der pädagogisch-psycho-logischen Forschung. Diese mittelhohe Beziehung bedeutet nichts Anderes, als dass eine überdurchschnittlich intelligente Person mit einer höheren Wahrscheinlichkeit (auch) überdurchschnittlich gute als unterdurchschnittli-che (Schul-)Leistungen erbringt. Allerdings kann man die Schulleistung, wie schon angedeutet, wegen der (nur) mittleren Korrelation nicht perfekt aus der Kenntnis der Intelligenz vorhersagen – so, wie man die Intelligenz nicht per-fekt durch die Schulleistung vorhersagen kann. Leistung und Intelligenz (oder Intelligenz und Leistung, je nachdem, von welcher Seite man schaut) korrespondieren zwar erheblich, aber eben nicht eins zu eins. Das liegt erstens daran, dass sowohl die Intelligenz wie auch die Schulleistung nicht messfehlerfrei (d.h. vollkommen reliabel) gemessen werden können: Die maximal mögliche Korrelation zweier Merkmale resultiert nämlich aus dem Produkt der Reliabilitäten dieser beiden Merkmale. Und es liegt zweitens daran, dass Schulleistungen multipel determiniert sind: Neben dem kognitiven Potential einer Schülerin oder eines Schülers werden sie auch durch viele inhaltliche und situative Variablen beeinflusst (z.b. Arbeitsverhalten, Motivation, Interesse, Unterrichtsqualität, außerschulische Anregungsbedingungen). Von Underachievement sollte man sinnvollerweise nur dann sprechen, wenn bei einer Schülerin bzw. einem Schüler eine *pädagogisch-psychologisch relevante Diskrepanz* vorliegt, also die beobachtete Leistung (z.B. der Zensurendurchschnitt oder die mittels eines standardisierten Tests gemessene Schulleistung) *deutlich schlechter* als die aufgrund der intellektuellen *Kompetenz* (z.B. der mittels eines aktuell normierten Intelligenztests ermittelte Intelligenzquotient, der IQ) zu erwartende Leistung ist. Was „deutlich schlechter" meint, das ist letztlich Konsenssache. Weit verbreitet ist der Ansatz, aufgrund der Korrelation zwischen dem Prädiktor (Intelligenz) und dem Kriterium (Schulleistung) statistisch vorherzusagen, welche Leistung man bei einer bestimmten Intelligenzhöhe zu erwarten hätte (vgl. Thorndike 1963). Ist der Abstand der beobachteten von der erwarteten Leistung so groß, dass man ihn nicht mehr auf Zufälligkeiten zurückführen kann (dafür gibt es in der Psychologie entsprechende statistische Verfahren), dann wird im Hinblick auf die betreffende Person von einem Underachiever gesprochen (vgl. Sparfeldt/Schilling 2006).

Man sieht also, dass die diskrepanzbasierte Definition nur eine relative ist: Je nach Intelligenzhöhe führt das dazu, dass Kinder mit merklich verschiedenen Schulleistungen allesamt als Underachiever tituliert werden, was z.B. bei Höchstbegabten zu absurden Schlussfolgerungen führen kann (vgl. Hanses/Rost 1998). Hierfür ein Beispiel: Ein Schüler habe einen IQ von 160, also eine exzeptionelle intellektuelle Leistungsfähigkeit, wie sie nur extrem selten vorkommt (nämlich bei einer Person unter rund 30.000). Wenn er einen – bereits deutlich von dem erwarteten Leistungswert abweichenden – Leistungsprozentrang von „nur" 97 erreicht (also lediglich 3 % seiner Mitschülerinnen bzw. Mitschüler besser wären als er), er also „immer noch" extrem gute Leistungen erbrächte, dann wäre er nach dieser rein relativen Diskrepanzdefinition schon ein Underachiever, obwohl er Spitzenleistungen zeigt. Hier noch von einem Underachiever zu sprechen, wäre jedoch alles andere als überzeugend. Aus diesem Grund sollte bei Hochbegabten diese rein statistische Definition noch durch ein *inhaltliches Kriterium* ergänzt werden, welches die pädagogisch-psychologische Bedeutsamkeit bestimmt (z.B. die Notwendigkeit einer weit über das übliche Maß hinausreichenden pädagogisch-psychologischen Betreuung). Ein solches inhaltliches Kriterium könnte z.b. sein, dass die Schulleistung höchstens durchschnittlich ist (wenn man sie mit der Grundgesamtheit aller Schülerinnen und Schüler vergleicht, welche die gleiche Klassenstufe besuchen oder gleichaltrig sind).

Weiterhin ist der statistische Regressionseffekt ins Kalkül zu ziehen: Je extremer ein Messwert vom Populationsmittelwert entfernt ist, desto wahrscheinlicher wird er sich von der Ersttestung zur Zweittestung zum Populationsmittelwert hin verändern (vgl. Rost 2007, 100–106). Dieser Regressionseffekt wird bei Arbeiten zum Underachievement häufig vernachlässigt, was dann leicht zu Missinterpretationen führt (vgl. dazu ausführlicher Lohman/ Korb 2006). Bei Berücksichtigung des statistischen Regressionseffekts würde sich für Hochbegabte das Vertrauensintervall im Vergleich zu durchschnittlich Begabten fast verdoppeln. Wenn dies bei der Untersuchung von hochbegabten Underachievern nicht beachtet wird (so z.b. bei Stoeger/Ziegler/Martzog 2008), werden Höchstintelligente (z.b. IQ 140) mit einer beobachteten Schulleistung, die eine Standardabweichung unter ihrer gemessenen Intelligenz liegt, fälschlicherweise als Underachiever bezeichnet. Bei einer angenommenen Korrelation von $r = .45$ bis $r = .50$ zwischen IQ und Schulleistungen ist nämlich bei Hochbegabten eine Differenz von einer Standardabweichung kaum erwartungswidrig.

Dieser Sachverhalt soll an drei fiktiven Beispielen verdeutlicht werden, bei denen jeweils eine Korrelation von $r = .50$ zwischen Intelligenz und Schulleistung (z.B. Zensurendurchschnitt in den Hauptfächern, intelligenzanalog als Schulleistungsquotient [SLQ] skaliert mit einem Mittelwert von $M = 100$ und einer Standardabweichung von $S = 15$) angenommen wird, was aufgrund der zusammenfassend erwähnten empirischen Befunde nicht unrealistisch ist. Zur Definition von „Underachievement" sei gefordert, dass der beobachtete SLQ(b) eine Streuungseinheit (= 15 Punkte) unter dem aufgrund des IQs vorhergesagten SLQ(e) liegen soll:

– Fall A: Die bei einem Schüler gemessene Intelligenz beträgt IQ = 146, die beobachtete Schulleistung SLQ(b) = 122. Trotz der Diskrepanz von etwa 1.6 Standardabweichungen zwischen IQ und SLQ(b) würde man dennoch nicht von einem „Underachiever" sprechen, da die aufgrund des IQs bei gegebener Korrelation zu erwartende Schulleistung um SLQ(e) = 125 liegt. Dass hier die beobachtete SLQ(b) ein wenig kleiner als die zu erwartenden SLQ(e) ausfällt, ist unerheblich, da weit unterhalb des Kriteriums von 15 Punkten Differenz liegend (und zusätzlich auch nicht gegen den Zufall abzusichern).

– Fall B: IQ = 127, SLQ(b) = 88. Aufgrund des IQs wird SLQ(e) = 114 erwartet. Die Differenz zwischen SLQ(b) und SLQ(e) ist statistisch überzufällig und mit 26 Punkten merklich größer als eine Streuungseinheit (= 15 Punkte). Hier handelt es sich um einen Underachiever.

– Fall C: IQ = 126, SLQ(b) = 106. Zu erwarten ist SLQ(e) = 111. Die Differenz von 5 Punkten zwischen SLQ(e) und SLQ(b) ist kleiner als 15 Punkte (und dazu auch nicht statistisch signifikant).

3 Vorkommenshäufigkeit von Underachievement

Die in der einschlägigen pädagogischen und pädagogisch-psychologischen Literatur genannten Auftretenshäufigkeiten von Underachievern schwanken beträchtlich. In Ratgeberbüchern und auch in pädagogischen Arbeiten zur Hochbegabung trifft man nicht selten „Angaben" oder „Schätzungen", welche „bis zu 50 % der Hochbegabten" als Underachiever annehmen (vgl. Richert 1991, 140: „at least 50 % of students identified through IQ have been designated as academic underachievers"; vgl. dazu auch Peters/Grager-Loidl/ Supplee 2000; Rimm 2003). Manchmal wird über noch höhere Prozentzahlen spekuliert (so früher die „Deutsche Gesellschaft für das hochbegabte Kind", die in der Nullnummer ihrer Vereinszeitschrift „Das Labyrinth" von 70 % ausgegangen war). Solche Angaben sind dramatisch überhöht, und sie zeugen bestenfalls von Unkenntnis über diejenigen Faktoren, welche die Auftretenshäufigkeit von Underachievement determinieren (und schlechtestenfalls von Panikmache): Bei bekannter Verteilungsform von Intelligenz und Schulleistung (hier wird jeweils aus guten Gründen von einer Normalverteilung ausgegangen) und bei Kenntnis der Höhe der Korrelation beider Variablen (z.B. r = 0.45 bis r = 0.50) lässt sich bei gegebener Diskrepanzdefinition (Festlegung des Kriteriums „Mindestleistung im Intelligenztest"; Festlegung des Kriteriums „höchstens zulässige Schulleistung") der Anteil der zu erwartenden hochbegabten Underachiever statistisch genau berechnen (vgl. Hanses/Rost 1998). Er bewegt sich in jedem Fall sehr weit unterhalb des oftmals genannten 50 %-Wertes. Dies veranschaulichen folgende Beispielrechnungen: Definiert man hochbegabte Underachiever als Schülerinnen oder Schüler mit einem Intelligenzquotienten von IQ ≥ 130 (das entspricht etwa einem Prozentrang von PR ≥ 98) und höchstens durchschnittlicher Schulleistung (das entspricht einem Prozentrang von PR ≤ 50), dann befinden sich unter den Hochbegabten rund 12 % bis 13 % Underachiever. Fordert man hingegen bei gleicher exzellenter Intelligenz (IQ ≥ 130) höchstens unterdurchschnittliche Schulleistungen von PR ≤ 20 (also hinsichtlich der Schulleistungen zu den „schlechtesten" 20 % gehörend), dann sind knapp 2 % der Hochbegabten Underachiever.

Weil also unter Hochbegabten Underachievement relativ selten vorkommt, beziehen sich empirische Studien zum Thema fast immer auf kleine Stichproben. Für eine aussagekräftige Studie mit z.B. 100 hochbegabten Underachievern bräuchte man – legt man die oben angegebene Definition (IQ ≥ 130, höchstens durchschnittliche Schulleistungen von PR ≤ 50; Korrelation zwischen Intelligenz und Schulleistung r = 0.45 bis r = 0.50) zugrunde – rund 830 Hochbegabte. Um 830 Hochbegabte mit einem Mindest-IQ von 130 zu finden, müsste man knapp 40.000 nicht vorselegierte Schülerinnen und Schüler diagnostisch untersuchen. Es leuchtet ein, dass derartig umfangreiche Studien in der Regel nicht durchgeführt werden können, da die erforderlichen personellen und finanziellen Ressourcen fehlen.

Und noch ein Punkt dürfte deutlich geworden sein: Je nach Definition (beispielsweise Grenzsetzungen in Intelligenz und Schulleistung) ergeben sich unterschiedlich viele Underachiever. Die Auftretenshäufigkeit von Underachievement ist nämlich kein Rätsel; sie zu bestimmen, bedarf, wie schon angedeutet, nur einiger Grundkenntnisse in Statistik. Variierende Angaben in der Literatur sind prinzipiell und stets durch jeweils variierende Erfassungsmethoden der beiden zur Definition herangezogenen Variablen (Intelligenz, Schulleistungen), durch unterschiedliche Grenzsetzungen und durch nicht-repräsentative Stichprobenziehungen aufklärbar. Das gleiche Argument trifft übrigens auch für die Auftretenshäufigkeit von Legasthenie (oder einer analog definierten Rechenschwäche „Arithmasthenie" oder „Dyskalkulie") zu, legt man die „klassische" Diskrepanzdefinition zu Grunde: Danach ist Legastheniker („Arithmastheniker"), wer bei mindestens durchschnittlicher Intelligenz außergewöhnliche, nicht durch normalpädagogische Maßnahmen zu behebende Schwierigkeiten im Rechtschreiben bzw. Lesen (oder Rechnen) hat – und diese Probleme dürfen nicht durch organische Defizite bzw. unzulängliche Unterweisung verursacht sein. Legasthenie bzw. Arithmasthenie sind also spezielle Fälle von Underachievement, oder mit anderen Worten ausgedrückt: partielles Underachievement im Lesen und/oder Rechtschreiben bzw. partielles Underachievement im Rechnen. Auch bei Legasthenie und Dyskalkulie sind also die Vorkommenshäufigkeiten durch die zur Definition verwendeten Kriterien bestimmt. Unter diesem Gesichtspunkt sind deshalb Untersuchungen zur Prävalenz von Legasthenie oder Dyskalkulie genauso wenig sinnvoll wie Studien zur Prävalenz von Underachievement. (Die aktuelle pädagogisch-psychologische Forschung verwendet die klassische Legasthenie-Definition im Sinne einer Diskrepanzdefinition zwischen Intelligenz und Leistungen nicht mehr und spricht stattdessen von einer Lese-Rechtschreibschwäche, also schlechten Lese-Rechtschreibleistungen unabhängig von der Ausprägung der Intelligenz: Ätiologie und Prognose „erwartungswidrig" und „erwartungsgemäß" schlecht schreibender Schülerinnen und Schüler scheinen nämlich vergleichbar zu sein, differentielle Interventionserfolge ließen sich bis heute ebenfalls nicht belegen (vgl. Schneider 1997; Marx/Weber/Schneider 2001; Weber/Marx/Schneider 2002).

144

4 Underachievement als Artefakt?

Hauptsächlich von Psychologinnen und Psychologen wird gelegentlich – aus statistisch-methodischen Überlegungen heraus – die Ansicht vertreten, es gäbe überhaupt kein generalisiertes Underachievement , man beforsche somit eine Chimäre (vgl. Wahl 1975): Die – wie auch immer definierte – Diskrepanz zwischen Fähigkeit und Leistung sei schlicht ein Messfehlerartefakt, weil in jede Diskrepanzdefinition schließlich immer zwei Messfehler eingingen: zum einen der Messfehler bei der Intelligenzdiagnose und zum anderen der Messfehler bei der Schulleistungsfeststellung. (Jede Messung ist, wie bereits angedeutet, ungenau. Diese Ungenauigkeit wird als „Messfehler" bezeichnet, und ihre Größe ist bei Intelligenztests bekannt.) Je höher die Korrelation zwischen zwei Variablen ist, desto fehlerbehafteter ist ein Differenzwert. Dieser Sachverhalt gilt prinzipiell für alle Phänomene, die auf einer Diskrepanzdefinition beruhen (also auch Legasthenie oder Dyskalkulie). Schon in den 70er Jahren des vergangenen Jahrhunderts ist untersucht worden, was passiert, wenn man Hunderte von Messwiederholungen mit zwei zur Diskrepanzdefinition benutzten Variablen simuliert (vgl. Wahl 1975). Unter Zugrundelegung der Messgenauigkeiten heutiger Leistungstests findet man zwar bei jeder Messwiederholung einen vergleichbar großen Anteil an Underachievern in der untersuchten Stichprobe, doch wird von den in der ersten Messung gefundenen nach sehr, sehr vielen Wiederholungen zum Schluss kaum jemand oder gar keiner mehr als Legastheniker oder Arithmastheniker klassifiziert. So wechselten bei – im pädagogischen Alltag unrealistisch häufigen – 1000 Simulationen nur 5 von 2973 Schülerinnen und Schülern keinmal die Position. Entsprechend deutlich fiel denn auch die Kritik an diesem simulationsbasierten Untersuchungsansatz aus (vgl. Krug/Rheinberg 1980).

Gibt es dennoch Underachiever, trotz der eben erwähnten Messfehlerproblematik? Die Antwort ist eindeutig „ja". Eine vielfache Messung führt nicht dazu, dass die manchmal jahrelangen schlechten Schulleistungen eines Underachievers automatisch verschwinden, genau so, wie ständige Testungen in der Schule nicht automatisch die Qualität des Unterrichts verbessern. Für die „reale" Existenz von Underachievern (also nicht nur für die Existenz in den Köpfen von Forschern) sprechen auch mindestens folgende zwei Argumente, die aus vorliegenden empirischen Studien ableitbar sind:

(1) In der nationalen wie internationalen Literatur wird immer wieder ein „typisches Underachievementsyndrom" beschrieben (vgl. McCall et al. 1992; Hanses/Rost 1998; Peters et al. 2000; Reis/McCoach 2004; Sparfeldt/Schilling 2006). Underachiever weisen beispielsweise häufig Motivationsdefizite, fehlende oder aufgabenunspezifische Lernstrategien und Arbeitstechniken, beschädigte Selbstkonzepte sowie psychosoziale Pro-

bleme auf. Dies kann bei einem Konzept, das ein reines Messfehlerartefakt darstellt, nicht vorkommen, weil der Messfehler nach der Klassischen Testtheorie zufällig, also völlig unsystematisch ist. Auf einer solchen Grundlage dürfte das Underachievementsyndrom nicht wieder und
wieder replizierbar sein, wie es jedoch der Fall ist.

(2) Das umrissene Underachievementsyndrom scheint auch relativ zeitstabil
zu sein. Auch das ist mit einem messfehlerbedingten Phänomen nicht in
Einklang zu bringen. Zufällige Zuweisungen zu einer Gruppe können
nämlich keine nennenswerte Zeitstabilität aufweisen.

5 Unterschiede zwischen Underachievern und erwartungstreu leistenden Schülerinnen und Schülern

Aktuelle Studien zur Selbststeinschätzung der Persönlichkeit wie auch zur
Persönlichkeitsfremdeinschätzung durch Eltern und Lehrkräfte bestätigen ein
überwiegend negatives Bild vom hochbegabten Underachiever („Underachievementsyndrom", s.o.). Exemplarisch stellen wir die anhand der Stichprobe des Marburger Hochbegabtenprojekts (vgl. Rost 1993; 2009b) gewonnenen Befunde zur Situation hochbegabter Underachiever etwas ausführlicher dar. Im Rahmen des Marburger Hochbegabtenprojekts wurde die kognitive Leistungsfähigkeit (Intelligenz) einer Ausgangsstichprobe von 7023
nicht vorselegierten Grundschulkindern der dritten Klassenstufe erfasst. Anhand der allgemeinen Intelligenz wurden zwei Substichproben gebildet: 151
Hochbegabte (IQ ≥ 130) und 136 durchschnittlich Begabte (IQ ≈ 100). Hanses und Rost (1998) identifizierten aus der Substichprobe der 151 Hochbegabten diejenigen schulleistungsschlechtesten Schülerinnen und Schüler,
deren Schulleistungen schlechter oder vergleichbar mit den durchschnittlichen Schulleistungen der durchschnittlich Begabten waren. Die Autoren fanden 18 hochbegabte Underachiever mit einem Leistungsprozentrang PR ≤ 50,
was ziemlich genau dem Anteil entspricht, der unter den gegebenen Bedingungen statistisch zu erwarten ist. Diesen hochbegabten Underachievern
stellten Hanses und Rost drei nach Geschlecht und sozio-ökonomischem Hintergrund streng parallelisierte Gruppen gegenüber:

- *hochbegabte Achiever* (d.h. hochbegabte Schülerinnen und Schüler mit
  sehr guten Schulleistungen; also verglichen mit den Underachievern: vergleichbare Intelligenz, aber bessere Schulleistungen),
- *durchschnittlich begabte Achiever* (d.h. Schülerinnen und Schüler mit
  durchschnittlicher Intelligenz und durchschnittlichen Schulleistungen; also
  verglichen mit den Underachievern: vergleichbare Schulleistungen, aber
  niedrigere Intelligenz),

– *durchschnittlich begabte Overachiever* (d.h. Schülerinnen und Schüler mit durchschnittlicher Intelligenz und sehr guten Schulleistungen; also verglichen mit den Underachievern: niedrigere Intelligenz und bessere Schulleistungen).

Ergänzend wurde noch eine (nach der Schicht nicht parallelisierbare) Gruppe *höchstbegabter Achiever* mit exzellenter Begabung und herausragenden Schulleistungen betrachtet. Neben den Grundschülern selbst wurden deren Eltern (Väter, Mütter) und die Klassenlehrkräfte befragt.

In dieser Studie stellten sich hochbegabte Underachiever in der Grundschule in der Selbst- und Fremdeinschätzung der Persönlichkeit und des Selbstkonzepts in weiten Teilen negativ dar – vor allem im Vergleich mit hochbegabten, aber auch mit durchschnittlich begabten Achievern (sowie den weiteren Vergleichsgruppen). So waren die Selbstkonzepte im Selbsturteil in sechs von sieben Skalen schlechter ausgeprägt als die der hochbegabten Achiever und der durchschnittlich begabten Achiever. Dieses Muster setzte sich in weiteren betrachteten Aspekten fort (Persönlichkeitseinschätzung der Kinder: z.B. geringe Selbstüberzeugung, häufige Unterlegenheitsgefühle, Scheu vor Sozialkontakten, soziale Unzufriedenheit und hohe Emotionalität bei geringer seelischer Stabilität). Eltern von hochbegabten Underachievern betonten insbesondere die negative Entwicklung des Sozialverhaltens und charakterisierten ihre Kinder als besonders schwierig. Sie trauten ihren Kindern nur wenig zu. Die Lehrkräfte thematisierten bei hochbegabten Schülerinnen und Schülern mit erwartungswidrig schlechten Schulleistungen ein problematisches Sozialverhalten und wiesen auf eine geringe Aufgabenorientiertheit hin. Sie unterschätzten das Leistungs*potential* der hochbegabten Underachiever. Somit wurden hochbegabte Underachiever in der Grundschule also von ihren Bezugspersonen insgesamt als „schwierig" und als weniger intelligent wahrgenommen, obwohl diese Schülerinnen und Schüler über ein hervorragendes intellektuelles Potential verfügten. Insgesamt gesehen war die Subgruppe der hochbegabten Underachiever – im Einklang mit der nationalen und internationalen Literatur – schon im Grundschulalter stark problembehaftet. In einer Nachfolgeuntersuchung verglichen Sparfeldt, Schilling und Rost (2006) die weitere Entwicklung dieser in der Grundschule identifizierten hochbegabten Underachiever als Jugendliche und junge Erwachsene mit den parallelisierten und ebenfalls bereits in der Grundschule identifizierten hochbegabten Achievern (in der Grundschule: vergleichbare Intelligenz, bessere Schulleistungen) und durchschnittlich begabten Achievern (in der Grundschule: vergleichbare Schulleistungen, geringere Intelligenz). Trotz ähnlich hoch ausgeprägter Intelligenz (sowohl im dritten als auch im neunten Schuljahr) in beiden Hochbegabtengruppen gingen hochbegabte Underachiever in der neunten Klasse seltener auf ein Gymnasium (und machten erwartungsgemäß seltener das Abitur) als hochbegabte Achiever. Während sich hochbegabte Underachiever im Grundschulalter, wie erwähnt, in verschiedenen Selbst-konzeptfacetten bedeutsam negativer beschrieben als hochbegabte Achiever, zeichneten sie sich als Jugendliche nicht mehr durchgängig durch derart negativere Selbstkonzepte aus (negativere Selbstkonzepte der Underachiever: Verhalten, Beliebtheit, Glück und Zufriedenheit; vergleichbare Selbst-konzepte: Intellekt/Schule, Aussehen und eigener Körper, Angst; positivere Selbstkonzepte der Underachiever: Phantasie und Kreativität). Die Mütter beurteilten hochbegabte Underachiever sowohl in der Grundschule als auch in der neunten Klasse als kognitiv weniger leistungsfähig und sozial-emotional unreifer als hochbegabte Achiever, die Väter beurteilten die jugendlichen Underachiever – deutlicher als im Grundschulalter – als sozial-emotional unreifer. Vergleichbar viele hochbegabte Underachiever und durch-schnittlich begabte Achiever besuchten in der neunten Klasse ein Gymnasium; jedoch machten mehr hochbegabte Underachiever das Abitur. Hochbegabte Underachiever hatten im Jugendalter teilweise positivere (Intellekt/Schule, Aussehen und eigener Körper, Phantasie und Kreativität) und teilweise negativere (Verhalten, Angst, Beliebtheit, Glück und Zufriedenheit) Selbstkonzepte als durchschnittlich begabte Achiever. Mütter beurteilten ihre durchschnittlich begabten Achiever zu beiden Zeitpunkten als kognitiv weniger leistungsfähig als hochbegabte Underachiever, Väter schätzten beide Gruppen ähnlich in ihrer kognitiven Leistungsfähigkeit, sozial-emotionalen Unreife und sozialen Kompetenz ein.

Im Einklang mit der soliden nationalen und internationalen Literatur stellten sich die im *Marburger Hochbegabtenprojekt* betrachteten hochbegabten Underachiever also schon im Grundschulalter als deutlich problembehaftet (im Sinne des erwähnten Underachievementsyndroms) dar – und zwar sowohl in der Selbstbeschreibung als auch in der Fremdeinschätzung durch Eltern und Lehrkräfte. Dieses problematische Befundmuster – von Hanses und Rost (1998) als „Drama der hochbegabten Underachiever" bezeichnet – setzt sich im Jugendalter nicht im Sinne einer (problematischen) Abwärtsspirale fort. Auch wenn ein substantieller Anteil der intellektuell exzellent Begabten ihr Leistungspotential nicht in entsprechende Leistungen umsetzen, ist das Befundmuster nicht mehr durchgängig über alle betrachteten Variablen hinweg negativ; in einigen Variablen differierten hochbegabte Underachiever nicht mehr von den Vergleichsgruppen. Offensichtlich haben die Underachiever gelernt, mit ihrer Situation umzugehen.

6 Ursachen für Underachievement und pädagogisch-psychologische Interventionsansätze

Die möglichen Ursachen für Underachievement sind vielfältig; es kommen alle Faktoren in Frage, die eine Person daran hindern können, ihr sehr gutes intellektuelles Potential in adäquate (schulische) Leistungen umzusetzen, diskutiert werden insbesondere (vgl. Krouse/Krouse 1981; Butler-Por 1993; Borkowski/Thorpe 1994; Glaser/Brunstein 2004):

– Persönlichkeitsmerkmale des Lernenden,
– familiäre Konflikte,
– mangelnde intellektuelle Anregungen im Elternhaus,
– problematische soziale Beziehungen (insbesondere zur Lehrkraft und zu den Mitschülerinnen und Mitschülern),
– chronische Unterforderung und Langeweile in der Schule,
– generell schlechte Unterrichtsqualität.

Viele weitere Variablen werden thematisiert, insbesondere alle Variablen, die in einem Zusammenhang mit der Leistung stehen können. Wegen dieses multiplen Bedingungsgefüges konnte eine – in allen Fällen wiederkehrende – „generelle" Ursache für Underachievement bisher nicht identifiziert werden. Eine solche „generelle Ursache" für alle Fälle solcher erwartungswidriger Minderleistungen zu finden, ist vor dem Hintergrund bisheriger Befunde auch sehr unwahrscheinlich.

Weil also Underachievement mehrere Ursachen, allein oder in Kombination, haben kann, ist im konkreten Fall ein sorgfältig auf die jeweilige Situation zugeschnittenes *individualisiertes Vorgehen* notwendig. Wichtig ist die exakte Beschreibung des aktuellen (Leistungs-)Verhaltens (im Sinne einer Verhaltensanalyse; vgl. Rost 2006) und die Erhebung wichtiger Persönlichkeitsvariablen (z.B. Schulangst, Schulunlust, Leistungsmotivation, Interesse, Anstrengungsbereitschaft, Arbeitsverhalten und Anstrengungsvermeidungstendenzen). Der Herausarbeitung potentieller familiärer und schulischer Bedingungsfaktoren sowie der pädagogischen und psychologischen Folgen chronisch schlechter Schulleistungen kommt eine besondere Bedeutung zu (völlige Schulunlust, „innere Kündigung" gegenüber Schule und Unterricht, manchmal sogar Depressionen usw.). Zudem ist eine Aufhellung der Genese der Underachievementproblematik von besonderer Relevanz. Hierbei interessieren – wie angedeutet – besonders das Lern- und Arbeitsverhalten, die familiären Interaktionen und außerschulische Unterstützung, die Peer-Beziehungen und die Qualität des schulischen Unterrichts. Oder, um es mit anderen Worten zu sagen: „Damit rücken bei der Analyse erwartungswidriger Schulleistungen Bedingungen des Lernens und Lehrens als wichtige Ein-

flussgrößen in das Blickfeld" (Krug/Rheinberg 1980, 80) – also nicht „nur"
der Schüler oder die Schülerin, sondern auch die Schule (Lehrerpersönlich-
keit, Unterrichtsqualität etc.) und die leistungsfördernden und leistungsbehin-
dernden Faktoren des sozialen Umfelds.

7 Identifizierung hochbegabter Underachiever durch Lehrkräfte

In Gesprächen äußern (Klassen-)Lehrkräfte immer wieder, sie könnten – insbesondere aufgrund der täglichen Interaktion in der Grundschule – bei schul-
leistungsschlechteren Schülerinnen und Schülern zwei Subgruppen un-
terscheiden: So nehmen Lehrkräfte an, hinreichend treffsicher zu erkennen,
ob ein Schüler entweder schlechte Leistungen zeige, weil er nicht das erforderliche intellektuelle Potential besäße, oder aber ob ein schulleistungs-
schlechter Schüler keine seiner (hohen) Begabung entsprechenden Leistungen zeige, weil er beispielsweise nicht ausreichend motiviert und fleißig sei.
Damit ist die Frage der Identifikation hochbegabter Underachiever angeris-
sen. Die Befunde lassen sich knapp zusammenfassen: Die Identifikation von
Hochbegabten mit sehr guten und guten Schulleistungen gelingt Lehrkräften
oftmals gut; die Identifikation von Hochbegabten mit schlechten Schulleistungen gelingt hingegen kaum. Dies möchten wir exemplarisch anhand der
umfassenden Befundlage bei Grundschulkindern aus dem bereits vorgestellten Marburger Hochbegabtenprojekt veranschaulichen (vgl. dazu ausführlicher Rost/Hanses 1997).

Die Klassenlehrkräfte der Drittklässler schätzten zeitgleich mit der erwähnten
psychologischen Intelligenztestung für jede Schülerin und jeden Schüler ihrer
Klasse die (vermutete) Intelligenztestleistung ein, und zwar getrennt für die
drei eingesetzten Intelligenztests (wobei den Lehrkräften nicht nur genau er-
läutert wurde, was der jeweilige Test misst, sondern auch Aufgabenbeispiele
gezeigt wurden). Somit konnte für jede Schülerin und für jeden Schüler ein
(gemessener) Intelligenzgesamtwert und ein (lehrereingeschätzter) Intelli-
genzschätzwert gebildet werden. Nun konnte systematisch der Anteil an
Schülerinnen und Schülern variiert werden, der als „hochbegabt" nominiert
wird („Nominierungsquote"). Der zentrale Kennwert für die Güte der Identi-
fikationsleistung Hochbegabter durch die beteiligten Lehrkräfte ist die Effektivität (Prozentsatz „entdeckter" Hochbegabter). Trivialerweise steigt die Effektivität mit steigender Nominierungsquote („je mehr Personen als hochbegabt nominiert werden dürfen, desto mehr tatsächlich Hochbegabte werden
auch erkannt"). Interessant ist nun, dass die Wahrscheinlichkeit, mit der
Hochbegabte als hochbegabt erkannt werden, systematisch mit den Schulleistungen (Durchschnittsnote der Fächer Mathematik, Deutsch und Sachkunde

auf dem Zeugnis) variiert. Bei exzellenten Schulleistungen (Notendurchschnitt 1.0 der drei Fächer) wurden nämlich bei einer Nominierungsquote
von 16 % bereits alle (sehr gut leistenden) Hochbegabten entdeckt (Effektivität: 100 %). Bei immer noch guten Schulleistungen, also einem Notendurchschnitt von 1.7 bzw. 2.0, musste die Nominierungsquote schon auf 24 %
bzw. 32 % heraufgesetzt werden, um eine Effektivität von 95 % zu erreichen.
In der Gruppe der hochbegabten Underachiever (also bei den Schülerinnen
und Schülern mit höchstens durchschnittlicher Schulleistung) wurden bei
einer Nominierungsquote von 32 % mehr als die Hälfte der hochbegabten
Underachiever nicht entdeckt. Bei einer (unrealistisch hohen) Nominierungsquote von 53 % wurden immer noch rund 15 % der hochbegabten Underachiever übersehen. Insgesamt gesehen sinkt also die Effektivität des Ur-
teils der Lehrkräfte mit fallender Nominierungsquote (strengere Kriterien für
die Auftretenswahrscheinlichkeit potentiell Hochbegabter) und mit schlechteren Schulleistungen deutlich. Lehrkräfte orientieren sich also bei der Begabungseinschätzung stark an der gezeigten Schulleistung (s. Abb.1, folgende
Seite).

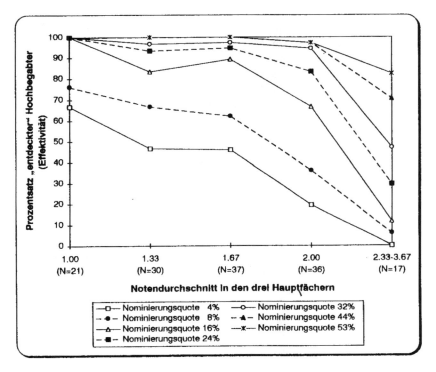

Abb.1: Prozentsatz der durch das Lehrkrafturteil „entdeckten" Hochbegabten in Abhängigkeit
vom Notendurchschnitt, jeweils für verschiedene Nominierungsquoten (Rost/Hanses
1997, 173). Ablesebeispiel: Bei einer Nominierungsquote von 4 % (unterste Linie) werden von den 21 hochbegabten Schülerinnen und Schülern mit einem Notendurchschnitt
von 1.0 knapp 70 % auch von der Lehrkraft als hochbegabt „entdeckt". Von den 17
hochbegabten Schülerinnen und Schülern mit einem Notendurchschnitt von 2.33 bis 3.67
(„Underachiever") wurde keine Schülerin und kein Schüler als hochbegabt „entdeckt".

Gelegentlich ist auch eine begriffliche Schludrigkeit festzustellen, wenn Underachievement verwendet wird, um lediglich „schlechte Schulleistungen" zu
beschreiben. Ein solcher Sprachgebrauch impliziert, jedes Kind könne bei
entsprechenden Rahmenbedingungen sehr gute Schulleistungen erbringen.
Dies ist ein pädagogischer Wunschtraum, der sicher nicht realisierbar ist – jedenfalls findet sich dafür weder in der Psychologie noch in der empirischen
Erziehungswissenschaft ein Beleg.
Grundsätzlich können Lehrkräften zwei Beurteilungsfehler unterlaufen: Besonders häufig ist die Überschätzung der Intelligenz von Hochleistenden, d.h.
von Overachievern. In der Psychologie spricht man in diesem Fall von
„falsch positiver" Diagnose. Ein zweiter Beurteilungsfehler liegt vor, wenn

Hochbegabte mit nicht zufriedenstellenden oder schlechten Schulleistungen nicht als hochbegabt erkannt werden. Dieser Beurteilungsfehler, nämlich das schon erwähnte Übersehen der exzellenten Begabung von Underachievern, wird als „falsch negative" Diagnose bezeichnet. Wenn Lehrkräfte Kinder, die in Gefahr sind, sich zu einem Underachiever zu entwickeln, rechtzeitig entdecken könnten, dann hätten diese Pädagoginnen bzw. Pädagogen wahrscheinlich frühzeitig entsprechende vorbeugende Maßnahmen und Hilfen eingeleitet.

Auch verbreitete sogenannte Checklisten (Sammlungen von Charakteristika, die für Hochbegabung indikativ, also bei der Identifikation Hochbegabter durch Lehrkräfte und/oder Eltern hilfreich sein sollen) haben sich beim Finden Hochbegabter – so die bisherige Befundlage – nicht bewährt. Diese Checklisten stellen nämlich in aller Regel ad hoc zusammengestellte und empirisch nicht bewährte Eigenschafts- und Verhaltenslisten dar, es lassen sich jedoch einige zentrale Probleme von Checklisten aufzeigen:

– Die in Checklisten aufgeführten Merkmale und Verhaltensweisen beruhen häufig auf unzulänglichen und vorschnellen Verallgemeinerungen von (vermeintlich auffälligen) Merkmalen.
– Die thematisierten Bereiche, Eigenschaften und Verhaltensweisen sind häufig so allgemein formuliert, dass sie auf (fast) jedes „aufgeweckte" (aber nicht notwendigerweise hochbegabte) Kind zutreffen.
– Die Formulierungen sind häufig sehr allgemein und unscharf formuliert (z.B. „entwickelt tiefgreifendes Verständnis", „kritisches, unabhängiges und wertendes Denken").
– Checklisten erfordern häufig retrospektive und damit weniger zuverlässige Angaben.

Ähnlich warnend folgerten Perleth, Preckel, Denstädt und Leithner (2008, 34) zum Einsatz von Checklisten durch Eltern: „Insgesamt muss festgehalten werden, dass mittels der von den Eltern eingeschätzten Merkmale von Hochbegabung nicht zufriedenstellend zwischen Hochbegabten und einer allerdings eher überdurchschnittlich begabten Vergleichsgruppe differenziert werden kann"; und sie ziehen das Fazit, „dass der Einsatz von Eltern-Checklisten für diagnostische Urteile zur Hochbegabung nur wenig brauchbar ist" (S. 35). Vor dem Hintergrund dieser Warnungen bleibt dennoch die Frage, was man als Lehrkraft tun kann. Hat man den Verdacht, eine Schülerin bzw. ein Schüler könnte ein hochbegabter Underachiever sein, dann ist es stets erforderlich, sich ergänzend zu pädagogischen Bemühungen psychologische Expertise einzuholen (d.h. sich an eine diagnostisch gut ausgebildete Psychologin bzw. einen diagnostisch erfahrenen Psychologen mit Beratungserfahrung, Expertise im Themenkomplex „Hochbegabung" und guten pädagogisch-psychologischen, klinisch-psychologischen und kinder- und jugendpsychologischen Kenntnissen zu wenden). Solche Verdachtsmomente können beispielsweise sein:

- Die Schülerin bzw. der Schüler zeigt besondere (intellektuelle) Leistungen im außerunterrichtlichen/außerschulischen Bereich.
- Die Schülerin bzw. der Schüler hat sehr gute schulische Leistungen in der Vergangenheit (Grundschule) erbracht. Danach ist jedoch ein massiver Leistungseinbruch erfolgt. (Damit sind weder der „übliche" Leistungsknick beim Übergang in weiterführende Schulen noch der häufig in der Pubertät zu beobachtende vorübergehende Leistungsabfall gemeint.)
- Die Schülerin bzw. der Schüler fällt bei der Einführung neuer Unterrichtsthemen besonders positiv auf (schnelle Auffassungsgabe), scheint aber im weiteren Unterrichtsverlauf „abzuschalten".
- Die Schülerin bzw. der Schüler scheint (von außen betrachtet) nicht aufzupassen oder abwesend zu sein, bringt aber dann und wann (insbesondere bei schwierigen Themen oder bei der Einführung neuer Unterrichtsinhalte) auffallend gute Beiträge.
- Die Schülerin bzw. der Schüler meldet sich nicht im Unterricht, weiß aber die richtige Antwort, wenn man nachfragt.
- Eltern, Nachbarn oder andere Bezugspersonen beobachten trotz schlechter Schulleistungen besondere Fähigkeiten und Expertise in mehreren Inhaltsbereichen.

Es wäre aber ein grober Fehler, bei der Identifikation hochbegabter Underachiever allein oder hauptsächlich auf solche Anzeichen zu setzen. Diese oben aufgeführten Verdachtsmomente konstituieren keine Checkliste, die man einfach abhaken kann. Die Checklistenitems sind unsichere Indikatoren, „weiche" Hinweise, die in jedem Fall eine *fachpsychologische Diagnostik* nach sich ziehen müssen. Lehrkräfte sind Experten für Unterricht/Erziehung; für eine psychologische Diagnostik sind sie nicht ausgebildet. Wichtig ist, Lehrkräfte für das Thema „Hochbegabung" zu sensibilisieren und dazu zu ermutigen, bei schlechten Schulleistungen auch an die Möglichkeit von Underachievement zu denken. Lehrkräfte sind keine psychologischen Diagnostiker. Und sie sind gute Lehrkräfte, wenn sie guten Unterricht halten.

8 Mögliche Hilfe für Underachiever

So vielfältig wie die Ursachen, so vielfältig sind auch die möglichen Hilfen und Förderansätze, die – wie schon angedeutet – immer sehr spezifisch auf den jeweiligen Einzelfall bezogen werden müssen (Individualisierung!; vgl. Weinert/Petermann 1980; Reis/McCoach 2004). Hier bietet es sich häufig an, u.a. an folgenden Faktoren anzusetzen (vgl. Heacox 1991; Glaser/Brunstein 2004):

- Wissenslücken schließen (individuellen Förderplan erstellen; gut strukturierte und qualitativ hochwertige Nachhilfe)!
- Defizite im Lern- und Arbeitsverhalten beheben (Vermittlung *fachspezifischer*, nicht nur allgemeiner, Lern- und Arbeitstechniken und Strategien, das eigene Arbeitsverhalten zu regulieren, ggf. auch mit Hilfe von Literatur, die selbständig bearbeitet werden kann)!
- Unterricht optimieren (abwechslungsreichen, interessanten, instruktionspsychologisch fundierten und individualisierten Unterricht gestalten; Erfolgserlebnisse schaffen; Anforderungen und Lernziele klar definieren; Durchschaubarkeit schaffen; Regeln und Grenzen klar definieren und Konsequenzen setzen – vor allem positive Verstärkung für aufmerksames Verhalten und Mitarbeit im Unterricht, für Erledigung der Hausaufgaben und für alle lernerischen Aktivitäten; wechselnde Sozialformen)!
- Professionelle pädagogische Hilfen suchen, entsprechende Angebote unterbreiten (Lerncoach, Lerntherapeut, Lerntrainings etc.)!
- Selbstwert verbessern (z.B. realistische – nicht zu hohe! – Erwartungen im Hinblick auf mögliche Fortschritte und Erfolge; Angebote und Aufgaben müssen den persönlichen Stärken der Schülerinnen bzw. Schüler entsprechen; vielfältige Erfolgserlebnisse schaffen und diese verstärken)!
- Motivationsdefizite angehen (differenzierte Lernangebote in der Schule wie Zusatzprojekte; an den Lern- und Wissensstand adaptierte Aufgaben)!
- Ergänzende Anreize schaffen (Loben – auch für kleine Fortschritte, ggf. auch materielle Belohnungen einsetzen [Pädagogische Verhaltensmodifikation])!
- Differenzierte Hausaufgaben – zumindest in zentralen Fächern – stellen!
- Hausaufgaben stets sehr zeitnah nachsehen und lernwirksame Rückmeldung geben!
- Soziale Probleme angehen (mögliche zusätzliche Projekte/Förderung in [Klein-]Gruppen organisieren; entsprechende außerschulische bzw. außerunterrichtliche Angebote anregen und unterstützen)!
- Mit den Eltern kooperieren (sich gut über das häusliche Umfeld informieren; Informationen austauschen; Eltern pädagogisch beraten und sie unterstützen; „Runder Tisch" mit allen Beteiligten)!
- Nicht zögern, bei schwierigen Fällen auf Expertinnen bzw. Experten zurückzugreifen und professionelle pädagogisch-psychologische Beratung und ggf. psychotherapeutische Unterstützung einzufordern (für das Kind: Lerntherapie, ggf. verhaltenstherapeutisch ausgerichtete Kinder- und Jugendpsychotherapie; für die Eltern: Erziehungsberatung, Familientherapie; für Lehrkräfte: Schulpsychologinnen bzw. Schulpsychologen und didaktisch-methodische Expertinnen bzw. Experten)!

Im optimalen Falle heißt das für die Planung einer umfassenden Beratung mit anschließender Intervention, alle kontinuierlich an der Erziehung und Unterrichtung Beteiligten (Schule *und* Elternhaus) sowie fallweise hinzugezogenen Experten (wie [Schul-]Psychologin bzw. [Schul-]Psychologe, Beratungslehrerin bzw. Beratungslehrer, Sonderpädagogin bzw. Sonderpädagoge, ggf. auch Psychotherapeutin bzw. Psychotherapeut und Kinderärztin bzw. Kinderarzt) an einen „Runden Tisch" zu bringen und gemeinsam nach *realistischen* Lösungsmöglichkeiten zu suchen. Die Einbeziehung und Mitarbeit des Underachievers selbst ist dabei, insbesondere bei Jugendlichen, nicht nur empfehlenswert, sondern geradezu ein „Muss". Underachievement hat eine längere Entwicklungsgeschichte. Deswegen sollte man nicht erwarten, dass Underachiever sehr schnell und mit wenig Aufwand zu guten Schulleistungen zu bringen wären. Man braucht also Geduld; und man sollte in seinen Bemühungen nicht nachlassen, wenn sich nicht sofort Erfolge einstellen.

9 Fazit

Hochbegabte Underachiever kommen anteilsmäßig relativ selten vor. Dies sollte aber keinesfalls zum Anlass genommen werden, bei schlechten Schulleistungen nicht auch an Underachievement zu denken. Bei rund 13 Millionen Schülerinnen und Schülern im deutschen Schulsystem gibt es – folgt man dem 2 %-Kriterium – ungefähr 260.000 hochbegabte Schülerinnen und Schüler. Legt man die obigen Grenzsetzungen an, also IQ $\geq$ 130 und maximal durchschnittliche Schulleistungen, ergeben sich mehr als 30.000 hochbegabte Underachiever (rund 12 % der Hochbegabten).

Hochbegabte Underachiever setzen ihr exzellentes intellektuelles Potential nicht in entsprechende Schulleistungen um. Wie erwähnt, beschreiben sich hochbegabte „Underachiever" in einer Vielzahl an Variablen als ungünstiger als Vergleichsschülerinnen und Vergleichsschüler (sog. „Underachievementsyndrom"). Dies ist Rechtfertigung genug, sich über Prävention und Intervention Gedanken zu machen: Ein pädagogischer Ansatzpunkt ist guter Unterricht (vgl. Baumert/Kunter 2006; Helmke 2006, 2008). Guter Unterricht ist unter anderem durch ein hohes Ausmaß an Individualisierung gekennzeichnet und kann damit auch einer Entwicklung und Verfestigung von Underachievement vorbeugen; und guter Unterricht ist – begleitet von individualisierten pädagogisch-psychologischen Maßnahmen – ebenfalls ein guter Ansatz, Underachievern – wie auch allen anderen Schülerinnen und Schülern – zu helfen, sie in ihrem Lernweg nach Kräften zu unterstützen und zu fördern.

156

Literatur

Baumert, J./Kunter, M. (2006): Stichwort: Professionelle Kompetenz von Lehrkräften. In: Zeitschrift für Erziehungswissenschaft, 9, S. 469–520

Borkowski, J. G./Thorpe, P. K. (1994): Self-regulation and motivation: A life-span perspective on underachievement. In: Schunk, D. H./Zimmerman, B. J. (Eds.): Self-regulation of learning and performance. Hilsdale, pp. 45–73

Butler-Por, N. (1993): Underachieving gifted students. In: Heller, K. A./Mönks, F. J./Passow, A. H. (Eds.): International handbook of research and development of giftedness and talent. Oxford: Pergamon, pp. 649–668

Glaser, C./Brunstein, J. C. (2004): Underachievement. In: Lauth, G. W./Grünke, M./Brunstein, J. C. (Hrsg.): Interventionen bei Lernstörungen. Förderung, Training und Therapie in der Praxis. Göttingen, S. 24–33

Gustafsson, J. E./Undheim, J. O. (1996): Individual differences in cognitive functions. In: Berliner, D. C./Calfee, R. C. (Eds.): Handbook of educational psychology. New York, pp. 186–242

Hanses, P./Rost, D. H. (1998): Das „Drama" der hochbegabten „Underachiever" – „Gewöhnliche" oder „außergewöhnliche" „Underachiever"? In: Zeitschrift für Pädagogische Psychologie, 12, S. 53–71

Heacox, D. (1991): Up from underachievement: How teachers, students, and parents can work together to promote student success. Minneapolis

Helmke, A. (2006): Unterrichtsqualität. In: Rost, D. H. (Hrsg.): Handwörterbuch Pädagogische Psychologie. 3. Aufl., Weinheim, S. 812–820

Helmke, A. (2008): Unterrichtsqualität und Lehrerprofessionalität. Diagnose, Evaluation und Verbesserung des Unterrichts. Stuttgart

Helmke, A./Schrader, F.-W. (2006): Determinanten der Schulleistung. In: Rost, D. H. (Hrsg.): Handwörterbuch Pädagogische Psychologie. 3. Aufl., Weinheim, S. 83–94

Helmke, A./Weinert, F. E. (1997): Bedingungsfaktoren schulischer Leistungen. In: Weinert, F. E. (Hrsg.): Psychologie des Unterrichts und der Schule. Göttingen, S. 71–176

Krouse, J. H./Krouse, H. J. (1981): Toward a multimodal theory of academic underachievement. In: Educational Psychologist, 16, pp. 151–164

Krug, S./Rheinberg, F. (1980): Erwartungswidrige Schulleistung im Entwicklungsverlauf und ihre Ursachen: Ein überholtes Konstrukt in neuer Sicht. In: Heckhausen, H. (Hrsg.): Fähigkeit und Motivation in erwartungswidriger Schulleistung. Göttingen, S. 53–105

Lohman, D. F./Korb, K. A. (2006): Gifted today but not tomorrow? Longitudinal changes in ability and achievement during elementary school. In: Journal for the Education of the Gifted, 29, pp. 451–484

Marx, P./Weber, J.-M./Schneider, W. (2001): Legasthenie versus allgemeine Lese-Rechtschreibschwäche. Ein Vergleich der Leistungen in der phonologischen und visuellen Informationsverarbeitung. In: Zeitschrift für Pädagogische Psychologie, 15, S. 85–98

McCall, R. B./Evahn, C./Kratzer, L. (1992): High school „Underachiever"s: What do they achieve as adults? Newbury Park

Perleth, C./Preckel, F./Denstädt, J./Leithner, C. (2008): Husten Hochbegabte häufiger? Oder: Eignen sich Checklisten für Eltern zur Diagnostik hochbegabter Kinder und Jugendlicher. In: news & science, 18 (1/2008), S. 31–35

Peters, W. A. M./Grager-Loidl, H./Supplee, P. (2000): Underachievement in gifted children and adolescents: Theory and practice. In: Heller, K. A./Mönks, F. J./Sternberg, R. J./Subotnik, R. F. (Eds.): International handbook of giftedness and talent. 2nd ed., Amsterdam, pp. 609–620

Reis, S. M./McCoach, D. B. (2004): The underachievement of gifted students: What do we know and where do we go? In: Moon, S. M. (Ed.): Social/emotional issues, underachievement, and counselling of gifted and talented students. Thousand Oaks, pp. 152–170

Richert, E. S. (1991): Patterns of underachievement among gifted students. In: Bireley, M./Genshaft, J. (Eds.): Understanding the gifted adolescent: Educational, Developmental and Multicultural Issues. New York, pp. 139–162

Rimm, S. B. (2003): Underachievement: A national epidemic. In: Colangelo, N./Davis, G. A. (Eds.): Handbook of gifted education. 3rd ed., Boston, pp. 424–443

Rost, D. H. (Hrsg.) (1993): Lebensumweltanalyse hochbegabter Kinder. Das Marburger Hochbegabtenprojekt. Göttingen

Rost, D. H. (2006): Verhaltensanalyse. In: Rost, D. H. (Hrsg.): Handwörterbuch Pädagogische Psychologie. 3. Aufl., Weinheim, S. 832–840

Rost, D. H. (2007): Interpretation und Bewertung pädagogisch-psychologischer Studien. Eine Einführung. 2. überarbeitete und erweiterte Aufl., Weinheim

Rost, D. H. (Hrsg.) (2009b): Hochbegabte und hochleistende Jugendliche. Befunde aus dem Marburger Hochbegabtenprojekt. 2. erweiterte Aufl., Münster

Rost, D. H. (2009a). Intelligenz. Fakten und Mythen. Weinheim

Rost, D. H./Hanses, P. (1997): Wer nichts leistet, ist nicht begabt? Zur Identifikation hochbegabter „Underachiever" durch Lehrkräfte. In: Zeitschrift für Entwicklungspsychologie und Pädagogische Psychologie, 29, S. 167–177

Schneider, W. (1997): Rechtschreiben und Rechtschreibschwierigkeiten. In: Weinert, F. E. (Hrsg.): Psychologie des Unterrichts und der Schule. Göttingen, S. 328–363

Sparfeldt, J. R./Schilling, S. R. (2006): Underachievement, In: Rost, D. H. (Hrsg.): Handwörterbuch Pädagogische Psychologie. 3. Aufl., Weinheim, S. 804–812

Sparfeldt, J. R./Schilling, S. R./Rost, D. H. (2006): Hochbegabte „Underachiever" als Jugendliche und junge Erwachsene. Des Dramas zweiter Akt? In: Zeitschrift für Pädagogische Psychologie, 20, S. 213–224

Stoeger, H./Ziegler, A./Martzog, P. (2008): Deficits in fine motor skill as an important factor in the identification of gifted „Underachiever"s in primary school. In: Psychology Science Quarterly, 50, pp. 134–146

Thorndike, R. L. (1963): The concepts of over- and underachievement. New York

Wahl, D. (1975): Erwartungswidrige Schulleistungen. Weinheim

Weber, J.-M./Marx, P./Schneider, W. (2002): Profitieren Legastheniker und allgemein leserechtschreibschwache Kinder in unterschiedlichem Ausmaß von einem Rechtschreibtraining? In: Psychologie in Erziehung und Unterricht, 49, S. 56–70

Weinert, F. E./Petermann, F. (1980): Erwartungswidrige Schülerleistung oder unterschiedlich determinierte Schulleistung. In: Heckhausen, H. (Hrsg.): Fähigkeit und Motivation in erwartungswidriger Schulleistung. Göttingen, S. 19–52

Nachwort

Heinz-Peter Meidinger

Begabtenförderung am Gymnasium zwischen Anspruch und Wirklichkeit

In der Folge der PISA-Untersuchungen haben sich die bildungspolitischen Reformbemühungen in Deutschland zunächst vorrangig auf die im internationalen Vergleich überdurchschnittlich große Gruppe der so genannten Risikoschüler konzentriert, also jene rund 20 Prozent, die insbesondere in der Kategorie des Leseverständnisses maximal die Kompetenzstufe I erreichten. Der dabei in den Vordergrund gerückte Aspekt fehlender Bildungsgerechtigkeit führte auch bei den von der Kultusministerkonferenz entwickelten und propagierten anstehenden Handlungsfeldern dazu, dass in erster Linie die Steigerung der Leistungen der leistungsschwächeren Schülerinnen und Schüler in den Fokus der Bildungsdebatte rückte. Dies schien auch deshalb gerechtfertigt, weil die deutschen Gymnasien insgesamt sowohl bei den PISA- als auch bei den TIMS-Studien recht erfolgreich abgeschnitten hatten und kaum Risikoschüler aufwiesen. Trotz eines sich ständig vergrößernden Gymnasiastenanteils am jeweiligen Altersjahrgang schien die Qualität nicht gelitten zu haben.

Dabei hatte gerade die erste PISA-Studie von 2000 auch gezeigt, dass nur knapp 10 Prozent der deutschen Schüler beim sachverständigen Lesen die höchste Kompetenzstufe erreichen konnten, während es in Ländern wie Neuseeland, Finnland und Kanada 16 Prozent und mehr waren. Wir stehen also ebenso vor der Aufgabe, den besonders leistungsfähigen und begabten Schülerinnen und Schülern mehr Förderung zukommen zu lassen, erhoffen wir von diesen doch, dass sie als zukünftige Leistungs- und Verantwortungselite einen besonderen Beitrag dazu leisten werden, Deutschlands Zukunft zu sichern.

Es wäre jedoch völlig falsch und fatal, die Begabtenförderung an Gymnasien einseitig auf den Aspekt der nicht überzeugenden deutschen Ergebnisse bei internationalen Vergleichsstudien zu reduzieren. Begabtenförderung am Gymnasium ist im Sinne des gymnasialen, auf Wilhelm von Humboldt zurückgehenden Prinzips der ganzheitlichen Bildung der eigenen Persönlichkeit durch die Chance, soviel "Welt wie möglich" zu erfassen und zu ergreifen, viel weiter und umfassender angelegt. Nicht die Reduktion auf PISA-taugliche, weil dort getestete Kompetenzbereiche ist gefragt, auch nicht die Verengung auf eine Förderung, die einseitig an verwertbaren, wirtschaftlichen Standortfaktoren orientiert ist, sondern die konsequente Ausrichtung auf die breite Palette vielfältigster Begabungsprofile, welche leistungsbereite junge Menschen an unseren Gymnasien mitbringen und die häufig erst entdeckt und bewusst gemacht werden müssen.

1 Gymnasiale Begabungsförderung als Persönlichkeitsbildung

Äußerste Skepsis ist angebracht gegenüber einer Sichtweise der Begabtenförderung, die letztendlich hin auf die Steigerung der ökonomischen Effektivität ausgerichtet ist und in der Produktion wirtschaftlich verwertbarer Leistungseliten das Hauptziel erkennt. Demgegenüber sollte gymnasiale Begabtenförderung sich vornehmlich als Persönlichkeitsbildung definieren, als unverzichtbarer Beitrag zur allseitigen Ausprägung des eigenen Begabungsprofils. Der Deutsche Philologenverband sieht sich selbst dem humanistisch-pädagogischen Bildungsbegriff verpflichtet und lehnt vordergründig bildungstechnologisch geprägte Nutzenerwägungen als Legitimation einer Begabungsförderung ab.

Dabei gibt es nach wie vor große Widerstände zu überwinden. Immer noch haftet der Begabten- oder Hochbegabtenförderung der Ruch an, Elitebildung betreiben zu wollen, ein Vorwurf, der angesichts der jahrzehntelangen Ächtung des Begriffs "Elite" in Deutschland besondere Wirksamkeit entfaltet. Kritiker sehen die Gefahr, dass Begabtenförderung angesichts begrenzter Ressourcen im Bildungsbereich auf Kosten der Förderung leistungsschwächerer Jugendlicher geht. Nicht zuletzt ist auch der Aberglaube noch nicht ausgerottet, dass, wer besonders begabt ist, keiner besonderen Förderung bedarf, entweder, weil Hochbegabte auch ohne besondere schulische Unterstützung ihren Weg machen würden, oder – und hier sind Vertreter einer Gleichheitsideologie am Werk –, weil besondere Angebote für Begabte die ohnehin schon großen Leistungsunterschiede weiter verstärken würden. Zu Recht weist die Lernpsychologin Elsbeth Stern in einem Artikel in der ZEIT (Nr. 51) vom 15.12.2005 darauf hin, „dass die optimale Förderung jedes einzelnen Schülers nicht zu mehr Gleichheit, sondern zu mehr Ungleichheit führt. Denn je größer die Chancengerechtigkeit, desto mehr schlagen die Gene durch. Eine gute Schule, das mag nicht jedem gefallen, produziert Leistungsunterschiede auf hohem Niveau".

Ich schließe mich in diesem Zusammenhang ausdrücklich dem aktuell geäußerten Wunsch an, "die Diskussion über Begabten- und Spitzenförderung in

Gymnasien zu entmystifizieren und die vielfach vorbelastete Debatte um Elitebildung und Bildungsgerechtigkeit sachlich zu fundieren." (Ullrich/Strunck 2008, 8).

Durchaus kontrovers diskutiert wird allerdings die Frage, wie und welche besonderen Begabungen festgestellt und welche Wege der Begabungsförderung gewählt werden sollen. Die Bandbreite reicht dabei in den verschiedenen Bundesländern vom Angebot zusätzlicher Lernarrangements, Akzelerationsmodellen der Verkürzung bis hin zu Einrichtungen besonderer Klassen und Schulzweige für Hochbegabte an einzelnen Gymnasien oder sogar der Gründung von Spezialschulen und Leistungsinternaten. Generell erkennbar ist die Tendenz zu einer stärkeren Ausdifferenzierung der gymnasialen Bildungslandschaft unter besonderer Beteiligung und Konkurrenz privater Schulträger.

Zweifellos hat zumindest im letzten Jahrzehnt die Frage der Findung und Förderung besonders begabter Kinder verstärkte Aufmerksamkeit gefunden. Zahlreiche Schulen haben zur Begabtenförderung eigene Modelle entwickelt. Trotzdem, unsere Schulen, gerade auch die Gymnasien, haben Organisationsstrukturen, aufgrund derer viele Probleme bei der Begabtenförderung vorprogrammiert sind (vgl. Margrit Stamm, NZZ, 19.6.1997). Dazu zählen die Fixierung auf Lehrpläne und relativ strenge Zuordnungen von Lerninhalten, die festen Unterrichtszeiten für alle und auch eine Fächergliederung, die wenig Ausnahmen erlaubt.

Unterschiedliche Lerntempi, sich aufspreizende Entwicklungsstände und verschiedene Wissensstufen erschweren die Unterrichtsgestaltung. Die Folgen sind sich öffnende Leistungsscheren und die Gefahr von Leerlaufzeiten, die die Leistungsstärkeren bremsen.

Fragwürdig scheinen alle Schnellschüsse, zu denen einzelne Schulleitungen, aber auch Bildungsverwaltungen neigen, die entweder unreflektiert auf rein organisatorische Maßnahmen wie das Überspringen von Klassen setzen oder zusätzliche Lernangebote machen, ohne auf das erforderliche Interesse der Schüler und die notwendige Kompetenz der Lehrer zu achten.

2 Hohe Unterrichtsqualität als wirksamste Begabungsförderung

Grundsätzlich gilt: Die allgemein wirksamste Begabungsförderung ist noch immer die Steigerung und Verbesserung der Unterrichtsqualität. Ein anforderungsorientierter, anspruchsvoller Unterricht auf hohem Niveau, der in allen Phasen auf Schüleraktivierung, auf einen effektiven Methodenmix individualisierender und kooperativer Lernformen setzt, wird auch in Zukunft das Kernstück jeder schulischen Begabungsförderung sein. Und da, das ist unbestritten, gibt es noch immer einen beträchtlichen Optimierungsbedarf. Dies

ist eine riesige Herausforderung für die Aus-, Fort- und Weiterbildung der Lehrer! Kurt Heller hat als notwendige Rahmenbedingungen für eine effektive schulische Begabtenförderung vier Bedingungsstrukturen unterschieden: die Bildungsinhalte, Unterrichtsqualität und Lehrerkompetenz, eine Schülerschaft mit der entsprechenden Eignung sowie last but not least eine regelmäßige Qualitätskontrolle (vgl. Heller 2006).
Dies gilt es immer im Auge zu behalten, wenn die Frage gestellt wird, inwieweit Anspruch und Wirklichkeit von Begabtenförderung an unseren Gymnasien auseinanderklaffen.

3 Defizite und Umsetzungsprobleme

Zweifellos geschieht seit einigen Jahren sehr viel in Richtung einer verstärkten Förderung leistungsstärkerer Schülerinnen und Schüler, – die Defizite und Umsetzungsprobleme sind allerdings ebenfalls evident. Ich nenne auswahlbedingt nur folgende Hemmnisse:
1. Vielen Maßnahmen zur schulischen Begabtenförderung fehlt die notwendige Kontinuität, sie sind abhängig von den jeweiligen, sich von Schuljahr zu Schuljahr ändernden Rahmenbedingungen vor Ort. Da in Zeiten des Lehrermangels, knapper öffentlicher Kassen und unzureichender Bildungsfinanzierung Planungssicherheit nur unzureichend gewährleistet werden kann, stehen viele Begabungsförderungskonzepte auf tönernen Füßen und können kurzfristig wieder wegbrechen, weil beispielsweise die Sicherung des Unterrichtpflichtangebots Vorrang hat.
2. Es gibt bislang trotz vieler Bemühungen, die Begabtenförderung theoretisch aufzuarbeiten, keine systematische Hochbegabtendidaktik (vgl. Hany 2000, 88).
Das heißt, dass die häufig in der Literatur anzutreffenden Empfehlungen zur Begabtenförderung wenig mehr sind als eine unspezifizierte Ansammlung von Berufserfahrungen und Faustregeln. Dies beinhaltet ferner die Konsequenz, dass die meisten Lehrkräfte, die Begabungsförderungsmaßnahmen durchführen und entsprechende Unterrichtsangebote konzipieren, keine spezifische Vorbereitung auf ihre Aufgabe als Talentsucher und Talentförderer erfahren haben.
3. Es fehlen aber auch nach wie vor differenzierte Analysen zur Wirksamkeit der verschiedenen Formen der Begabtenförderung. Oft begnügt man sich mit dem vagen Gefühl und dem trivialen Hinweis, dass die einzelnen Maßnahmen akzeptiert und zu größeren Lernerfolgen geführt hätten. Dabei ist es nicht verwunderlich, wenn besonders begabte Schüler gute Ergebnisse erzielen und sich motiviert zeigen, – oft liegt dies aber eben an ihren überdurchschnittlichen Lernvoraussetzungen und nicht an der Konzeption der einzelnen Fördermaßnahme. Schwierig ist es auch, für die Wirksamkeit geeignete Kri-

terien zu finden. Die Erfüllung von vorgegebenen Lehrplanzielen scheidet wohl aus, aber auch die Steigerung von Lernmotivation und sozialer Kompetenz kann allenfalls ein positiver Nebeneffekt und kein Kernbestandteil einer aussagekräftigen Evaluation sein.

4. Defizite gibt es aber auch bei der Frage, welche geeigneten Diagnoseinstrumente bei der Auswahl der zu fördernden hochbegabten Schüler anzuwenden sind. An vielen Schulen überlassen dies die Schulleitungen den Kursleitern und jene wiederum richten sich nach dem Interesse und der Motivation von Schülern, diese Begabtenkurse zu wählen. Der Einsatz differentieller Fähigkeitstests wie z.B. des Kognitiven Fähigkeitstests (KFT) im Rahmen einer systematischen Talentsuche stellt eher den Ausnahmefall dar. In der Lehrerbildung spielt nicht nur der wichtige Aspekt der individuellen Förderung generell eine noch zu geringe Rolle, auch der Bereich der Hochbegabtenförderung stellt einen weißen Flecken in den entsprechenden Ausbildungsordnungen dar.

5. Gerade unter dem Aspekt der Fokussierung zahlreicher internationaler Vergleichsstudien auf ganz bestimmte Fähigkeitsprofile wie Mathematik, Naturwissenschaften und Leseverständnis ergibt sich die in der schulischen Praxis durchaus nachweisbare Gefahr, dass die Vielfältigkeit und Breite des Begabungsbegriffs nicht in vollem Umfang aufgegriffen wird. In Anlehnung an Howard Gardner (2001) gehören zu den förderungswürdigen Spezialbegabungen eben nicht nur der sprachliche, mathematische und naturwissenschaftliche Bereich, sondern auch musische und sportliche Begabungen sowie die Felder visuell-räumlichen Denkens und Schaffens, der Bereich der sozialen, der ethischen Kompetenzen und gesellschaftlichen Verantwortungsübernahme sowie der Zugang zu Phänomenen der Umwelt, Biologie und des Lebens allgemein.

6. Wirksame schulische Förderung besonderer Begabungen greift sehr schnell über den Rahmen der einzelnen Schule hinaus und erfordert die Erschließung und Zusammenarbeit mit außerschulischen Lernorten wie etwa Hochschulen, Forschungseinrichtungen sowie entsprechenden Berufsfeldern. Anders als im Unterricht müssen Lehrkräfte auch ein Gefühl dafür entwickeln, wo sie bei der Begabtenförderung selbst an Grenzen stoßen und ihre Schüler an andere Tätigkeits- und Lernfelder heranführen und sie dorthin zumindest phasenweise auch abgeben müssen.

7. Nicht an allen Schulen, in allen Kollegien, aber auch Elternvertretungen gibt es einen Konsens hinsichtlich der Notwendigkeit verstärkter Förderung von Hochbegabungen.

Nicht zu Unrecht hat Klaus Urban (1996) darauf hingewiesen, es geschehe immer noch zu häufig an unseren Schulen, dass das Finden anderer als der vorgegebenen Lösungswege als undiszipliniert abgelehnt wird, dass beharrliches Nachfragen als lästig empfunden, das ausgeprägte Interesse von Schülern für Spezialgebiete als "Spinnerei" abgetan, die besondere Lesefähigkeit eines Schulanfängers auf den übertriebenen Ehrgeiz der Eltern zurückgeführt und auch die Unlust am Üben ausschließlich mit fehlendem Arbeitseifer gleichgesetzt wird.

4 Voraussetzungen erfolgreicher gymnasialer Begabungsförderung

Trotz aller dieser berechtigten Einschränkungen gilt jedoch an zahlreichen, wahrscheinlich an der Mehrheit der Gymnasien die erfreuliche Erkenntnis: Es tut sich etwas, es tut sich sogar Erstaunliches! Allein der Versuch, mit den Begriffen Begabtenförderung und Gymnasium zu "googeln", führt zu einer endlos langen Liste von einzelnen Gymnasien, die auf ihren Webseiten und Homepages ihre eigenen Konzepte zur Begabtenförderung vorstellen.
"Best practise"-Beispiele geben einen beeindruckenden Einblick in die lebendige Vielfalt gymnasialer Hochbegabtenförderung, eine Vielfalt, die sich erfreulicherweise insbesondere in den letzten fünf bis zehn Jahren verstärkt ausgebildet und entwickelt hat. Die große Mehrzahl deutscher Gymnasien hat erkannt, dass die Begabtenförderung einen integralen Bestandteil des gymnasialen Bildungsauftrags darstellt, der diese Schulart, ohne eine falsch verstandene elitäre Abgrenzung gegenüber anderen Bildungseinrichtungen zu betreiben, in besonderer Weise kennzeichnet.

Erfolgreich praktizierte Begabungsförderungskonzepte an Gymnasien erfüllen häufig folgende Kriterien:
– Sie sind das Ergebnis eines längeren schulinternen Prozesses der Konzeptfindung, wurden also nicht von außen übergestülpt, sondern sind aus den Erfahrungen und dem Profil der jeweiligen Schule heraus erwachsen.
– Sie werden gemeinsam getragen von allen am Schulleben beteiligten Gruppen, von den Lehrern, den Schülern und insbesondere den Eltern. Alle Mitglieder der Schulgemeinschaft wurden in das Förderungskonzept aktiv eingebunden. Ein gegenseitiges Ausspielen verschiedener Interessengruppen und schulischer Ziele, Normalschüler contra Begabtengruppe, Pflichtunterricht contra Zusatzangebote, Einfachlehrkraft contra Elitelehrer muss unter allen Umständen verhindert werden. Diejenigen, die in den Genuss besonderer Förderangebote kommen, übernehmen auch eine soziale Verpflichtung gegenüber anderen Mitschülern, um diese davon profitieren zu lassen.
– Die Schulleitung steht hundertprozentig hinter dem entwickelten Modell und sorgt dafür, dass auch in Zeiten knapper Ressourcen der Kernbestand des jeweiligen Förderungskonzepts erhalten bleibt und nicht angetastet wird. Die Kontinuität einer langfristig angelegten Begabungsförderung genießt oberste Priorität.

– In regelmäßigen Abständen werden die Ergebnisse auf den Prüfstand gestellt und das Konzept entsprechend verändert bzw. angepasst. Es gibt keine lieb gewordenen Steckenpferde einzelner Lehrkräfte, – es zählen allein die Erfolge bei der Diagnose und Förderung besonderer Begabungen.

5 Beeindruckende Bandbreite vielfältigster Förderungsoptionen

Grundsätzlich kann man die überwiegend erfolgreich praktizierten Möglichkeiten der Begabtenförderung an den Gymnasien in den verschiedenen Bundesländern nach unterschiedlichen Merkmalen ordnen:

a) nach der Gruppierung und Einteilung der Schüler mittels äußerer Differenzierung in leistungs- oder interessenbezogene Gruppen, Begabtenklassen, Leistungszüge oder auch durch eine spezifische Profilausrichtung der jeweiligen Schule;

b) in Bezug auf die Kooperation mit außerschulischen Einrichtungen, z.B. Wirtschaftsbetrieben, Sommerakademien, Schülerlabors, universitären Einrichtungen, Internetplattformen und schulübergreifenden Begabtenförderungskursen;

c) in Hinsicht auf Möglichkeiten der Akzeleration, wobei ich keinen Hehl daraus mache, dass dem Deutschen Philologenverband die Chancen für Begabte, in der Schule ihre Bildung zu vertiefen, ihr Wissen zu erweitern und ihr Kompetenzniveau zu steigern, wichtiger sind als die Option, dadurch Bildungszeit einzusparen und schneller in die Spezialisierungsstudiengänge der Universität zu gelangen. Praktizierte Akzelerationsformen sind das durch die Schule begleitete Überspringen von Schulstufen, online abrufbare Modulangebote über Lerninhalte, D-Zug-Klassen und Frühstudiumsangebote an Oberstufenschüler;

d) bezüglich so genannter Enrichmentmodelle, d.h. der Erweiterung und Anreicherung des Unterrichtsangebots über den Lehrplan hinaus, z. B. durch bilinguale Züge, Drehtürenmodelle (Organisation der Lernverpflichtung in Eigenverantwortung des Schülers), Atelierbetrieb (Auswahlschwerpunkte) in Lernfeldern, durch Expertenmentorate, Pull-out-Kurse (zusätzliche Lernangebote parallel zum regulären Unterricht), Tutorate, Enrichment-Teams, Wettbewerbe, Projektwochen und zusätzliche Wahlkurse;

e) hinsichtlich Fördermaßnahmen im Rahmen des Klassenunterrichts selbst durch Binnendifferenzierung, Stationenlernen, Epochenunterricht und den Einsatz zusätzlicher Lehrpersonen für Individualisierung und Differenzierung

f) eingeteilt nach Begabungsbereichen (vgl. Gardner 2001) wie logisch-mathematische, sprachliche, visuell-räumliche, körperlich-kinästhetische, musikalische, interpersonale, intrapersonale, existenzielle und naturalistische Begabungsbereiche.

Neben der noch weitgehend ungelösten Problematik der Zugangskriterien für Förderangebote (die Praxis schwankt dabei zwischen bloßer Interessensbekundung, Notenschnitten, echter Testdiagnostik bis hin zu selbst verfassten Bewerbungsschreiben, Auswahlgesprächen und der Erstellung von Portfolios) ist auch die Frage noch nicht befriedigend beantwortet, wie denn solche Zusatzleistungen auch angemessen in Abschlusszeugnissen und verbalen Gutachten die ihnen gebührende Würdigung erfahren können.

Trotzdem besteht berechtigter Anlass zu der Hoffnung, dass künftig die Förderung besonderer Begabungen als Herausforderung und Kernaufgabe jedes einzelnen Gymnasiums begriffen werden muss und begriffen wird. Die Bereitschaft, sich auf den Weg zu machen, ist überall spürbar und gleichsam mit Händen zu greifen.

Die Zeit einer Ausrichtung unserer Schulen an einem vorrangig egalitär verstandenen Bildungsbegriff scheint erfreulicherweise zu Ende zu gehen. Dies zeigen nicht zuletzt die Beiträge in diesem Sammelband.

Literatur

Gardner, H. (2001): Abschied vom IQ. Die Rahmen-Theorie der vielfachen Intelligenzen. 3. Aufl., Stuttgart

Hany, E. (2000): Muss man unterschiedlich hoch begabte Kinder unterschiedlich fördern? In: Wagner, H. (Hrsg.): Begabung und Leistung in der Schule. 2. Aufl., Bad Honnef, S. 71–96

Heller, K. A. (2006): Hochbegabtenförderung im Lichte der aktuellen Hochbegabungs- und Expertiseforschung: Pädagogische und bildungspolitische Erfordernisse. In: Labyrinth (Zeitschrift der Gesellschaft für das hochbegabte Kind), Ausgabe 88, S. 4–11

Ullrich, H./Strunck, S. (Hrsg.) (2008): Begabtenförderung an Gymnasien. Entwicklungen, Befunde, Perspektiven. Wiesbaden

Urban, K. K. (1996): Besondere Begabungen in der Schule. In: Beispiele: In Niedersachsen Schule machen (Zeitschrift des niedersächsischen Kultusministeriums), 14, Heft 1, S. 21–27

Autorenspiegel

Winfried Böhm, Dr. Dr. h.c., Professor em. für Pädagogik an der
Julius-Maximilians-Universität Würzburg

David-Samuel Di Fuccia, Dr. , Wissenschaftlicher Angestellter am
Lehrstuhl für Didaktik der Chemie I der Technischen Universität Dortmund

Kurt A. Heller, Dr., Professor em., Direktor des Zentrums für
Begabungsforschung an der Ludwig-Maximilians-Universität München

Gerald Hüther, Dr., Professor, Leiter der Zentralstelle für Neurobiologische
Präventionsforschung an der Psychiatrischen Klinik der
Universität Göttingen

Susanne Lin-Klitzing, Dr., Professorin für Schulpädagogik an der
Philipps-Universität Marburg

Heinz-Peter Meidinger, Bundesvorsitzender des
Deutschen Philologenverbandes, Berlin

Gerhard Müller-Frerich, Schulleiter des Märkischen Gymnasiums Iserlohn

Richard Olechowski, Dr. Dr. h.c., Professor em. für Pädagogik an der
Universität Wien

Detlef H. Rost, Dr., Professor für Psychologie an der
Philipps-Universität Marburg

Claudia Solzbacher, Dr., Professorin für Schulpädagogik an der
Universität Osnabrück

Jörn R. Sparfeldt, Dr., Professor für Schulpädagogik an der
Universität Trier

Manfred Spitzer, Dr. Dr., Professor, Ärztlicher Direktor der Klinik für
Psychiatrie und Psychotherapie am Universitätsklinikum Ulm

Albert Ziegler, Dr., Professor für Pädagogische Psychologie an der
Universität Ulm